U0502085

全国旅游类专业创新应用型人才培养规划教材

工业遗产旅游

Industrial Heritage Tourism

韩晗◎主编

中国旅游出版社

前言 PREFACE

实现高质量的工业遗产旅游是工业遗产保护更新的终极价值依归，也是当前工业遗产再利用领域关注的核心问题。从学科关系来看，工业遗产旅游是文化遗产（博物馆学）与旅游管理学科的跨学科产物，在发达国家已经有了半个多世纪的历史。我国是世界工业遗产大国，同样也是世界旅游大国，与传统文化遗产旅游相关的实践及研究，我们虽然起步早、成就丰富并积累了举世公认的经验，但工业遗产旅游在我国属于较新的时代产物，因此呈现出了实践经验丰硕、研究成果渐增，但教学资源严重短缺的现实局面。

实践永远领先于研究，而研究则走在教学之前，这是人类知识生产、传播的一个基本规律，工业遗产旅游也不例外。我国工业遗产旅游起步至今不过20多年的历史，但其实践成果可谓“蔚为大观”。尤其是从党的十八大以来，在“文旅融合”大势下，工业遗产旅游已经构成了一个不可小视的旅游产业体系，在城市更新、职工脱困、环境治理、社会建设等各个层面，均有不小的作为，形成了丰富的研究经验，相关研究成果也逐渐增长，每年有大量的硕博论文、期刊论文关注与工业遗产旅游相关的议题。

实践与研究的双重繁荣，是倒逼教学资源尽快问世的重要动力。目前工业遗产旅游教学资源短缺，主要体现在相关教材尚未在国内问世，就“工业遗产旅游”这一专门课题而言，仅有海外华裔学者谢飞帆教授的英文著作《工业遗产旅游》（*Industrial Heritage Tourism*，2015）问世，此书是他多年前基于国外工业遗产旅游的情况而著，不但目前尚无中文译本，而且缺乏中国的相关案例，与中国实际国情差异甚大，难以指导中国工业遗产旅游工作与教学实践。

工业遗产旅游教学资源短缺还体现在相关知识体系的残缺上。我国工业遗产旅游是基于我国国情的实践，20多年来积累了丰富的经验，形成了许多优秀的案例，并在一定程度上重新定义了“工业遗产旅游”这一概念。而目前对相关基础理论的解释仍处于众说纷纭的局面，尤其对于一些关键概念、专有名词、核心定义的阐释，也都处于未定的状态；与此同时，目前部分开设相关课程的兄弟院校都是采取自编讲义、实习实践等多种临时性授课方式，这必定难以有可持续性。种种现象都反映了一个迫切的现实：编写一部基于中国工业遗产旅游经验、立足于中国工业遗产旅游立场、聚焦于中国工业遗产旅游问题的教材，很有必要。

党的十八大以来，以习近平同志为核心的党中央高度重视和关心教材建设。党中央和国务院明确教材建设是国家事权，习近平总书记作出一系列重要指示批示，强调要从维护国家意识形态安全、培养社会主义建设者和接班人的高度来抓好。国家教材委员会对于现阶段我国高校教材的编写工作也提出了相应的要求，并在2021年发布了《“党的领导”相关内容进大中小学课程教材指南》，这为我们编写这套教材指明了方向。

我国的红色工业遗产是中国共产党领导中国式现代化的重要历史物证，我国的工业遗产旅游事业是中国共产党领导的文旅事业当中重要的一部分，因此工业遗产旅游绝不只是一个简单意义上的旅游议题，也不只是一个文化遗产议题，而是涉及国家文化建设、意识形态安全、社会综合治理、环境改造更新、资源开发与市场乃至城市困难职工脱困解困等一系列相关领域的复杂课题，有着鲜明的政治性、时代性与意识形态属性，工业遗产旅游领域无疑急需一部与时俱进的配套教材。

武汉大学是国家“双一流”高校，武汉市也是世界上工业遗产资源最丰富的城市之一，更是中国近代工业起源——汉冶萍煤铁厂矿股份有限公司的所在地。而就相关研究而言，自冯天瑜先生开始，武汉大学就在工业遗产领域有着深厚的学脉渊源与丰富的学术成果，形成了赓传有序的学术梯队与合作成熟的学术网络。由冯天瑜先生支持创立的武汉大学国家文化发展研究院，作为文化和旅游部与武汉大学共建的国家级科研平台，长期承担着我国文化和旅游方面基础理论的研究与重大议题的决策咨询工作，2021年曾获得《中国大百科全书（第三版）》工业遗产专题的立项，该专题由傅才武教授担任主编，由韩晗担任执行副主编。同时，研究院也是中南地区较早获得旅游管理专业硕士（MTA）学位培养资格的机构，在国内外同行领域有着较高的知名度与影响力。借此，作为本教材的编写者，我们也要对编写《工业遗产旅游》教材一书的相关情况向各位读者做一个简单的说明。

第一是关于本书的编写、成稿过程。“工业遗产旅游”是武汉大学旅游管理专业硕士的一门选修课程，也是全国最早开设以“工业遗产”为主题的研究生课程之一，一直由编写者主讲。该课程自开设以来，教学团队采取自编讲义的方式授课，取得了较好的反响。经过多届教学工作的使用，该讲义在磨合中不断被补充完善，最终于2023年形成了这部20余万字的《工业遗产旅游》教材，这也是目前国内第一本工业遗产旅游领域的教科书。

在编写团队看来，《工业遗产旅游》的问世是一次较有意义的尝试。一方面，我们希望以此为契机，为建设具有中国特色、中国风格与中国气派的工业遗产旅游学科体系、学术体系与话语体系，以及促进国内工业遗产旅游教学工作高水平发展而贡献绵薄之力；另一方面，也希望以此抛砖引玉，期盼国内有更多兄弟教材问世，以共同壮大我国工业遗产旅游研究。

第二是关于本书的总体构架与内容分布。《工业遗产旅游》一书共七章，既涉及目前国内工业遗产领域的实际需求，也考虑到工业遗产旅游类课程的授课时长，在章节的分布上力求平衡知识性内容与技术性内容之间的关系，着重服务于工业遗产旅游教学的实践导向这一特征。

从讲义到成书，其编写过程历时一年多。我们不断吸收最新的工业遗产旅游案例，并关注到国内外学界最前沿的相关研究状况，同时以编写者近年来在工业遗产旅游基础理论当中的研究成果作为支撑，本着“兼容并蓄”的原则，打破学科之间的壁垒，实现以解决实际问题为导向的教材编写工作。因此本书最后专设“国内外工业遗产旅游相关文件及组织机构”一章，目的就是向大家提供一份相对全面、翔实的工业遗产旅游的政策知识清单，这些内容对相关的实践工作是有较大意义的。

在编写的过程中，我们还广泛采纳了《中国大百科全书（第三版）》工业遗产专题的研究成果，特别是一些被规范的核心概念。这是我们团队近年来一直在努力完成的一项国家学术工程，也是国内第一次对工业遗产知识谱系进行全面梳理，当中许多最新研究成果之于我们的教材编写而言，有着重要的应用价值，我们认为应当将其付诸工业遗产教学实践。

第三是关于本书的目标读者群。作为教材，《工业遗产旅游》的目标读者群首先应当是全国高等院校、科研院所的大学生及研究生群体。为相关课程编撰一部具有普遍性意义的教材，正是我们启动这项编写工作的初心。同时，我们也考虑到目前国内工业遗产处于一个迅速发展的时期，有许多从事工业遗产保护、工业遗产旅游规划及管理、工业遗产建筑空间再设计的专业人士，亦有希冀获得工业遗产旅游知识的相关领域同行以及其他社会各界人士，工作当中需要获得工业遗产旅游知识的社会各界人士等，他们都可以从这本书当中获得一些知识。因此，这本书的目标读者群也包括相关领域的从业者、研究者以及全社会所有对工业遗产旅游感兴趣的人士。

在编写《工业遗产旅游》的过程中，编者以习近平新时代中国特色社会主义思想为指引，以建设我国工业遗产旅游的学科体系、学术体系与话语体系为宗旨，结合自身多年来从事工业遗产旅游教学、研究的心得，力求全面检视当前我国工业遗产旅游实践成就，并呈现出目前国内外最先进的研究成果与国内学术界具有特色的创新观点，以期真正能够为国内工业遗产旅游领域贡献一部具有教学实践意义的参考教材。但工业遗产旅游是一项与时俱进的事业，我国工业遗产保护更新工作成就斐然、进步巨大，每年都有新增案例、新颁政策与新兴观点，因此这本《工业遗产旅游》在今后的教学使用中必然有许多不足之处，届时我们还将在广泛征求大家意见的基础之上，予以不断修订，争取在今后的新版次中日臻完善。

在编写本书的过程中，我们广泛参考了学界、业界在工业遗产旅游领域当中的最新成果，并介绍了数百个具有参考价值的案例，其间得到了国内外许多同行学者与实践领域专业人士的大力支持与热情帮助，我们在这里诚挚地向大家表示感谢。

编　者

2024 年 3 月

目录 CONTENTS

第一章

概　论

【本章引言】

通过学习本章的内容，了解工业遗产旅游相关概念、价值与困境，着重了解工业遗产旅游既是一种新兴的旅游形式，更是世界最主流的工业遗产保护再利用方案。世界对于工业遗产旅游的关注，反映了后工业时代人类的审美趣味与精神文化需求。但因工业遗产旅游是一个相对较新的产物，因此在发展过程中仍存在着一些不可避免的困境。

【学习目标】

1. 了解工业遗产旅游及其相关概念。
2. 了解工业遗产旅游的价值。
3. 对工业遗产旅游目前的困境有基本认识。

第一节　工业遗产旅游及其相关概念

一、相关概念

在解释“工业遗产旅游”时，首先要阐释一下“工业遗产”这个概念，只有先后理解了“工业遗产”当中的核心概念“遗产”及其定语“工业”，以及“旅游”这一概念，才能更好地去理解什么是“工业遗产旅游”。

1.“遗产”的概念

一提到“遗产”，普通人想到的是家中长辈过世之后留下的物质类或非物质类财富，如金钱、房产与家族的荣誉、精神等，但在文化学领域，“遗产”这一概念，则指文化遗产。

文化遗产，是一个民族、国家留给后世的物质类或非物质类财富，是一个民族、国家发展的重要历史见证。我国的物质类文化遗产包括雄伟的万里长城、陈列在国家博物馆的后母戊鼎、武汉长江大桥等，非物质类遗产则包括京剧、昆曲、书法等。放眼世界，物质类文化遗产更不胜枚举，如印度的泰姬陵、英国的威斯敏斯特教堂、埃及的金字塔等，非物质类遗产则包括日本能乐、阿拉伯书法、捷克木偶戏等。

因此，文化遗产是一个相当广泛的概念。前面提到，文化遗产可分为物质类文化遗产与非物质类文化遗产，物质类文化遗产是指具有历史、艺术和科学价值的文物；非物质类文化遗产是指各种以非物质形态存在的、与群众生活密切相关且世代相承的传统文化。①

首先讨论物质类文化遗产，这涉及前文提到的“文物”这一概念。在汉语中，早有“文物”这一概念，在古代是各种礼乐、典章制度的统称，甚至包括遗迹。唐代诗人杜牧曾有诗云：“六朝文物草连空，天淡云闲今古同。”这里的“文物”，指的就是古迹。但当时“文物”只是文人墨客常用于形容遗迹的一个词语，及至中华民国，都未被纳入官方的话语体系当中。在中华民国时期，“文物”与“古物”一度

① 雷若欣 . 文博旅游学［M］. 重庆：重庆大学出版社，2020：2.

混用，但需要说明的是，“古物”一词尽管在中国古代的文献中曾有出现，如《南齐书·孔稚珪传》“君性好古，故遗君古物”[①]，以及隋代王通《中说·周公》中的“邳公好古物”[②]等，但文化遗产领域里“古物”一词，却是晚清日语的外来词，是与日语“时代物”或“年代物”并用的一个专有名词。

当下，“文物”这一概念已经作为一个建制化的术语，主要是指遗存在社会上或埋葬在地下的具有历史、艺术和科学价值的文化遗物。根据我国现行的《中华人民共和国文物保护法》中的规定，中华人民共和国境内地下、内水和领海中遗存的一切文物，属于国家所有。中华人民共和国成立之后新出土、出水的“文物”是不能买卖的。至于古人以古迹所指代的“文物”一词，今日已不再适用。

事实上，按照今天我们所使用概念的内涵，“文物”也包括“古迹”，只是我们用了一个更为官方的话语概念，谓之“文物保护单位”，以显示其与博物馆所陈列的文物之差异。但是，古人的“文物”观念绝不等于今日的物质类文化遗产，因为物质类文化遗产除了今日所言“文物”与“古迹”之外，还包括“文献”，在古代中国谓之典籍及金石碑版——文献的文字既可能镌刻在甲骨、金属、石碑上，也可能书写或印刷在简帛、纸张上。《尚书》的《多士》篇里说：“惟殷先人，有册有典。”20 世纪初，学者王国维提出著名的“二重证据法”，即以地下出土文物与传世历史文献相互印证的方法进行历史复原与解释，已经成为当代历史学研究一个普遍采用的科学方法论。近年来，随着科学技术与跨学科研究的发展，历史学、地理学、天文学、地质学、人类学等学科借助大数据、云计算、人工智能、虚拟现实等前沿技术，对“二重证据法”进行了科学、合理的补充。

因此可以说，文物、古迹与文献，大致构成了物质类文化遗产的主要组成部分。而非物质类文化遗产，其内涵则要宽泛得多。根据联合国教科文组织的《保护非物质文化遗产公约》定义：非物质文化遗产是指被各社区群体，有时为个人视为其文化遗产组成部分的各种社会实践、观念表达、表现形式、知识、技能及相关的工具、实物、手工艺品和文化场所。这种非物质文化遗产世代相传，在各社区和群体适应周围环境以及与自然和历史的互动中，被不断地再创造，为这些社区和群众提供持续的认同感，从而增强对文化多样性和人类创造力的尊重。该公约所定义的

① 萧子显．南齐书［M］．北京：中华书局，1972：72.

② 王通．中说［M］．王雪玲，校．沈阳：辽宁教育出版社，2001：20.

非物质文化遗产包括以下五个方面：口头传统和表现形式，包括作为非物质文化遗产媒介的语言；表演艺术；社会实践、仪式、节庆活动；有关自然界和宇宙的知识和实践；传统手工艺。

我国一向重视非物质文化遗产保护、传承工作，不但立法保护非物质文化遗产，而且对于非物质文化遗产的定义、分类比《保护非物质文化遗产公约》还要详尽。第十一届全国人民代表大会常务委员会第十九次会议于 2011 年 2 月 25 日通过的《中华人民共和国非物质文化遗产法》规定，非物质文化遗产是指各族人民世代相传并视为其文化遗产组成部分的各种传统文化表现形式，以及与传统文化表现形式相关的实物和场所。包括传统口头文学以及作为其载体的语言；传统美术、书法、音乐、舞蹈、戏剧、曲艺和杂技；传统技艺、医药和历法；传统礼仪、节庆等民俗；传统体育和游艺；其他非物质文化遗产。属于非物质文化遗产组成部分的实物和场所，凡属文物的，适用《中华人民共和国文物保护法》的有关规定。

可见，在我国的相关法律法规中，非物质文化遗产与作为文物的物质文化遗产具有交叉性。但总体而言，两者还是有较大区别。非物质文化遗产在很大程度上由文化、艺术等表现形式所呈现，两者共同构成了文化遗产。

之所以介绍文化遗产的相关内容，是因为工业遗产也属于文化遗产的一部分，它也包括物质类与非物质类两个方面，因此，理解文化遗产，是理解工业遗产的重要前提。

2. “工业”的概念

在汉语世界里，“工业”是一个外来词，它从日语“产业（產業）”一词汉译而来，因此在清末民初时，“工业”与“产业”这两个词一度混用。中国与日本发展工业都比较晚，前者因洋务运动而工业化，后者因明治维新而踏上工业国家之路，因此日文“產業”这个词，其实也是从外语转译而来。

但需要说明的是，日文“產業”并非源自英文“industry”，而是源自荷兰文“industriële”，其中一个很大原因在于，明治维新之前的日本，只与荷兰这一个西方国家交往，他们所有的西学知识都源自荷兰，因此江户时代日本的西学也被称为“兰学”；但从词义上看，“industry”与“industriële”两者并没有什么差异，它们都是指工业革命以来以工业化为主导的生产经营方式的总和。它不但包括生产力，也包括生产关系，还包括生产技术、生产资料、生产形式等。

但在中文领域，“工业”绝非一种生产经营方式的总和那么笼统，而是指向一种生产力导向的现代化生产方式。这是工业与产业、实业与行业的差异。从概念上讲，工业是社会分工发展的产物，经过手工业、机器工业等几个发展阶段，是第二产业的主要组成部分。它与金融、教育、运输、医疗等行业有着本质区别。

因此，“工业”在中文的话语体系中，是一个特指的词汇，甚至是一个与“农业”相对且具有“现代性”含义的概念。在1956年党的八大就郑重指出：“党和全国人民当前的主要任务，就是要集中力量解决这个矛盾，把我国尽快地从落后的农业国变为先进的工业国。”[①]

不言而喻，我们常讲的“工业”，大概所指代的是一种生产方式。因此，与“工业”有关的词汇，都是围绕这种生产方式而衍生的，如“工业技术”“工业政策”“工业文化”等，因此，这与日语世界中以“產業”为中心的一系列词汇，是有显著差异的。

当前我国使用的《国民经济行业分类》于1984年首次发布，原名为《国民经济行业分类与代码》（GB 4754—84），分别于1994年和2002年进行修订，2011年第三次修订，2017年第四次修订。截至2023年，该分类最新标准（GB/T 4754—2017）由中华人民共和国国家质量监督检验检疫总局、中国国家标准化管理委员会发布，并于2019年3月25日由中国国家标准化管理委员会批准《国民经济行业分类》国家标准第1号修改单，自2019年3月29日起实施。工业行业划分为采矿业、制造业、电力燃气及水生产和供应业、建筑业4大门类，45个大类行业。

45个大类行业为：①煤炭开采和洗选业；②石油和天然气开采业；③黑色金属矿采选业；④有色金属矿采选业；⑤非金属矿采选业；⑥开采辅助活动；⑦其他采矿业；⑧农副食品加工业；⑨食品制造业；⑩酒、饮料和精制茶制造业；⑪烟草制品业；⑫纺织业；⑬纺织服装、服饰业；⑭皮革、毛皮、羽毛及其制品和制鞋业；⑮木材加工和木、竹、藤、棕、草制品业；⑯家具制造业；⑰造纸和纸制品业；⑱印刷和记录媒介复制业；⑲文教、工美、体育和娱乐用品制造业；⑳石油加工、炼焦和核燃料加工业；㉑化学原料和化学制品制造业；㉒医药制造业；㉓化学纤维制造业；㉔橡胶和塑料制品业；㉕非金属矿物制品业；㉖黑色金属冶炼和压延加工业；㉗有色金属冶炼和压延加工业；㉘金属制品业；㉙通用设备制造业；㉚专

① 中国政府网．新中国档案：党的八大［EB/OL］．（2009-08-31）［2023-12-29］.https://www.gov.cn/govweb/test/2009-08/31/content_1405284.htm.

用设备制造业；㉛汽车制造业；㉜铁路、船舶、航空航天和其他运输设备制造业；㉝电气机械和器材制造业；㉞计算机、通信和其他电子设备制造业；㉟仪器仪表制造业；㊱其他制造业；㊲废弃资源综合利用业；㊳金属制品、机械和设备修理业；㊴电力、热力生产和供应业；㊵燃气生产和供应业；㊶水的生产和供应业；㊷房屋建筑业；㊸土木工程建筑业；㊹建筑安装业；㊺建筑装饰、装修和其他建筑业。

因此，我们讨论“工业遗产”特别是中国范围内的这一议题时，当然也按照上述这个分类来讨论。但需要说明的是，无论中国还是西方，讨论工业的兴起，都以第一次工业革命为源头，但第一次工业革命并不是空中楼阁，它的发生在技术层面上是建构在人类漫长的手工业生产基础之上的。不言而喻，我们所讨论的工业，虽然和前工业时代的手工业有先承后继的关系，但前工业时代的手工业并不包括我们所说的工业，除非它延续到工业时代，如我们研究作为工业的采矿业，当然要了解前工业时代的采矿技术，但与此同时更要关注工业时代的采矿技术。

3.“旅游”的概念

旅游，是指个人的旅行游览活动和为旅客提供休闲设施与服务的产业，是一种复杂的社会现象，涉及政治、经济、文化、历史、地理、法律等各个社会领域。

旅游作为一种人类改造自然的行为，古已有之，无论中国还是外国。但在古代，到一个人居住地以外的地方旅游休闲仅限于富裕阶层。他们偶尔会去自己所认为遥远的地方，但主要是欣赏自然风景或者宣传自己的理念。例如，在中国古代，孔子花费 14 年“周游列国”，到过泰山，有孟子“孔子登东山而小鲁，登泰山而小天下”[①]的名句；宋代学者王安石曾游褒禅山，留有“夫夷以近，则游者众；险以远，则至者少。而世之奇伟、瑰怪，非常之观，常在于险远，而人之所罕至焉，故非有志者不能至也”[②]的名言。在国外，最早的休闲旅游可以追溯到公元前 1500 年的古埃及，在古罗马时期，富人去贝亚这种海滨地度假成为时尚，及至中世纪（476~ 1453 年），欧洲已经形成了许多个因温泉或海滨度假而闻名遐迩的旅游城市。此外，如耶稣基督、穆罕默德、唐玄奘等宗教领袖也曾游历各地，但这并不是欣赏自然风景，而是宣传自己的宗教理念或进行宗教交流活动。

在旅游史当中，人类能够在旅游当中欣赏人文风景，是相对较晚的事情。中国

---

① 孟子 . 孟子［M］. 赵清文，译注 . 北京：华夏出版社，2021.

② 王安石 . 王临川先生文集［M］. 上海：会文堂，1910.

古代谓之“访古”，如宋代诗人苏东坡曾有《赤壁怀古》之名篇。西方人开始有人文风景的旅游活动，大约在文艺复兴前后，当中一个很大原因在于，中世纪的欧洲“选侯”国林立、战乱频生，人员流动多有不便。直至13世纪，才有以马可·波罗为代表的少数探险家开始在全世界范围旅行，这类旅行实际上既有传教性质，也与商业活动有关。

今天真正意义上的旅游，是工业革命时代的产物，准确地说，是工时制之下劳动者进行休息、放松的一种方式，多谓之“休闲旅游”，属于旅游产业。因此它起源于工业革命的发源地英国。起初，受益的群体是工厂主、政治家与高级技术人员以及由职员阶层组成的中产阶级。

英国商人托马斯·库克是从事旅游业的先驱之一。1841年7月5日，库克安排铁路公司收取每位乘客1先令，这包括火车票和旅途中的餐食。1855年，库克推出了第一个出国游，从莱斯特到加来并前往参加世界博览会，次年则推出欧洲大环游，19世纪60年代他组团前往瑞士、意大利、埃及、美国等国家，成为人类跨国旅游的鼻祖。

进入20世纪下半叶以后，旅游日益离不开文化，尤其在市场监管、法律执行等层面，两者关系越来越密切。很多国家将文化与旅游两大部门合署办公，除了我国之外，还有老挝、埃及等国家（如老挝设有新闻文化和旅游部，而埃及则设立了文物与旅游部）。《联合国世界旅游组织旅游伦理框架公约》明文规定：“旅游政策和活动应该尊重艺术、考古和文化遗产，它们应该保护并传给后代；应特别注意保护古迹、礼拜场所、考古和历史遗址以及升级博物馆，这些博物馆必须广泛开放并可供游客参观。”①

此外，2017年的联合国世界旅游组织大会第22届会议专门对“文化旅游”进行了定义，认为文化旅游是指“游客以学习、发现、体验和消费有形和无形文化景点为基本动机的一种旅游活动 / 旅游目的地的产品。这些景点 / 产品与一个社会的一系列独特的物质、智力、精神和情感特征相关，包括艺术和建筑、历史和文化遗产、烹饪遗产、文学、音乐、创意产业和生活文化及其生活方式、价值系统、信仰

① UNWTO. Global Code of Ethics for Tourism [EB/OL]. (2020-08) [2023-12-29]. https://www.unwto.org/global-code-of-ethics-for-tourism.

以及传统”[①]。

党的十八大以来，以习近平同志为核心的党中央高度重视文化旅游工作，提出以“以文促旅，以旅彰文”的“文旅融合”新发展理念，推动我国文化和旅游工作持续健康地有序发展。以主题旅游、红色旅游、研学旅游、都市徒步、市区微旅游以及乡村旅游等为代表的新兴旅游方式，提升了我国旅游市场的发展水平，成为我国旅游产业高质量发展的重要驱动力。

近年来，旅游作为“无烟工业”的价值越发受到世界各国的认同，被视作实现碳达峰、促进产业结构转型与城乡高质量发展的重要工具。尤其是工业遗产旅游，更被视作从“有烟工业”向“无烟工业”过渡的标志，这也是世界各国开始重视工业遗产旅游的原因所在。

需要说明的是，工业遗产旅游不完全等同于工业旅游，工业遗产旅游是工业旅游的一部分。目前许多企业如服装厂、食品厂、铸币厂为了开拓营收路径，将厂区打造为旅游景区，并开放部分车间、设立专门观光廊道，供游客参观，游客甚至还可以体验生产过程，这类旅游被称为工业旅游，但当中许多工厂车间并不属于工业遗产。因此依托部分仍在使用的工业遗产开展的工业遗产旅游与工业科普旅游、科技产业公园旅游、企业文化旅游和工业购物旅游共同组成了工业旅游。

【本章案例 1】[②]

位于湖北省武汉市东西湖区吴家山的“皇冠幸福里”糕点公司是武汉有一定影响力的西式糕点企业，该企业在厂区设立了“亲子烘焙坊”，由父母带领孩子到厂区参观，并在糕点师的指导下亲手制作一份自己的生日蛋糕，成为武汉地区较有影响力的工业旅游项目，长年吸引各地游客参与。但这一项目只是工业旅游项目，而不是工业遗产旅游项目。

二、工业遗产的概念

理解什么是工业遗产旅游，前提是理解什么是工业遗产，这是工业遗产旅游的

---

① UNWTO. GENERAL ASSEMBLY - TWENTY-SECOND SESSION [EB/OL]. (2017-09-11) [2023-12-29]. https://www.unwto.org/archive/global/event/general-assembly-twenty-second-session-0.

② 本书中所有案例均由作者根据调研资料编写，特此说明。

核心，也是今后大家学习工业遗产旅游相关知识的基础问题。

工业遗产是人类文化遗产的重要组成，主要指历史遗留下来的工业文化遗存，广义的工业遗产是指人类进入文明社会以来一切与工业生产有关的工业文化遗存，而狭义的工业遗产则是指18世纪工业革命之后一直到当代的工业文化遗存。工业遗产是文化遗产的重要类型之一，其内涵包括人类在工业生产活动中遗留下来如今得以保持并规划的工业建筑物、施工区域与各种工业遗物，甚至包括人类在工业活动中所留下的一切痕迹与思想观念，具体来说它包括工业遗产本体、工业遗产环境、工业遗产档案以及工业遗产技术四个部分。

1. 工业遗产概念的沿革

“工业遗产”这一概念最早在时任剑桥大学助理讲师的英国学者皮特·马蒂亚斯（Peter Mathias）于1958年所著的《英国酿酒工业：1700~1830》（*The Brewing Industry in England，1700~1830*）一书的“导言”中被明确使用（见图1-1）：

> 过去100年的工业遗产深刻地改变了这个岛屿（编写者按：指英伦三岛）历史的方方面面，我们倾向于本能地从工农业的二分法来看问题。从表面上看，它们可以被视为国民经济中的两个部门，但它们的命运则基本不同。[①]

以马蒂亚斯为代表的早期工业文化学者在20世纪50年代的英国提出“工业遗产”这一概念时，只是将其作为抽象的历史概念来使用，并未有明确的内涵与外延。工业遗产作为一个严格意义上的学术概念，是与“工业考古”紧密联系在一起的，最早源自英国学者肯尼斯·修森（Kenneth Hudson）的论文《工业考古学的发展之痛》（*The Growing Pains of Industrial Archaeology*）：

> 英国浩如烟海的工业遗产意味着：所有的工业考古学家都不可能成为研究专家或学术权威。[②]

① Mathias P.The brewing industry in England，1700-1830［M］. CUP Archive，1959.

② Hudson K. The growing pains of industrial archaeology［J］. Technology and Culture，1965，6（4）：621-626.

From the industrial heritage of the last hundred years which has so profoundly changed all aspects of this island's history, we tend to think instinctively of the dichotomy of industry and agriculture. They may be regarded, superficially, as two sectors of the national economy whose fortunes are largely distinct, if not actually conflicting, with high prices for the farmer dependent on the tariffs which mean dear bread for the urban worker or on special subsidies which involve a national levy. In its turn, industry now relies mainly on raw materials from beyond the seas or on the domestic coal, iron, salt and sulphur whose extraction is unrelated to the annual harvest. Needless to say, before these re-deployments, which we associate with the Industrial Revolution, industry used predominantly native raw materials, of which the most important were exactly the produce of the agricultural harvest, so that manufacture may be seen more significantly as processing the harvest, not as divorced from it, whether one is speaking of the harvest of wool, or hide or corn. And of these industries in a pre-industrial economy—in the sense in which eighteenth-century England may be spoken of as pre-industrial—brewing was not the least important.

图 1-1 《英国酿酒工业：1700~1830》(*The Brewing Industry in England*，1700~1830)
"导言"中首次涉及工业遗产概念的影印页

英国研究工业遗产，始于"二战"之后的"美升英降"这一现实大背景——美国一跃成为世界资本主义阵营头号强国，随之而来的是英国文化在世界逐步式微。基于提升自身文化软实力的需要，英国学者开始寻求历史资源当中的长板，如工业革命、"光荣革命"等发生在英国的重大历史事件，意图将英国包装为资本主义文化、技术与制度的重要发源地。在这个需求下，工业考古学成为他们提升历史自信心的重要手段。这是工业考古学在 20 世纪 50~60 年代的英国问世并迅速得到发展的原因之一。

自此之后，英国学术界开始将工业遗产作为一个学术概念进行相关研究，并逐渐波及德国、荷兰等其他欧洲国家，20 世纪 70 年代又传到日本。工业遗产进入中国学术界要晚于西方，目前中国学界最早使用"工业遗产"这个名词，是刘宏谊发表于 1985 年的《英法德工业革命进程的比较分析》一文，但这里的"工业遗产"更多是指向工业时代的意识形态与生产关系，并被视作电子信息工业时代的包袱累赘，因此对工业遗产的评价较为负面，也未将其视作人类文化遗产的一部分：

但是随着时间的推移，在 19 世纪 70 年代以后，先驱者的地位走向了反面，逐渐转化成为阻碍英国工业继续向前发展的因素。作为先驱者所留下的大量工业遗产，成了拖累英国前进的沉重包袱[①]。

工业遗产这一概念在中国转向遗产研究，是斯蒂潘纳克（D. M. Stipanuk）《旅游与技术的相互作用和影响》一文在中国学术界的译介，此文以著名的巧克力工厂——吉百利为案例，提出"技术可以成为旅游经历的焦点"一说，并指出：

在欧洲，"吉百利世界"则是这方面的典型，它是一个工业旅游点，并以此促进工业遗产的保护与利用。[②]

之后，中国学术界开始关注工业遗产保护、更新与再利用等有关话题，并将工业遗产视作文化遗产的重要组成，认同于工业遗产是城市规划当中重要的存量资源。联合国教科文组织（UNESCO）对工业遗产的界定是：工业遗产不仅包括磨坊、工厂，而且包含由新技术带来的社会效益和工程意义上的成就，如工业市镇、运河、铁路、桥梁以及运输和动力工程的其他载体。而国际工业遗产保护委员会（The International Committee for the Conservation of the Industrial Heritage，TICCIH）在俄罗斯的下塔吉尔通过了《下塔吉尔宪章》，其中对工业遗产的定义为"具有历史、技术、社会、建筑或科学价值的"工业文明的遗存，这些遗存包括建筑、机械、车间、工厂、选矿和冶炼的矿场和矿区、货栈仓库，能源生产、输送和利用的场所，运输及基础设备，以及与工业相关的社会活动场所，如住宅、宗教和教育设施等。

2. 工业遗产的主要形式与价值

工业遗产的主要形式是工业遗址，一些工业遗产有着重要的再利用价值，多半被开发为重要的旅游景点或成为地方经济特别是文旅产业振兴的基地（如度假小镇、创意园区、艺术村），或改为公共艺术文化场馆（博物馆、美术馆）等。

从人类发展的历史来看，工业遗产是人类工业化进程的重要痕迹，反映了人类利用工业改造世界的努力，也是人类现代化的重要物证。而中国的工业遗产则见证了中华民族近代以来不屈不挠、勇于斗争、自力更生、艰苦奋斗推进人类先进科学

① 刘宏谊 . 英法德工业革命进程的比较分析［J］. 世界经济文汇，1985（4）：38.

② ［美］斯蒂潘纳克 . 旅游与技术的相互作用和影响［J］. 杨冬松，译；周士琳，校 . 现代外国哲学社会科学文摘，1994（7）：12-17.

技术全球转移的全过程，更是见证中国共产党领导工人运动，以及中国近代史、党史、社会主义发展史与改革开放史的重要历史遗产，因此当中相当大的一部分是红色工业遗产。

【本章案例 2】

坐落在改革开放前沿——广东省深圳市的华侨城“OCT LOFT”创意园，是基于深圳东部工业区改造的工业遗产项目，深圳东部工业区是我国改革开放“三来一补”的重要见证。改造为创意园区之后，成了深圳市民文化休闲娱乐的重要场所，也是深圳创意产业的“高地”，是对改革开放工业遗产的保护再利用，也是改革开放精神的物质赓续。

工业遗产的价值主要体现在如下四个方面：一是历史价值，即将工业遗产视作人类历史遗产的一部分加以保护，认为工业遗产是工业史、科技史、经济史与文化史等门类史的重要历史物证，保护工业遗产在很大程度上就是捍卫历史记忆；二是文化价值，即将工业文化视为人类文化的重要组成部分，认为工业遗产是工业文化的见证，保存工业遗产有利于传承工业文化与弘扬工业精神；三是艺术价值，即将工业遗产视作工业设计艺术与建筑艺术的结晶，是现代艺术的重要组成部分，具有较高的观赏性与艺术价值；四是经济价值，因为工业遗产多半以车间厂房、矿区油田的形式呈现，不但有一定的占地面积，而且很多位于市区内部，具有较大区位价值，再加上许多工业建筑结构结实，经过加固改造后仍有一定的再利用经济价值。

3. 工业遗产的分布

工业遗产虽然分布于世界各地，但主要集中在工业化基础较为深厚的国家。总体来说，主要分布在欧洲地区，在北美、亚洲与大洋洲虽然也有较为广泛的分布，但时间上总体晚于欧洲，而在非洲与南美洲则较为罕见。

我国的工业遗产主要分布在港口型城市、资源型城市与交通枢纽型城市等大中型工业城市，如上海、武汉、沈阳、广州、高雄等，以北京“798”艺术区、武汉长江大桥、南京金陵制造局遗址等工业遗址的形式体现，当中部分工业遗址被改造利用为博物馆、文创园或其他公共空间。

截至 2020 年，一些工业遗产也进入了《世界遗产名录》，但都是国外的工业遗产。包括英国的康沃尔—西德文矿区景观、布莱纳文工业景观与铁桥峡谷，瑞典的法伦铜矿区，智利的苏埃尔铜矿城、亨伯斯通和圣劳拉硝石采石场以及日本的明治工业革命遗迹与“富冈制丝厂和丝绸产业遗产群”等。需要说明的是，被列为世界文化遗产的工业遗产不少是广义的工业遗产，即包括第一次工业革命之前的早期工业遗产。

4. 工业遗产的保护与利用的政策、机构与组织

我国在21世纪初开始重视工业遗产保护与利用工作。2006年，国家文物局印发《关于加强工业遗产保护的通知》（文物保发〔2006〕10号）；2008年，陕西省率先在全国进行工业遗产普查，但总体进展仍较为有限。党的十八大以来，党中央高度重视工业遗产资源普查、保护更新与再利用工作。2016年，工业和信息化部、财政部发布《关于推进工业文化发展的指导意见》（工信部联产业〔2016〕446号）；2017年11月，国家旅游局公布《关于推出10个国家工业遗产旅游基地的公告》；2018年10月，工业和信息化部关于印发《国家工业遗产管理暂行办法》的通知，形成“国家工业遗产名单”（工业和信息化部发布）与“中国工业遗产保护名录”（中国科协调宣部、中国科协创新战略研究院与中国城市规划学会等发布）两大工业遗产保护名单并行的局面；2020年6月，国家发展和改革委员会、工业和信息化部、国务院国资委、国家文物局、国家开发银行5部门联合印发《推动老工业城市工业遗产保护利用实施方案》。

近年来，我国成立了一批研究工业遗产保护与利用的学术社团，如2010年，清华大学发起成立中国建筑学会工业建筑遗产学术委员会；2014年，中国文物学会工业遗产委员会在京成立；2020年，北京科技大学牵头成立了中国文物保护技术协会工业遗产保护专业委员会，此外还有中国历史文化名城委员会工业遗产学部与中国科技史学会工业遗产研究会等机构。这类从事本国工业遗产保护与利用研究的社团在其他国家也有设立，如日本产业考古学会、美国工业考古学会等。

国际社会对工业遗产的保护与利用也日益重视，当中以1973年在英国成立的国际性非政府组织“国际工业遗产保护委员会”为代表性机构。该委员会同时是联合国教科文组织（UNESCO）辖下国际古迹遗址理事会（ICOMOS）负责工业遗产保存、登录与审查的官方咨询单位。2003年，国际工业遗产保护委员会通过了《下塔吉尔宪章》，对工业遗产进行定义，指出工业遗产的价值以及认定、记录和研究的意义，并就立法保护、维修保护、教育培训、宣传展示等提出原则、规范和方法等指导性意见。2011年11月，国际古迹遗址理事会第17届大会又通过了关于工业

遗产遗址地、结构、地区和景观保护的共同原则——《都柏林原则》。《都柏林原则》指出："工业遗产的价值存在于生产结构或场地本身，包括机械设备等物质组成、工业景观、文献资料，以及在记忆、艺术、习俗中存在的非物质记载。"2012年11月，国际工业遗产保护委员会在台北市第15届会员大会上通过的《亚洲工业遗产台北宣言》，又指出了亚洲工业遗产的特点，即强烈表现出人与土地的关系，因此在保护的观念上应该突出文化的特殊性。

三、工业遗产的类型

工业遗产的类型是一个比较复杂的话题，一般来说有三种分类方式。一是按照原有功能分类，二是按照现有规模分类，三是按照遗产本体形态分类。

1. 按照原有功能分类

按照原有功能，工业遗产可以分为采矿工业遗产、冶炼工业遗产、电力工业遗产、水利工业遗产、造纸工业遗产、森林工业遗产、食品工业遗产、国防工业遗产、纺织工业遗产、汽车工业遗产、电子工业遗产、交通运输工业遗产、文化工业遗产与工业遗产社区等不同类型，这类分类多以工业遗产先前具有生产功能进行分类。

这类分类主要是用于对工业遗产的技术史及其他历史价值进行研究。例如，北京"798"艺术区，前身是北京718联合厂，是一家由德意志民主共和国设计并援建的无线电厂，属于典型的电子工业遗产；又如，武汉"汉阳造"文创园区的前身是武汉鹦鹉磁带厂，属于文化工业遗产。

需要说明的是，考虑到工业技术本身的变化性，以及工业遗产功能的多重性，容易形成"同物多属"的分类结果，因此按照原有功能分类并没有既定的类别，需要根据具体情况具体分析。例如，中国葛洲坝水利枢纽，它既属于我国重要的水利工业遗产，但同时因其具有发电功能，它也属于我国重要电力工业遗产。

【本章案例3】

位于湖北省黄石市下陆区新下陆街道的胜利社区，下辖纺机小区、下陆中学家属楼等，是下陆机修厂、黄石经纬纺织机械厂、大冶钢铁厂等的家属区，属于混合杂居型社区。社区内包括下陆火车站、大冶铁矿机修工人俱乐部、黄石经纬纺织机械厂、冶金地质队、下陆中学等功能建筑，具有较高的历史价值。2020 年，该社区完成了老旧小区的改造工作，保留了大量的工业建筑，新修了“沪芳园”等景观，并改建了社区医院与老年文化中心，成为我国工业遗产社区改造工作的重要典范。

当中，工业遗产社区是最为特殊的类型，这类工业遗产在西方国家称为“公司镇”（company town），在我国称为“企业家属区”，是“企业办社会”的遗留物，多半为工厂附设的住宅区、附属子弟学校、职工医院、电影院、图书馆、商场、街心公园等建筑，属于具有工业遗产属性的社区。

上述“同物多属”的分类方式也适用于非物质类工业遗产，如工业精神当中的“钢铁精神”，也属于档案文献类工业遗产，又如《汉冶萍公司档案》就属于采矿、冶炼类的档案文献类工业遗产。

2. 按照现有规模分类

按照现有规模，工业遗产可以从小到大分为工业遗产点、工业遗产群、工业遗产廊道三种类型，这是主要针对物质类工业遗产建筑的分类。

工业遗产点指的是单体工业遗产建筑，如武汉的第一纱厂办公楼旧址，以及规模较小的筒仓、码头、车间等工业遗产。工业遗产点多处于城市中心，具有改造为公园、公共文化空间或商业空间的可能性，少量多个连片的工业遗产点可以组成工业遗产区。

工业遗产群指的是由接近或超过 10 个工业遗产本体组成的成规模的工业遗产区域，规模上要大于工业遗产区，它可以是一个超大型企业的内部工业遗产群，也可能是多个在地理位置上具有相邻属性但归属不同机构的工业遗产片区。

【本章案例 4】

位于湖北省宜昌市的“下牢溪三线工业遗产群”是一个始建于 20 世纪 60~70 年代的“三线”工厂群。随着工厂停工，建筑废弃，目前这一遗产群已经被改造为以“809 三线军工小镇”为代表的“下牢溪三线工业遗产群”文创园区，当中还包括“白马营国际艺术区”在内的一系列以文化、艺术、餐饮、度假、消费为主题的公共空间，是“三线工业遗产”改造更新的重要典范。

工业遗产廊道指的是依靠河流、海岸、山脉、公路或铁路等地缘因素形成的大型工业遗产群，工业遗产廊道往往规模宏大，通常有跨省市甚至跨国特征，如长江流域的“汉冶萍工业遗产廊道”等。

3. 按照遗产本体形态分类

按遗产本体形态分类，一般指的是对单个工业遗产本体进行的分类，分类标准为遗产本体的形态属性，如筒仓遗产、车间厂房遗产、一般建筑（宿舍、办公楼等）遗产、水坝遗产、路桥隧遗产、船坞遗产、塔式（灯塔、铁塔、水塔等）遗产、矿山遗产、设备（如高炉）遗产、文献档案遗产等。这种分类往往针对的是物质类工业遗产本体，不涉及非物质类工业遗产。

【本章案例 5】

坐落于美国亚利桑那州与内华达州交界处的科罗拉多河黑峡谷河段之上的胡佛水坝，是世界上最大的混凝土重力式拱坝之一，建于 1931~1936 年，该坝高 221.4 米。水坝建成后形成西半球最大人工湖——米德湖，也是美国最大的水库，湖区有 6 个码头，景致优美，已成为美国游艇、滑水、钓鱼、露营度假胜地。胡佛水坝现在是美国重要工业遗产地与热门观光景点，每年有约 100 万人慕名来参观。

第二节　工业遗产旅游的价值

一、引述

工业遗产旅游，是将工业遗产改造更新，并使之成为旅游资源的一种新兴旅游方式。其兴起的一个重要前提是后工业时代“废墟美学”的来临。

从世界范围来看，“废墟美学”大致经过了三个阶段：一是古代文人墨客的“访古”，多半是凭吊古战场、旧遗址，来喟叹政治的迭起兴衰，如唐代诗人刘禹锡曾在西塞山古战场写下《西塞山怀古》，留下“千寻铁索沉江底，一片降幡出石头”的名句，这类基于“访古”的废墟审美，多发生于历史悠久的国家；二是人类进入现代化之后的“发现东方”，如英国探险家斯坦因发现敦煌、法国探险家商博良发现古埃及、法国探险家穆奥发现吴哥窟等，这类“发现东方”之举，实际上是基于西方中心主义的探险、猎奇，但在客观上却弥补了人类考古史上的空白，发现了许多被遗忘的古代遗迹；三是“后工业时代”对工业遗产、遗址的审美，这是20世纪60年代兴起于英国、以工业考古学为基础的人类审美实践活动，也是工业遗产保护更新再利用的观念前提。

“废墟美学”也是开展工业遗产旅游的重要基础，只有具有审美价值，才能具有作为旅游资源被开发的前提。人类工业化始于18世纪中叶，在人类工业化早期，曾先后经历了技术崇拜、技术反思与技术批判三个阶段，当开始懂得欣赏工业废墟之美时，其实已是近代的事情。当中一个很重要的契机是第三次工业革命的兴起，以电子计算机、互联网、基因技术为代表的新兴技术开始对人类社会“加速”时，一方面，形成了大量今非昔比的工业废墟，另一方面，人类前所未有地进入被“资本驱动数据”这一模式所控制的“加速时代”，以美国、日本为代表的新兴发达国家开始集体怀念煤钢时代有张有弛的日常生活方式，这是工业遗产保护更新再利用受到全世界关注的一个重要因素。

在此基础上，工业遗产旅游逐渐兴起。作为世界工业发源地，英国最早有意识、有组织地对工业遗产进行研究与保护。20世纪50年代，工业考古学在英国发轫，受逆工业化浪潮影响，以及大众自身怀有的怀旧心理，英国成为世界工业遗产旅游的先行地。但这一阶段的英国工业遗产旅游以专业人士的“城市考古”为主，并未普及至普通民众之中，因此当时英国的工业遗产旅游更接近于今日“工业遗产研学”这一概念。

历史地看，真正意义上的工业遗产旅游最先出现在德国，其核心是将现行生产资源或已废旧闲置资源就地转换为旅游资源。德国工业遗产旅游的兴起，源自德国产业结构转型的迫切需求，当中以作为老牌工业区的鲁尔区转型最为关键，该区从19世纪中后期就开始肩负工业发展使命，成为德国煤钢生产基地，为德国创造了持久而稳定的经济增长。第二次世界大战结束后，德国东西两分，鲁尔区作为联邦德国（西德）核心的工业区域，为全面推进西德经济的复苏及发展打下了深厚的物质基础。但20世纪50年代末，鲁尔区的传统工业已露疲软苗头，联邦德国政府不得不开始思考鲁尔区经济结构的转型之路。1961年，联邦德国第四任总理威利·布兰特在竞选时就打出了“让鲁尔区的天空蓝起来”的竞选口号，及至20世纪60年代

末，联邦德国政府成立鲁尔区发展委员会，颁布《鲁尔发展纲要》，前瞻性地制订了多个鲁尔区产业结构调整方案。1979年，联邦德国政府颁布《鲁尔行动计划》，进一步规划改善基础设施和矿冶工业现代化，同时，利用各项优惠政策发展新兴产业，使产业结构调整得以顺利落地执行。

【本章案例6】

鲁尔区工业遗产群坐落于德国西部的北莱茵—威斯特法伦州境内，1995年鲁尔区工业遗产群开始向公众开放，环线全长约400公里，由鲁尔地区联合会（RVR）管理。该工业遗产群包括但不限于“关税同盟”煤矿XII号矿井、胡戈尔庄园、鲁尔博物馆、世纪大厅、德国矿业博物馆、波鸿—达赫豪森铁路博物馆、汉莎炼焦厂与赫恩雷兹斯乌特钢铁厂等，当中包括作为鲁尔区工业遗产主体的煤钢工业遗产以及一些诸如酿酒厂之类的相对规模较小的加工制造业工业遗产，是德国工业“黄金年代”的象征。

到了20世纪80年代，随着传统工业向劳动力成本更低的第三世界国家转移，德国的“欧洲工厂”地位成了明日黄花，导致其他欧洲国家的工业竞争力迅速超过德国的企业，位于柏林、鲁尔、杜塞尔多夫、慕尼黑等地的许多老牌工厂被迫停产，城市发展也失去了应有的动力，大量失业工人所带来的不稳定因素，让各种治安问题频出。与此同时，对于那些庞大的工业建筑和设施，拆除要付出昂贵的代价，特别是土地、水体的严重污染，导致拆迁环保的成本巨大。在“鲁尔经验”的倡导下，德国政府开始启动工业遗产旅游计划，并将其上升为国策。随着矿业城市格斯拉尔于1992年被列入《世界遗产名录》之后，德国一些有代表性的工业遗产相继开发成为旅游目的地，弗尔克林根炼铁厂、关税同盟煤矿工业建筑群也分别于1994年和2001年相继被登录为世界遗产。

截至2022年，德国工业遗产旅游在产值上已位居世界前列。欧洲工业遗产之路有16条（跨区域型），其中10条位于德国；德国境内有突出价值的工业遗址有400多处；全德国平均每年有4亿人次的过夜游客，其中超过1/3是由工业遗产旅游带来的。

21世纪以来，德国的工业遗产旅游模式得到了世界许多工业国家的借鉴，包括中国、美国、日本、英国、法国、澳大利亚等国家，开始挖掘自身的工业遗产资源，开展了符合自己国情的工业遗产旅游工作，取得了较大的经济效益与社会效益。

二、工业遗产旅游的价值维度

前文已经就工业遗产的价值进行了论述。但工业遗产旅游的价值维度与工业遗产的价值有所差异。就工业遗产旅游的价值而言，其价值维度包括四个方面，一是经济价值，二是文化价值，三是环境价值，四是社会价值。

1. 经济价值

工业遗产旅游的前提是借助工业遗产更新再利用实现从工业生产资源向文化旅游资源转化的过程，这个过程首先是一个追求经济效益的过程。在旅游作为一种产业的当下，工业遗产旅游的本质是同一物质空间内第二产业向第三产业的转向，这个转向当然是产业结构调整转型的方式。

因此，我们探讨工业遗产旅游，首先应当将其放置在经济价值当中考量。但这需要做两个方面的权衡。一是直接带来的经济效益，即通过旅游业所创造的经济价值、安置的就业人数、对于商业业态的改良与提升等；二是间接带来的经济效益，如促进所在地区社会福利的改善、提高周边原住居民的收入等。

【本章案例 7】

中山岐江公园位于广东省中山市区内岐江畔，原本是粤东造船厂旧址，随着该厂在 20 世纪 90 年代的凋敝、破产，此地曾一度成为中山市经济最落后的区域。2001 年，由俞孔坚领衔的设计团队打造出中山岐江公园这一工业遗产公园景观，不但促进了当地自然环境的改善，而且大大改变了周边的人居环境，并促进了周围商业业态质量的迅速提升。

2. 文化价值

工业遗产是文化遗产的一部分，文化价值是其重要价值，因此工业遗产旅游应当追求文化价值这个关键。具体来说，就是以旅游为导向，通过对遗产本体进行改造更新，实现传播工业文化与弘扬工业精神的过程，如果能实现更高的社会效益，当然还可以赓续城市文脉、传承技术文明。就工业遗产本体而言，它具有工业文化（如劳动精神、企业家精神等），是一座城市文脉的重要组成部分（如冶炼工业遗产

之于武汉、纺织工业遗产之于利兹等）；同时还具有技术史意义，是技术文明的重要载体。

【本章案例 8】

坐落于英国中部城市约克郡、位于约克里门路火车站东面的英国国家铁路博物馆，占地 1.3 万平方米，在约克老火车站基础上增建，是英国三大科学博物馆之一。为纪念火车诞生 100 周年，英国政府于 1925 年在英格兰东北部城市约克建立了英国国家铁路博物馆，目前该博物馆是世界重要铁路工业遗产。

3. 环境价值

工业遗产旅游作为策略被提出的一个很重要的背景，就是解决环境问题。人类进入 20 世纪下半叶之后，因为温室效应、高碳排放、能源危机、水土污染与植被消失等一系列环境问题，促使人类开始迫切面对可持续发展问题，主动寻求新能源、新材料、新技术，并摈弃煤钢时代大量的传统能源、材料甚至技术，在这个大背景下，大量的第二次工业革命的工业产物遭到淘汰、丢弃，在全世界范围内形成了不计其数的工业废墟乃至废弃城市，给许多地方造成了难以逆转的环境污染。

【本章案例 9】

位于湖北省武汉市龙灵山的龙灵山公园，原本是龙灵山采石场，明代朱元璋曾在此采石筑城，晚清时本地民族资本家开始规模化采石，以服务汉口、武昌两地城市建设，为近代以来武汉城市发展做出了巨大贡献。21 世纪以来，随着环保水泥等新兴材料的普及，采石筑城的方式被摈弃，龙灵山采石场旋遭废弃。2020 年，武汉市政府决定将此地复绿，改造为矿山公园，经过三年努力，此地从沙砾遍地的采石场变成了绿草丛生、绿水环绕的“武汉苏黎世”，吸引大量市民前去露营、度假。

工业遗产旅游有一个核心的优势，就是可实现从“有烟工业”到“无烟工业”的过渡，再加上因旅游资源需要所做出的水土、植被修复工作，使其因环境补偿所创造出来的环境价值不可轻视。相关测定结果显示，每公顷工业用地改造为景观用地的年碳排放量差高达 30 万立方米，这是对实现“双碳”目标做出的巨大贡献。

4. 社会价值

工业遗产的社会价值主要体现在对人地关系的处理上。工业活动是人类改造自然、利用自然的活动形式，因此人地关系尤其重要。当中包括劳动者（老职工）与工厂、居民与社区、游客与景观等不同的人地关系。大体来说：一方面要对旧有的人地关系予以维护，尤其让原有工厂的老职工群体产生情感上的认同，让周边原住居民接受旅游规划方案；另一方面，要促进游客对景观的舒适感知，从而在保持旧有人地关系的前提下，重新构建有价值的新型和谐的人地关系。

【本章案例 10】

坐落于美国北卡罗来纳州达勒姆市的美国烟草公司历史风貌区，是美国杜克烟草公司的生产与住宅区，始建于 1890 年，占地 6 万平方米。1987 年，被关闭的工厂因其特殊的历史价值成为历史保护区，达勒姆历史保护协会和各开发商着手修复达勒姆市中心的烟草区，并将其打造为一个以公寓大楼、餐厅和独特零售店为特色的城市中心。2000 年，美国烟草公司制造厂被列入《美国国家历史遗迹名录》。2004 年，该街区主体建筑由美国国会广播公司出资 2 亿美元翻新，改造为工业遗产园区。该遗址的保护更新，被誉为“点燃达勒姆的‘文艺复兴’”之举，彻底改变了达勒姆经济停滞不前的萧条状态，使美国烟草公司遗址成为美国重要的工业社区，引起世界工业遗产领域的广泛关注，被公认为工业遗产社区改造的重要范例。

而且，在当下及未来很长一段时间里，工业遗产旅游在很大程度上依赖于社区参与来实现，社区参与作为工业遗产旅游的一个重要路径，是对工业遗产旅游人地关系的实践。就此而言，工业遗产旅游的社会价值显然有着关键意义。

三、工业遗产旅游的价值实现类型

依据目前现有的工业遗产旅游相关情况，工业遗产旅游的价值实现类型分为主题旅游、度假旅游、线路旅游与沉浸式旅游四种，但这四种类型并非彼此孤立，而是可以相互合作、嵌入，形成具有复合特征的工业遗产旅游方案。

1. 主题旅游

主题旅游指的是依托工业遗产改造，形成某个具体的工业遗产主题的旅游，如

依托矿井打造的矿区探险旅游（如我国的黄石国家矿山公园）、依托旧纺织厂打造的纺织主题博物馆（如日本富冈制丝厂旧址），这类旅游着重构建游客与景观原有功能的联系，而且这类旅游很容易依托研学旅游、主题乐园、工业博物馆等路径实现。

从价值实现层面上看，主题旅游的价值实现维度在于两点：一是明确工业遗产"姓工"的属性，尽可能地挖掘、利用工业遗产的工业文化资源，从而实现对工业文脉的延续；二是形成全社会关注工业文化，特别是对一些特定文化的兴趣，拆除工业文化原有的围墙，推动工业文化从内部文化转化成为外部文化。

【本章案例 11】

位于陕西省宝鸡市凤县的红光沟，是原中国航天六院所在地，是我国重要航空航天工业遗产。长期以来因国防工作保密需要，该地详情鲜为人知。随着我国航空航天科普工作的开展，此地逐渐成为一个工业旅游目的地，"航天精神"的传承教育也成为该遗产地的重要职能，每年接待大量研学观光团体。

2. 度假旅游

度假旅游指的是将工业遗产地打造为度假村的远距离旅游方式，它并不强调对原有工业文化资源的完全挖掘与呈现，而是着重依托原有的建筑、厂区构建具有舒适物特征的度假景区，如前文所述的宜昌"809 三线军工小镇"等。度假旅游对工业遗址地的区位因素、园区面积、建筑形式与总体环境有较为严格的要求，一般要求是具有改造为度假村、野外营地、特色小镇前提与基础的工业遗产地，如一些郊区的厂区、宿舍区等。

从价值实现层面上看，度假旅游的价值实现维度在于两点：一是将不宜居环境改造为超宜居环境，推动工业遗产所处空间环境在本质上形成转型，提升工业遗产保护再利用的环境效益；二是有效促进遗产本体所在空间的产业结构转型，并使未来产业结构进一步可持续且稳定发展。

3. 线路旅游

线路旅游主要指依托工业遗产群或工业遗产廊道规划的旅游项目，一是依托铁路（如怀旧火车）、公路（如依托喀喇昆仑公路打造的自驾线路）、水道（如以邮轮的形式参观水坝、电站）等既有线路开展的旅游形式，二是将不同的工业遗产以公共交通的形式连在一起所构建的旅游线路，如欧洲工业遗产旅游线路、哈尔滨工业遗产旅游线路等。线路旅游往往对于工业遗产本体的影响力与再利用价值有着较高的要求。

从价值实现层面上看，线路旅游的价值实现在于如下两点：一是能够促进工业遗产本体与周围环境的深度融合，提升工业遗产的社会关注度；二是可以有效提升不同工业遗产之间的有机连续性，使之具有整体意义。

4. 沉浸式旅游

沉浸式旅游是目前工业遗产旅游最热门的一种形式，主要通过工业遗产本体保护再利用（如改造为美术馆、商场、书店、产业园、餐厅、城市公园等）来实现。沉浸式旅游通过利用工业遗产本体的工业风格，塑造出一种兼具后工业时代风格的日常生活场景，进而唤起访客对于工业遗产本体的审美感受。

沉浸式旅游有助于城市内部工业遗产的保护更新、美化城市环境、修复被破坏的城市文脉、提升城市宜居质量、和谐城市内部人地关系，从而促进城市有机更新并实现高质量发展，也是目前规模最大的一种工业遗产旅游形态。

从价值实现层面上看，沉浸式旅游的价值实现在于如下两点：一是有效提升城市内部的发展质量，促进城市内部发展的均衡化；二是从根本上提升工业遗产的社会影响力，使之成为未来社会发展的一部分。

四、工业遗产旅游价值的实现形式

工业遗产旅游价值的实现形式，是体现工业遗产旅游价值的技术路径。具体而言，主要在于如下四个方面。

1. 通过遗产本体改造实现

工业遗产旅游价值要实现，首先要通过遗产本体改造，从而合理、有效地对其进行利用与更新，这是开展工业遗产旅游的重要前提。

这一改造既包括对水土、大气污染的自然环境优化，也包括对原有建筑本体进行修复、维护与改造，还包括道路硬化、绿化（或复绿）等一系列环境整治技术手段，从而为工业遗产地的再利用打下物质基础，当然这也是对遗产本体的重要保护。

遗产本体改造是工业遗产旅游价值得以实现的重要技术路径，也是开展工业遗产旅游的“硬件”。遗产本体改造在很大程度上依赖于设计学、建筑学、材料学、环境工程学等其他工程技术类学科的参与才能实现。

2. 通过构建人地关系实现

人地关系是工业遗产旅游工作的核心与重中之重，任何工业遗产旅游项目，都是构建新的人地关系，即将原住居民（老职工）、工作生活区的原有人地关系，扩展为包括访客、景观在内的多元人地关系。

构建人地关系，关键在于促进人地关系的和谐化。不少工业遗产所带来的污染、失业等问题，甚至因为复杂的人际矛盾、政策冲突造成了不同程度的人地关系危机，而工业遗产旅游的一个重要作用就是重塑和谐的人地关系，这使得工业遗产地具有消除社会矛盾、促进社会和谐、推动族群和解的重要功能。

【本章案例 12】

位于美国纽约市的布鲁克林区多博（Dumbo）街区，原本是纽约市的工业区，随着传统产业的衰落，当地成为纽约市乃至整个美国东北地区犯罪分子聚集的中心，居民纷纷搬离。2000 年，纽约市对该区进行改造。通过改建老建筑为艺术馆、共享办公室、主题酒店与餐饮企业等形式，吸引高质量、高收入与高素质人群创业、投资与置业，该区很快成了纽约当代艺术与科技创业的重镇，现在也是纽约市重要的旅游名片以及全美工业遗产旅游示范区。

3. 通过文化赋能场景实现

在文旅融合的大背景下，任何旅游活动的开展，都依赖于文化赋能场景。工业遗产旅游当然也不例外。所谓文化赋能场景，指的是赋予遗产本体文化因素，使得遗产本体具有文旅融合的特征，从而实现工业遗产旅游的价值。

于工业遗产旅游而言，文化赋能有两大特征：一是利用其原有工业文化，挖掘赋能，如利用景德镇的陶瓷工业文化，为“陶溪川”文创园区赋能；二是对其进行新的文化赋能，如首钢滑雪大跳台并非按照钢铁工业文化进行赋能，而是巧妙地从冰雪运动文化入手。

4. 通过推动可持续发展实现

工业遗产旅游有一个关键性特征就是推动可持续发展。这一可持续发展表现在两个方面：一是自然环境的可持续发展，通过开展旅游来改变之前高污染、高耗能、高排放的“三高”局面，推动可持续发展来实现工业旅游的价值；二是社会环境的可持续发展，当中包括对于社会公共福利的发展、社会治安状况的好转、社会就业率的提升、低收入人员与妇女儿童权益保障的正向作用，这是工业遗产旅游价值实现的重要路径。

长期以来，工业遗产旅游多关注其经济价值层面议题，较少关注可持续发展方面的内容，但实际上，工业遗产旅游对于可持续发展是有重要贡献的，而且应当在今后的工业遗产旅游工作中得到重视。

五、工业遗产旅游价值的评判标准

工业遗产旅游价值是工业遗产旅游绩效的重要反映，无论是作为一项事关社会经济发展的产业，还是事关文化遗产传承的事业，工业遗产旅游价值都需要相应的评判标准，这是决定工作绩效的重要指标，具体而言包括如下几个理论标准。

1. 四支柱法

在采用定性方法对工业遗产旅游绩效进行研究的成果中，“三支柱方法”（three-pillar approach，也被称为“三重底线评估方法”）是较为主流的评估方法，即从经济、社会和环境可持续性三个方面对工业遗产改造再利用的效果进行评估。随着研究的深入，不少观点认为，“三支柱方法”似乎不足以应对复杂的现代社会挑战。除了经济、社会和环境的可持续，文化可持续性也是一个重要的维度。

在日常实践中，也有越来越多的政府和非政府机构将文化作为经济增长、促进社会凝聚力、稳定和人类福祉、解决环境问题的工具。因此，有观点提出了“四支柱方法”以应对可持续发展的要求。四支柱方法将评估维度扩展到文化层面，强调文化维度“在平等的基础上与其他三个方面相结合。这种方法强调文化是再生之源，并考虑文化的组成部分，包括遗产、身份、记忆、创造力、人类知识和技能、文化习俗、生活方式、价值体系和多样性等”[①]。

2. 生态系统文化服务

20 世纪 60 年代末，生态系统服务（ecosystem services）的概念被首次提出。2005 年，千年生态系统评估（Millennium Ecosystem Assessment，MEA）将生态系统服务定义为人们从生态系统中获得的收益，并将其划分为支持、调节、供给和文化等大类。

① Shina-Nancy Erlewein. Culture, Development and Sustainability：The Cultural Impact of Development and Culture's Role in Sustainability［M］// Marie-Theres Albert，et al.（eds.）. Going Beyond：Perceptions of Sustainability in Heritage Studies No. 2. Cham：Springer International Publishing，2017：85–97.

1997 年，克斯坦扎等在评估全球生态系统服务和自然资产价值的研究中，将生态系统服务具体归纳为 17 种子类，其中将文化服务定义为：提供非商业用途的机会；并将文化服务和娱乐休闲服务分隔开进行核算。此外，也有学者将生态系统文化服务的相关概念称作“信息功能”，将其划分为美学信息、休闲娱乐、文化和艺术信息、精神和历史信息、科学和教育 5 个子类，并将生态系统文化服务定义为：人们通过精神丰富、认知发展、反思、娱乐和审美体验从生态系统中获得的非物质利益。此外，也有学者进一步将其划分为文化多元与认同、文化景观与遗产价值、精神服务、激励、游憩和娱乐、美学 6 大类别。2012 年，世界保护监测中心（World Conservation Monitoring Center，WCMC）的指标分类框架将生态系统文化服务指标分为 5 个大类，一般而言包括精神感受、知识获取、主观印象、休闲娱乐和美学体验。

工业遗产作为一种特殊的文化遗产，它既事关生态问题，更与文化问题息息相关。因此，工业遗产是可以提供完整生态系统文化服务的一种文化遗产。衡量工业遗产旅游项目的价值，与它能否很好地提供生态系统文化服务息息相关。目前，生态系统文化服务已经构成了工业遗产旅游评估的一个重要标准。

【本章案例 13】

黑龙江省大庆市是我国重要的“石油城”，因开采多年导致环境污染严重，近年来大庆市一边抓工业遗产资源保护更新，一边抓城市自然环境治理，将大庆打造为东北地区重要的湿地之城。目前大庆的湿地面积位居全国同类城市前列，成为世界“石油城”变“湿地城”的重要典范，有效地实现了生态系统文化服务的双供给。

3. 重要性—满意度分析（Importance-Satisfaction Analysis，ISA）

重要性—满意度分析是关于旅游景观与文化遗产的重要检验指标，目前也被广泛应用于工业遗产评估领域，主要方法是基于重要性—绩效分析（Importance-Performance Analysis，IPA）这一常用分析原则进行优化的指标体系，以主观感知为依据，主要考察人对某种特定景观属性的重要性的主观感知以及对该属性的体验满意度，从而将对每种属性的感知重要性和满意度数值绘制成二维坐标系图，划分为 4 个分区，即得到各景观属性的管理优先级，从而评判出项目的价值与绩效。

工业遗产旅游项目作为一种面向公众的旅游项目，也是一类重要的景观遗产，因此公众对于项目本身的感受显得尤其重要，尤其是公众对于项目相关元素的重要性—满意度的评价，综合地反映了项目改造的成败得失。

第三节　开展工业遗产旅游的困境

开展工业遗产旅游是工业遗产保护再利用的重要渠道，也与城市更新、产业结构调整密切相关，但事实上，开展工业遗产旅游存在着一些现实困境，就目前的具体情况而言，主要有如下几点。

一、政策困境

目前我国工业遗产保护再利用工作并未立法，相关工作皆为国家有关部委或地方政府的指导性、政策性与建议性文件，不但缺乏强制力，也缺乏必要的激励机制，导致工业遗产旅游工作时常陷入政策困境中。

政策困境主要是由于工业遗产保护更新缺乏必要法律法规或相关政策，导致在开展相关工业遗产保护工作时，常有“法无所依”的情况，或者对参与工业遗产旅游的企业缺乏必要的政策与法理支持，导致许多原本应当支持或惩戒的行为处于“法律真空”地带。具体而言，体现在如下两个方面。

1. 对于工业遗产本体保护再利用缺乏法定标准

工业遗产旅游的前提是工业遗产保护，因为绝大多数工业遗产不属于文物保护的范畴，因此许多工业遗产长期在“保”与“拆”之间挣扎，即使得到地方政府或企业保护的工业遗产，也难以利用相关法律法规申请到政策支持。

这一问题归根结底在于目前我国对于工业遗产本体保护再利用缺乏法定标准，在“法无禁令皆可行”的情况下，除非被明确为文物保护单位的工业遗产本体，否则很难在法律法规或政策上得到保护，其拆除工作也不会存在任何制度性阻碍。

例如，一些基础条件相对较好的工业建筑，原本可以改造为民宿、餐饮等新兴业态空间，来服务于工业遗产旅游、丰富城市历史风貌，但因为地方政府有其他考量，或认识不到工业遗产旅游的意义，而将其拆除，这在法律与制度层面上并不存在阻碍。

【本章案例 14】

位于中部某地级市的中学教学楼，原本是“一五”期间（1953~1957 年）苏联援华工程师的宿舍楼，俗称“苏联专家楼”，是当地重要工业遗产，也是当地市中心的重要地标。2010 年，因当地政府兴建商场，要拆除这两栋“苏联专家楼”，引起社会广泛争议，当地文物局局长在新闻发布会上表示，经过专家论证并根据我国相关法律法规判定，这两栋楼未达到申报文物保护单位的标准，拆除并不违法。不久后，当地政府对这两栋楼进行了定向爆破。

工业遗产旅游显然不应成为城市发展与更新的“拦路虎”，城市发展与更新也不应排斥工业遗产旅游，两者是相辅相成的关系，而不是“你死我活”的关系。在对于工业遗产建筑保护再利用缺乏法定标准的情况下，一方面应当积极通过立法的形式，解决这一法律空白问题，另一方面则应当在全社会形成和谐、有序、绿色、包容的高质量城市发展观，认识到工业文脉与历史风貌之于一座城市的积极意义，以促进工业遗产旅游更好地服务城市发展。

2. 对于开展工业遗产旅游缺乏必要的激励机制

目前我国的工业遗产旅游仍停留在旅游产业内部的议题上，即将工业遗产旅游视作一种经营性产业，目前属于市场调控为主的行为。一方面，这确实激励了市场主体的参与度。另一方面，政府的激励机制却因此而滞后，结果常常导致“无利不起早”的情况发生。例如，一些企业缺乏长远考虑，导致不少项目“烂尾”，甚至一些具有长线效益的项目让一些企业“望而却步”。

但实际上，工业遗产旅游并不只是单纯的商业行为，它除了包括商业逻辑之外，还应有城市更新、产业结构、社会治理、文物保护、宣传教育等多重领域的逻辑。而且从宏观大局来看，开展工业遗产旅游，绝不只是对应具体哪一种逻辑，而是一个追求多重效益的系统工程。

因此，各级政府应当重视开展工业遗产旅游所带来的附加价值，在这个过程中，各级政府特别是与遗产本体直接相关的地方政府应为工业遗产旅游提供必要的激励机制，如通过设立相关专业基金、实施工业遗产旅游政府补贴、实施优秀工业遗产旅游评选制度或对有关企业免税等方式促进工业遗产旅游发展。

【本章案例 15】

华北某冶炼厂是 20 世纪 50 年代的重要工业遗存，改制后留下大量苏式建筑。2009 年，上海一家文旅企业愿意接手开发为主题公园，但评估之后，苦于经费不足，希望得到当地银行的贷款支持，或希望当地政府给予五年免税等优惠政策。但当地政府与银行均不愿意施以援手，而是考虑拆毁之后改建为高档住宅小区，该企业只有作罢，此建筑遂遭到拆毁。2014 年，当地政府因资源枯竭，提出发展文旅产业促进产业结构转型，然而相关基础已不复存在，高档小区也因开发商破产而烂尾。

二、观念困境

工业遗产旅游长期难以得到积极有效开展，其观念困境也不容忽视。具体而言体现在政府、企业、群众与社会四个主体方面。

1. 地方政府的行政观念有待转变

从工业生产转向工业遗产旅游，当中地方政府扮演着相当重要的角色。如土地功能变更、企业招商引资、环境保护与修复等，上述议题都涉及政府的作为。但目前大量地方政府在经济发展上仍是“大拆大建”的“短平快”老观念，即依托西方“绅士化”理论，主张通过引进商业地产等方式，在原有空间“腾笼换鸟”，以实现土地经济价值的快速增值。

另外，多数拥有大量工业遗产的城市，属于工业城市，地方政府早已习惯了无视这些遗产的存在，对其重视程度不够，从而形成了决策上的局限性。例如，中部地区某工业城市进行城市规划时，对于老旧工业建筑的首选处理方案就是拆除，2010 年至今，已经拆除了近 5 平方公里的工业建筑空间，包括多栋民国建筑在内的旧有工业遗产几乎毁灭殆尽。

当然，这种观念困境还存在于政府对被污染的水土环境的排斥上。因为许多工业遗产地水土严重污染，植被破坏严重，严重影响当地政府形象与环保工作绩效。在希望尽快处理好环保这一紧迫性议题前提下，当地政府显然难以在观念上认识到开展工业遗产旅游的必要性与重要性。

2. 相关企业的经营观念较为滞后

工业遗产旅游需要政府扶持，更需要企业推动，目前工业遗产旅游开展难，问题很大程度上在于相关企业的观念较为滞后。一些有条件开发工业遗产旅游的业主企业

（如遗产本体所在的老国企）没有合作开发工业遗产旅游的动力，导致大量遗产资源闲置。

另外，即使有能力开发工业遗产旅游的文旅企业，目前也因为观念滞后的问题，未能认识到工业旅游的价值，较少或不愿涉足工业遗产旅游，仍以传统的主题乐园、景区旅游、度假旅游等旅游项目为主，使得工业遗产旅游“难产”常态化。许多企业形成了思维定式与盈利模式的惯性，依赖并陷入经验舒适区，对开展新项目有畏难心态，并不热衷工业遗产旅游。

当然，我们并不能强迫企业必须发展工业遗产旅游，但政学研各界应当积极为相关企业开拓市场及思路做好服务工作，做好工业遗产资源的宣讲与保护工作，对于一些完全可以开拓为工业遗产旅游的遗产地，要努力争取、积极推荐，促进地方政府与企业的双赢。

【本章案例 16】

西北某地一家国营农机厂倒闭后，遗留下大量苏式工业遗产建筑与民国欧式建筑，当地政府召开专家论证会之后，将其改造权交给了市旅游投资集团公司，并建议该公司改造为工业遗产旅游主题街区。但该公司接手后，第一时间将所有建筑全部拆除，改造为一个儿童游乐园，因为该公司曾与深圳某文旅公司合作投资了两个儿童游乐园，认为在这方面更有经验，结果这家游乐园因规模所限，导致生意惨淡，闲置多年最后以破产告终。

3. 在观念上难以得到部分群众理解

我国长期实行“企业办社会”的方式，目前全国大约有 8000 万生活在“企业家属区”的国企老职工，在工业遗产领域形成了复杂的人地关系，如鞍山、攀枝花等因厂而成城的工业城市，大量市民由企业老职工组成，个人与城市的关系变得复杂而又微妙。当中既有对企业有深厚感情的老先进工作者、老劳模、老干部与老工程师，也有曾经郁郁不得志甚至“下岗”或被“买断”的普通老工人，甚至还包括当年的临时工、合同工等边缘工人群体，这些老职工及其家属，对于企业的情感不尽相同，在这种情况下，他们的观念必然千差万别。

开展工业遗产旅游很大程度上要调动社区参与，要获得当地群众的认同、理解与支持，相关思想工作必须尽力为之，做到晓之以理、动之以情，决不可有暴力拆迁、强制搬移等危害社会稳定之举，必须做通群众的工作，否则将会给后面的工作乃至城市社会治安带来无穷无尽的风险。

另外，要注重工业遗产旅游与群众利益的平衡问题，要通过宣传教育让群众理解工业遗产旅游与城市更新、社区振兴紧密相关，实现群众生活质量的同步提升。

【本章案例 17】

始建于“一五”时期的湖北某机床厂长期被视作“老大难”企业，该企业社区一度为当地最落后的棚户区。2012 年，当地政府拟将残余工业建筑登记为新发现重要历史建筑遗存，并拟招商改造为工业遗产主题街区，结果遭到当地居民的一致反对，称看见此厂就觉得糟心，纷纷要求拆迁重建。政府只好妥协，爆破相关建筑物与构筑物时，一度引发围观市民欢呼。

4. 工业遗产旅游在全社会尚未完全普及

旅游是一项自主性极强的行为，也是人类在满足基本生活需求之后的一种满足精神需求之举。工业遗产旅游起步晚、影响小，具有长板效应的重大项目少，缺乏重大项目牵引，造成在社会上尚未完全普及这一局限性，多数群众对于工业遗产旅游知之甚微，导致相关项目开展存在着重重难度。

目前，许多地区以“城市徒步”（citywalk）的方式拓展工业旅游项目的发展空间，而部分欧美国家则以极限运动、户外探险等方式推进有关工业遗产旅游项目，上述各项目因地制宜，各自取得了较好的效益，但是与传统的旅游项目相比，工业遗产旅游项目所占份额确实微乎其微。

而且，许多游客的观念尚未转变，一些工业遗产旅游目的地“开门迎客”却无人问津的情况并不罕见，这也是束缚工业遗产旅游进一步发展的重要因素。

【本章案例 18】

2021 年，某大型省会城市举办了一场十大优质旅游景区评选活动，先由群众提名，再进行网络投票，该市十余处工业遗址全部落榜。之后，该市为发展经济，宣布所有旅游景点免费，当中两处原本收门票的工业遗址公园也宣布免票甚至免除停车费，但仍门可罗雀。

三、技术与经济困境

工业遗产旅游除了政策、观念困境之外，技术与经济困境也是一个不容忽视的困境，这也是许多政府、企业“有心无力”的一个重要原因。因为工业建筑与生产空间的更新、修复耗资巨大，面临许多技术难题，有部分难题甚至是从未遇到过的新课题。

1. 多数项目投资成本巨大

工业遗产旅游涉及水土治理、建筑修复、环境治理甚至居民搬迁等一系列高成本前期工作，作为一种生产经营活动，工业遗产旅游显然要考虑成本，如果技术难度太高、投资成本太大，将会束缚企业的热情，甚至会让企业觉得得不偿失。

目前我国许多工业遗产旅游项目难以被推动，当中一个重要原因就是技术与经济的压力，因为我国旅游产业本身利润率就不高，抵抗不确定风险的能力也较差，经营者不可能不考虑投资成本。按照一般性产业的运营逻辑，如果 3~8 年不能收回成本，那么这个行业可以认定是亏损的。

工业遗产旅游往往涉及重大工业遗产项目的改造工作，这个工作不但旷日费时，而且耗资巨大，绝大多数老旧建筑更新改造工作的成本，远远超过建造新建筑。如果没有地方政府、国资企业与国有银行等机构的支持，这种成本耗费，将成为限制工业遗产旅游发展的一个巨大门槛。

【本章案例 19】

2009 年，中部某市一座具有百余年历史的玻璃厂计划被改造为工业遗产公园，当中设有商业街、酒店与餐饮等旅游项目，邀请相关企业考察投资。因估算该项目改造更新成本超过 20 亿元，耗费之巨远超新建一座同规模主题乐园，导致所有来考察的企业皆放弃投资意愿。当地市属城市建设投资公司也不敢贸然投资，该项目一直闲置至今。

实际上这一情况在全世界其他国家也较为普遍，如英国阿伯丁市的布罗德福德工厂旧址，是阿伯丁市中心的重要地标性建筑，但由于改造成本巨大，使得没有投资方敢贸然投资，竟闲置近 20 年。工业遗产旅游的经济成本问题，可以说是束缚其发展的“第一拦路虎”。

2. 技术问题是重要瓶颈

工业遗产种类繁多，既有一般意义上的建筑物与构筑物，还有矿坑、筒仓等特殊类型的遗存。这类遗存在初建时，并非考虑用于旅游而是工业生产，因此其维护、修复的技术工作具有相当的特殊性。

许多工业遗产改造未能成功或因长期搁置半途而废，当中一个重要的原因就是技术瓶颈。全世界没有两处完全相同的工业遗产，而且工业遗产改造不同于一般的文化遗产改造，它还涉及水土治理、道路绿化硬化等一系列环境修复技术。由于工业遗产保护在一定程度上可以视作是新生事物，许多技术问题都是前人从未遇到过的全新难题，这些问题的解决具有填补空白的意义。

【本章案例 20】

加拿大蒙特利尔市圣·米歇尔环保中心的历史变迁最让人印象深刻——占地 2 万平方米的圣·米歇尔环保中心由最初深约 70 米的采石场，变成北美洲最大的垃圾填埋场，如今则被市政府改造成一座环境优美的大型公园。自 1968 年起，这块场地接收了 4000 万吨垃圾。1995 年，蒙特利尔市政府提出一项修复计划，旨在将这座垃圾填埋场改造为城市公园。专家们在垃圾层中铺设了一套由 375 个竖井组成的沼气收集网络，将垃圾产生的沼气吸入井中，这些沼气通过 20 公里长的管网输送到附近的加斯蒙发电厂，可供周边 1.2 万户居民使用。为了防止垃圾污染地下水，垃圾浸出液被水泵以每天大约 2500 立方米的流量泵出，经过氧化预处理后，再排入污水管道并输送到蒙特利尔市政府的污水处理厂进行处理。在商定垃圾覆盖方案的时候，专家们在场地的几块地上进行了长达一年的实验后，才决定了覆盖方案，最终对垃圾堆的覆盖达到 7 层，厚度达到 1.5 米。完成覆盖的土地上，各种植被生机盎然，周围环境宜人。

但实际上，大多数的工业遗产修复与再利用工程不可能耗费如此巨大的技术成本并顺利解决如此之多的技术难题。尤其是一些体量巨大的工业遗产，如矿坑、水坝等，其技术瓶颈已经远远超越了旅游行业所能打破的极限，因此，这也是束缚工业遗产旅游进一步发展的桎梏。

第二章

工业遗产旅游的效益、原则及技术

通过学习本章的内容，了解工业遗产旅游相关效益、原则及技术，认识工业遗产旅游可以在多个方面共同制造出复合型的效益；同时，工业遗产旅游自有其原则，这是开展工业遗产旅游的重要规范，而且开展工业遗产旅游在技术上也自有其特殊性。

【学习目标】

1. 了解工业遗产旅游效益的多样性。
2. 掌握工业遗产旅游的原则。
3. 对与工业遗产旅游有关的技术有基本了解。

第一节　工业遗产旅游的效益

工业遗产旅游既是工业遗产保护再利用的重要手段，也是具有制造社会效益与经济效益功能的重要社会活动，简而言之，工业遗产旅游的效益包括文化效益、经济效益、生态效益、社会效益四个方面。

一、文化效益

工业遗产是文化遗产的重要组成部分，因此工业遗产旅游很大程度上有实现文化效益的作用。工业遗产见证了工业的历史演变与技术的发展轨迹，是工业文明记忆的凝结，具有包括历史价值、教育价值、美学价值在内的文化价值，因此开展工业遗产旅游是一种可以实现文化效益的方式。通过延长工业遗产在当代的文化生命力，让参与者了解过去的历史背景与工业发展历程，从而促进工业遗产文化内核在新时代的传承创新。

【本章案例 1】

位于甘肃省嘉峪关市的国营四〇四厂（现为中核四〇四有限公司），是 1958 年经中央军委批准建设的我国最早、最大的核技术生产、科研基地，保存着较为完整的核工业文化遗产，是我国“两弹一星”精神的重要发源地之一。为传承发扬核工业精神，促进核工业文化创造性转化，中核四〇四有限公司建成中核四〇四展览馆、核城英雄塔、“五大精神”现场体验教育基地，并且修缮了代表核城人集体记忆的地标建筑——文化生活遗址（第二幼儿园）。其中，中核四〇四展览馆具有鲜明的核工业特色，采用音视频、立体模型、实物等展陈方式展现了我国核工业发展的艰苦过程。

二、经济效益

工业遗产旅游本身是旅游产业的组成部分，开展工业旅游有一个很重要的目的就是创造经济价值，具体而言在于如下几个方面。一是通过工业旅游项目的规划设计，增强地方经济发展活力，实现“锈带变秀带”的转型。工业遗产多数位于城市老工业区或收缩城市，这些地区面临着较为严重的产业衰退、失业加剧与人口老龄化等发展困境，产业结构的转型升级迫在眉睫，而以旅游为主导的工业遗产的保护再利用，成了一个新切入点。围绕着工业遗产的一系列开发手段，构建了地方新的产业生态，提供了更多的就业机会与发展可能性，创造了地方发展新的经济动力。二是工业遗产旅游的相关项目，实现了工业遗产向文化遗产、文化创意资源的转化，将原本被遗忘、忽视的工业文化资源转变为可以再利用的文化资源，综合提

升了文化资源的经济效益。三是实现了工业遗产的妥善保护。许多工业遗产作为重要的文化遗产乃至文物，并未得到应有的保护，甚至长期在“拆”与“保”之间徘徊挣扎，以旅游为导向的工业遗产再利用，有助于工业遗产本体得到应有的妥善保护。

目前世界上成功开展工业旅游的地区也反映出一个事实：工业遗产旅游使得工业遗产本身的知名度不断扩大，逐渐成为当地的地标，提升了遗产所在地区的文化形象，增强了地区的吸引力、影响力与文化软实力，这不仅能够带来直接的经济收入，更有助于吸引外部的人才、技术、资本等创新资源的入驻，真正意义上激发了地区发展活力，并推动了一些收缩城市或街区走向复兴。

【本章案例 2】

位于美国纽约市曼哈顿岛西南端的苏荷区（Soho），是 19 世纪中叶伴随工业化时代兴起的工业区，兴建了大量以铸铁为建筑材料的厂房。19 世纪 80~90 年代，大型制造商开始进入该地区，该地区成为商业贸易中心。第二次世界大战后，纺织业整体向南方迁移，区内许多大型建筑空置。到 20 世纪 50 年代，该地区成为工业荒地。1973 年，苏荷区被纽约市地标保护委员会认定为历史街区。20 世纪 70~80 年代，一批艺术家对这里租金廉价且宽敞的废旧厂房产生了兴趣，将其改造为颇具艺术感的工作室、展厅和摄影棚等，苏荷区人气飙升，区域面积也有所扩展。作为曾经衰败没落的工业区，苏荷区以新的独特的艺术风格，成了美国艺术与时尚的潮流地。2010 年，苏荷区被列入《美国国家历史遗迹名录》，成为国家历史地标。如今，该区域已成为纽约旅游的热门景点之一。

三、生态效益

工业遗产旅游能够在相当程度上促进环境保护与资源再利用，发挥工业遗产保护更新所衍生的生态效益。在工业化生产和建设时期，资源的过度利用、工业废水废气排放等造成了严重环境污染问题，形成了大量棕地（Brownfield Site）。

“棕地”这一概念最早由美国的城市规划界所提出。1980 年美国国会通过的《环境应对、赔偿和责任综合法》（Comprehensive Environmental Response，Compensation，and Liability Act，CERCLA）明确规定：棕地的本质是包括土地、建筑物与构筑物在内的一系列不动产，这些不动产因为现实的或潜在的有害和危险物的污染而影响到它们的扩展、振兴和重新利用。从用地性质上看，棕地以工业用地居多，可以是废弃的，也可以是还在利用中的旧工业区，规模不等、可大可小，但与其他用地的区别主要是存在一定程度的环境问题。

大量亟待治理的棕地成为影响生态环境、人类健康与社会秩序的不安定因素。重新治理环境，修复被破坏的水土、植被等是开展工业遗产旅游的前提，另外，目前旧有工业空间转型多半仍是“大拆大建”模式，简而言之就是“从高楼到平地，再从平地起高楼”。这个过程不但造成了大量的建筑垃圾，而且大规模耗费建筑材料。工业空间中的工业建筑多半结构强度大、坚固耐用，如果作为建筑垃圾，难以回收再利用，而建筑本体若保护更新得当，则有较大的再利用价值，这也是工业遗产旅游应当追求的生态效益。

【本章案例 3】

位于韩国首尔汉江的仙游岛公园，由污水处理厂改造而成，总面积约 11.4 万平方米。日本殖民时期，仙游岛大部分山丘被挖掘，成为建筑材料的矿区。1978 年，建成污水处理厂。2001 年，污水处理厂关闭，仙游岛被改造为休闲公园绿地，2002 年对外开放。仙游岛公园最大限度地利用了原工厂的厂房设施，公园包括净水花园、水生植物园、过渡花园和 4 个环形空间及绿色水泥柱庭院，区内有展览室、咖啡馆、游乐场、观景亭和温室等。仙游岛公园是韩国第一个通过回收利用方法建成的生态公园，具有典型意义。

工业遗产旅游的生态效益还体现在促进产业结构转型上，工业遗产地以往的工业生产都是高碳排放行为，而改造为工业遗产旅游地之后，可以有效地阻止该地继续从事工业生产，使用地属性发生本质改变，在此基础之上，能有效提升碳汇，从而实现环境的良性转型。

四、社会效益

工业遗产保护更新在很大程度上是为了重塑人地关系，产生更多的无形社会价值。许多衰退地区或收缩城市，所面临的不仅仅是经济困境，更是社会问题，尤其是社会关系的松散与急速的人口老龄化。包括工业社区在内的大量工业遗产承载了

过去集体生活的城市记忆，是一个时代的身份认同与情感归属，在由旅游所牵引的工业遗产保护更新再利用的实践过程中，遗产的精神力量能够通过旅游的方式，潜移默化地影响着周围的人，唤醒人们的集体意识，不断促成人与社区、人与城市、人与社会关系的修复，以增强社会凝聚力，这就是工业遗产的社会效益。

工业遗产旅游有一个很重要的意义，就是能够将工业遗产打造成为有温度的“城市家园”和“城市客厅”，让工业遗产更好地连接历史、现在与未来，通过工业遗产的黏合作用，重构人、遗产、城市三者的关系，凝练出具有历史性和时代性的城市品格，从而推动城市可持续、高质量发展。从某种程度来看，追求社会效益才是工业遗产保护再利用最重要的目的。

【本章案例 4】

位于湖北省武汉市汉阳区车站前路的“站前花街”长约 300 米，沿着废弃的老铁轨铺展开来，一端连着汉阳大道，一端伸向京广线上的老“汉阳火车站”。铁轨两侧曾是汉阳枕木防腐厂与汉阳火车站的工人宿舍，2022 年，在汉阳区政府、建桥街道与车站社区的指导下，居民自发将自己的住宅进行翻修，周围的老旧工人宿舍更新成了糖果色的房子，屋前屋后开满鲜花，成为武汉市一处新兴的旅游景点。

总之，工业遗产旅游不仅是为了延续工业遗产本体建筑的生命，更事关地方工业文脉的存续，同时促进工业遗产适应时代新需求，创造地方发展新的增长点，从而有效引导经济、文化、社会、生态等多方面效益的共同实现。

第二节　工业遗产旅游的基本原则

作为一种人类改造自然、利用自然的主观活动，工业遗产旅游具有自身应遵循的原则。所谓原则，就是在主观活动中应当坚持的准则与争取实现的目标。具体而言，包括基本原则与衍生原则两个部分。对于工业遗产旅游而言，这两个部分的核心都是对于工业遗产资源的有效活化利用，使之在新的历史阶段发挥应有的时代价值。正如美国城市规划学家凯文·林奇所言：“为了现在及未来的需要而对历史以及变化进行管理并加以有效利用，胜过对神圣过去的一种僵化的尊重。”①

简而言之，基本原则是指开展工业遗产旅游必须坚持的基本准则以及通过这些准则要实现的既定目标，基本原则决定了工业遗产旅游的价值与效益，规范了工业遗产旅游行为的边界，是考察工业遗产旅游绩效的重要标准。

一、改善优化自然环境

工业遗产旅游有一个重要的原则，也是其基本任务，就是优化改善自然环境。当中一个很重要的原因是，先前的工业生产对自然环境破坏巨大，对于水土、大气等均有不同程度的污染，尤其是一些采矿区甚至沉降区，已经造成了严重的地质毁坏，工业遗产旅游在很大程度上承担着矿区复绿等改善优化自然环境，并将不宜居环境改造为宜居环境的责任。

自第一次工业革命以来，人类的工业生产活动至今已有200余年的历史，在这个过程当中，通过社会化大生产积累了大量社会财富。正如马克思所说：“资产阶级在它的不到一百年的阶级统治中所创造的生产力，比过去一切世代创造的全部生产力还要多还要大……过去哪一个世纪料想到在社会劳动里蕴藏有这样的生产力呢？”② 大量的山地被开发、树木被砍伐、江河湖海等水体也因为工业生产被污染，伦敦一度成为英国人见人怕的“雾都”，英国作家狄更斯笔下的“焦煤镇”便是当时工业污染活生生的写照。鼓吹工业革命的画家透纳遭到了批判工业技术的后辈画家威廉·斯格特的嘲讽与批评……工业既给人类带来了便利，也给环境带来了难以逆转的破坏，并产生了深重的环境危机。

及至第三次工业革命时期，一批先发工业国家发现，处理工业遗产并不只是拆迁或保护那么简单，山体复绿、水土治理、大气改良等一系列事关改善优化自然环境的工作势必提上日程。如果没有宜人的居住环境，工业遗产旅游便根本不可能实现。没有人愿意在臭气熏天的湖泊里泛舟，更不会有人愿意在重金属沉积的土地上度假，修复工业生产对环境的破坏，是开展工业遗产旅游的头等大事。

① Lynch Kevin. The Image of the City［M］. Cambridge MA：MIT Press，1960.

② 马克思，恩格斯 . 共产党宣言［M］. 北京：人民出版社，1992：31.

【本章案例 5】

位于美国密歇根州的港湾高尔夫球场占地 4.05 平方公里，是一个修建在废弃工业旧址上的工业遗产旅游目的地。最初这里是一家水泥厂的采石场，1981 年水泥厂关闭之后，留下了 1.62 平方公里的荒地，这里不但寸草不生，而且环境极为恐怖恶劣，造成了许多社会治安问题，被密歇根州的居民称为“魔鬼坑”。2007 年，美国山林（Hills & Forrest）景观设计公司的高尔夫球场设计团队将其规划改造为国际标准的高尔夫球场，改造之后承担了许多国际高尔夫赛事，成了当地重要的工业遗产旅游目的地。

工业遗产旅游虽然与环境治理工作看似没有直接关系，但环境治理却是开展工业遗产旅游的基础，因此工业遗产旅游的一个原则就是优化改善自然环境，这也与工业遗产旅游所追求的环境效益相一致。

与其他形式的旅游不同，工业遗产旅游是通过景观的更新与再设计，使之具备旅游条件，其他的旅游多半建构在优越的自然环境之上。因此，工业遗产旅游尽管对于优化改善环境有着积极作用，但与此同时也要付出更多的人力物力成本以完成前期相关工作。

二、推动产业结构转型并和谐社会关系

工业遗产旅游第二个原则在于推动产业结构转型并和谐社会关系。产业结构是指各产业的构成及各产业之间的联系和比例关系。在经济发展过程中，由于分工越来越细，因而产生了越来越多的生产部门，这些不同的生产部门，受到各种因素的影响和制约，在增长速度、就业人数、在经济总量中所占比重、对经济增长的推动作用等方面表现出很大的差异。因此，在一个经济实体当中（一般以国家或地区为单位），在每个具体的经济发展阶段、发展节点上，组成国民经济的产业部门是不一样的，各产业部门的构成及相互之间的联系、比例关系不尽相同，对经济增长的贡献大小也不同，基于此，把包括产业的构成、各产业之间的相互关系在内的结构特征概括为产业结构。[①] 但随着时代的发展，不同历史时期对于社会化产品的需求存在着差异性，传统的产业结构必须得到转型，才能适应新的历史时期的社会经济发展需求。

---

① 谢勇，柳华．产业经济学［M］．武汉：华中科技大学出版社，2008：174.

正如前文所述，工业遗产旅游实现了“有烟工业”向“无烟工业”的过渡，“有烟”与“无烟”之比，除了涉及对环境的保护之外，当中还有一个重要的特征，就是推动产业结构转型，即从高排放的劳动密集型生产模式转为低排放的智力密集型生产模式。

从经济学的角度来看，产业结构转型在动机上有两种形式：一种是主动的，即在政府主导之下，主动将一些高产能、低绩效且落后于时代的产业淘汰；一种是被动的，即因为技术的发展而导致的产业结构转型。两种动机虽然不同，但结果一样。因此无论是哪种形式，都会形成大量的工业遗产。

与工业遗产同步遗留下来的，除了大量的废弃土地、陈旧建筑与被污染的空间等物质遗存之外，还包括大量失业或低收入工人、复杂的社会矛盾与必须直面的公众情绪等，这些都是亟待解决的问题，也是工业遗产旅游推动产业结构转型并和谐社会关系当中重要的组成部分。

想要和谐社会关系，需要改善大量失业或低收入工人的生活条件并提升其收入。工业遗产再利用，绝不只是简单的“绅士化”运动——只改变物质环境却忽视居民需求，而是通过工业遗产旅游来提升本地居民的生活条件，使得当地群众的生活得以彻底改善。就我国实际情况而言，是应以“自我绅士化”为目标，通过产业结构转型，改善社区基础设施建设，有效实现城市困难职工的脱困解困。

“自我绅士化”源自西方城市规划学界的绅士化理论（Gentrification），绅士化又被称作缙绅化、士绅化，又译为中产阶层化、贵族化，是指通过更多富裕的居民和企业的涌入，改变一个社区的特征的过程，这是城市政治与规划中一个常见而又富有争议的话题。最早由英国社会学家卢斯·格拉斯在 1964 年的文章中首先提出，她以伦敦的伊斯林顿为例做了如下描述：“在伦敦，一个又一个的贫苦劳工民区被中产阶级入侵，当那些破落的房舍租约期满后，就摇身变成了高雅而昂贵的大宅……绅士化的过程一旦展开，就只有义无反顾地加速进行；而直至所有原本的劳工阶层居住者都迁出后，整个社区面貌就彻底地改变了。”①

绅士化通常会增加社区的经济价值，但由此导致的人口迁移本身可能成为一个主要的社会问题，如本区生活指数提高，原居住的低收入者最后可能反被新迁入的高收入者歧视，从而形成原住居民与外来人口的社会矛盾，或引致原居住的低收入

① Glass R. London：aspects of change［M］. London：Macgibbon & Kee，1964.

者不得不迁往更偏远或条件更差的地区维持生活，增加了城市困难职工脱困解困的难度。而“自我绅士化”则是立足于西方“绅士化”理论基础之上形成的具有中国本土化意义的理论范式，特指通过内部产业结构转型实现居民生活质量的本质性好转，这是工业遗产保护更新所追求的最高目标。

【本章案例 6】

位于湖北省宜昌市西陵区的葛洲坝社区，原本是中国葛洲坝集团的家属社区，最初为兴建葛洲坝工程——“330 工程”的后方基地，该基地以葛洲坝枢纽工程为中心，容纳原集团公司及各分公司、下属机构职工家属 10 余万人，是我国规模最大的水电工业社区。当中许多建筑为 20 世纪 70 年代兴建葛洲坝时的老建筑，部分建筑具有一定的历史价值与文化意义。2018 年，葛洲坝集团的上级单位——中国能源建设集团接管该社区，设立中国能源建设集团宜昌基地局，在西陵区政府的支持下，基地局先后对社区内沿江栈道、街心公园等进行修缮，构建数公里的沿江景观带供行人休憩散步，并保留了葛洲坝集团原有的新春城区马拉松跑步与春节灯会等传统文化活动，通过一系列基础设施的改造与新建，葛洲坝社区已成为我国具有代表性的优质大型企业社区。

当然，之于一些流动人口较多的特大型城市而言，城市产业结构转型升级在前，社区更新在后。工业遗产旅游并不构成产业结构转型的前置问题，而是成了产业结构转型的遗留物，部分原住职工也已经外迁。在这种情况下，工业遗产旅游的意义在于进一步深入推动现有的产业结构继续转型，促使原有社区建设更加符合城市未来发展的需要，这就是本节讨论的第二个问题——通过原有社区的改造升级，使之从服务于生产空间的生活空间变成服务于城市发展的文旅空间，既能减少不必要的社会矛盾，更能促进快速发展的城市内部更加和谐有序。

城市最大的一个特点，就是为新涌入城市的外来人口提供一个寄宿的空间。19 世纪的英国利兹曾有“建筑协会”为进城务工的人员提供栖身之所。20 世纪 30 年代上海的“亭子间”不但收留了大量的工人、职员，同时也见证了鲁迅、茅盾、巴金等文化巨匠的青年时代。19 世纪 90 年代纽约的哈林区，也曾是许多来纽约“打工者”首选栖身之处。当中一个很大的原因在于：低廉的房租与较为方便的通勤。大多数刚到大城市的外来者，无法购置私家车，需要更接近工作地点的居所，这也是美国许多城市有大量“下城”（downtown）的原因。

随着旅游业的兴盛，大量青年旅行者开始成为世界旅行乃至跨国旅行的主力军。他们往往被冠以“穷游”的名号，却临时扩大了城市人口的规模，他们热衷于“城市徒步”，而工业遗产往往成为其重要的旅行目的地。在此基础上，依托工业遗产街区、社区改造的青年旅社以及共享公寓、餐厅、浴室、洗衣房等，也由此成为重要的游客集散地。

【本章案例 7】

上海黄浦区南京东路承兴里是上海著名的“宿舍弄堂”，中华人民共和国成立后，上海十余家轻工企业的数千名员工由黄浦区房管所安置于此。时过境迁之后，当地成为“双老”（人口建筑双老龄化）社区，设计师团队会同地方政府将此地改造为以“南京东路共享洗衣房”为代表的社区共享空间，目前已经是多个青年旅舍的所在地，深得来上海旅行的年轻游客们的青睐。

三、保护工业文脉并实现景观更新

工业遗产再利用，很大程度上体现为文物保护工作一部分，但它又与传统意义上的文物保护工作不同，它涉及对文物本体的改造更新以实现再利用的目的，这在本质上是对工业文脉的保护。近年来随着工业旅游的发展，工业遗产保护逐渐在“拆”与“保”之间走出了一条新路，大部分承载工业文脉的遗产本体得到了应有保护，景观也得到了有效更新。

第一，丰富了相关知识体系，提升了遗产保护、文物保护与修复技术、环境艺术设计等不同领域的水平。

作为一种新的文物体系，工业遗产由工业建筑物与工业构筑物所组成，其建筑物属于“建成遗产”（build heritage），其保护工作与传统的建筑遗产有着本质性差异，不但涉及比静态保护更难的活态保护，而且涉及更为复杂的材料学、建筑学、城市规划学、环境艺术学等工程技术学科问题。因此大大丰富了相关知识体系。

开展高质量工业遗产旅游，一方面需要不同学科知识作为基础支撑，这与其他

旅游形式有着很大区别，另一方面，也丰富了相关知识体系，尤其是一些新问题，亟须新技术、新方法来解决。

【本章案例 8】

上海佘山采矿场旧址位于上海佘山国家旅游度假区核心——天马山深坑，目前为上海佘山世茂洲际酒店，该酒店从地表下探 80 米，依附深坑岩壁而建。该深坑周围的岩壁由安山岩组成，收集雨水后形成深潭。深坑近似圆形，上宽下窄，面积约 3.68 万平方米，最深处深度约为 88 米。该酒店自 2006 年着手设计及建设，其间突破地平线下 88 米的建筑极限，克服了 64 项技术难题，其中完成专利 41 项，已授权 30 项，前后历时 12 年，共有 5000 余人投入建设，最终于 2018 年完工，受到全世界的瞩目。该酒店曾被《国家地理》杂志誉为“世界建筑奇迹”。2021 年 9 月 27 日，上海佘山世茂洲际酒店荣获第十八届中国土木工程詹天佑奖。

开展工业遗产旅游，不只是旅游领域内部的工作，它与工业遗产保护更新息息相关，但工业遗产保护再利用涉猎多元、内涵丰富，在技术路径上也非一端。因此积极有效的工业遗产旅游项目，在很大程度上能够提升不同学科领域的应用实践水平。

第二，有效地传承非物质精神遗产，以景观更新推动记忆场所的构建，传播工业文化并弘扬工业精神。

工业文明是人类近代以来所创造出的与农耕文明并立的两大文明体系之一，因此工业遗产既是生产空间，也是文化空间。我国作为发展中国家，许多工业遗产是工业城市的文脉汇集之地，具有鲜明的记忆场所特征，因此在传承精神遗产这个层面，工业遗产旅游显然具有重要的作用。

记忆场所的概念最初来自历史学，是由法国历史学家皮埃尔·诺哈于 1978 年在编写《新史学》中提出来的一个文化研究概念。在研究集体记忆的过程中诺哈发现，历史遗留的地方空间对于地域文化认同的建构有非常大的贡献，因此主张通过研究碎化的记忆场所来拯救残存的民族记忆与集体记忆，找回群体的认同感与归属感。美国建筑学家 C. 亚历山大在《建筑的永恒之道》也表达了类似的观点，“一个地方的特征是由发生在那里的事件所赋予的……是这些时刻的活动、参与其中的人，以及特殊的情境，给我们的生活留下了记忆。住房、城市的生活不是由建筑的形状或装饰和平面直接给予的，而是由我们在那里遇见的时间和情境的特质所赋予的。总是情境让我们成为我们自己……建筑和城市要紧的不只是其外表形状、物理几何形状，而是发生在那里的事件”①。

我国工业遗产不但是一种具有特定文化符号的景观，更是有着媒介记忆功能的记忆场所。作为中国共产党领导中国式现代化的历史见证，我国工业遗产以物质的形式再现了苏区精神、“两弹一星”精神、大庆精神、“两路”精神、青藏铁路精神与企业家精神等一系列中国共产党人伟大精神生成的历史场景。而且，当中大多数以建筑物或构筑物的形式体现，又属于有媒介记忆功能的记忆场所，许多遗产本体可以通过空间更新与改造，使之兼具宣教意义与实用价值，从而通过媒介记忆强化了历史在当代身份叙事建构中的重要性。这是一般革命文物、文艺作品、新闻报道或实景演出等媒介所不具备的功能。

工业遗产旅游，就是通过景观更新重塑记忆场所，使得工业遗产空间构成特定的集体记忆，尤其是注重对一些典型人物、重大事件的纪念，使非物质的工业精神物质化，这是工业遗产旅游的一个重要原则所在。其意义源自文物保护，但高于文物保护。其方式可以通过修建博物馆、纪念馆、纪念公园与露天街区来实现。

【本章案例 9】

位于黑龙江省大庆市的铁人王进喜纪念馆是国家一级博物馆、全国爱国主义教育示范基地，该馆深挖铁人精神内核，奠定教育阵地基石。走进纪念馆，大型群雕《石油魂》先声夺人，以恢宏的艺术形式展现了我国石油工业发展史上的奇迹。为了展现铁人王进喜不平凡的一生，纪念馆除了用照片、文字、图表等传统的展示手法外，还采用了硅胶像、沙盘、场景复原、多媒体等现代展示手法，传神地再现了王进喜从“凡人”到“铁人”的光荣历程。此外还创新“油”味文创品，延伸文化产业链。大庆铁人王进喜纪念馆的讲解员、工作人员身穿以铁人王进喜为原型设计的手绘文化衫，让充电宝、书签、帽子、背包等“油”味十足的文创产品走入人们的视野，受到参观者大力追捧，真正让红色精神“火”了起来，成为生活新风尚。开馆以来累计接待中外游客超过 1000 万人次，国内外重要团体 35000 余个。

① ［美］亚历山大 . 建筑的永恒之道［M］. 赵冰，译 . 北京：中国建筑工业出版社，1989：107.

四、提升社区凝聚力并向城市注入活力

西方进入工业文明后不久，考虑到城市发展的需要，首先区分了生产空间与生活空间，19 世纪的英国率先发明了“通勤列车”。但随着社会大生产的进一步发展，资本家基于对生产成本与生产时间有效利用的需求，形成了大量的“公司镇”，这一生活区与生产区混杂的方式由美国发明之后，很快被苏联借鉴，之后又传入我国，被称为“企业办社会”。事实上，不少工业遗产本身大多是“企业办社会”的产物，社区特征非常明显。

我国工业遗产的形成，往往与社区凝聚力的衰退与城市活力的减退而共生，大量工业城市因为产业结构的转型而成为以资源枯竭型城市为代表的“收缩城市”（shrinking cities）。这一概念最早由德国学者菲利普·奥斯瓦尔特所定义。一般来说，“收缩城市”有四个特征：一是在空间上表现为经济社会活动的稀缺性和分散性；二是持续经济增长的终结以及人口流失，尤其是年轻的一代逐渐离开、就业率下降以及商业贸易萎缩；三是“收缩城市”现象具有时间性，会在相对较小的规模上保持稳定；四是尽管“收缩城市”的中心区域逐渐被废弃，但是周边区域仍然具有再次扩张的潜力。

我国“收缩城市”的形成虽与西方国家不同，但本质上仍是后工业发展的产物。因此大量老旧工业社区依然存在着人口老龄化与高流失率等共性问题，直接造成了社区凝聚力的下降，从而延滞了城市活力。

工业遗产旅游在相当程度上为城市提供了新的人口，并通过广泛而又深入的社区参与，提升了社区凝聚力，从而为收缩城市或城市当中的收缩空间注入了新的活力。我国工业遗产再利用强调社区参与的重要性，本质上是建设“人民城市”的一部分，因此我国工业遗产旅游的原则也与上述时代课题息息相关。

【本章案例 10】

位于浙江省衢州市常山县新昌乡达塘村猴子山 1 号的“申山乡宿”，前身是 20 世纪 70 年代的衢州申山水泥厂，“猴山牌”水泥享誉全国。2017 年年初，在外经商多年的当地村民陈重良被邀请回村担任干部。面对这片居民大量外迁的荒山与令人畏惧的废弃工厂，他个人出资 200 万元买下该厂，注册常山县达塘旅游开发有限公司，建设总投资 1.2 亿元的“申山乡宿”，通过与设计师合作将该水泥厂旧址改建成充满现代工业简约气息的乡宿，该项目成为“锈带变秀带”的重要范例，并有效地促进了该村的振兴。

五、丰富旅游产业内涵并提升其文旅融合质量

工业遗产旅游是一种新兴的旅游形式，与传统旅游形式相比，工业遗产旅游在各个要素上都有着巨大差异。举例而言，一般意义上的旅游活动，多半在已经形成的名胜古迹或自然风光上开展，通常不需要进行较为复杂的环境综合治理，而工业遗产旅游则需要将水土治理等环境综合治理工作作为前置条件，因此对旅游技术有着较高的要求。

除了对技术有较高要求之外，在社区治理、资本运营、项目策划等范畴，工业遗产旅游也存在较高且复杂的要求。一般而言，运营一个工业遗产旅游项目的实际工作量，要远远多于运营其他旅游项目，尤其在一些涉及建筑改造或环境工程技术上，相关新兴技术在很大程度上能够丰富既有的旅游技术。

而且，工业遗产旅游本质上是对工业文化、工业精神的传播与弘扬，其旅游活动当然要走向文旅融合，形成以文化价值为中心的旅游活动。因此，搞好工业遗产旅游，之于丰富旅游产业内涵、提升文旅融合质量而言，都有着不可忽视的意义。

【本章案例 11】

位于青海省海北藏族自治州海晏县金银滩草原的原子城，总面积 1100 多平方公里。它是我国建设的第一个核武器研制基地，我国第一颗原子弹、第一颗氢弹均诞生于此，故称为“原子城”，是原“青海二二一厂”所在地。该厂于 1995 年 5 月 15 日“退役”，目前该厂区通过污染治理、环境改造与文旅开发，成为我国第一个核工业主题旅游景区——金银滩一原子城景区（爆轰试验场）。

第三节　工业遗产旅游的衍生原则

衍生原则是开展工业遗产旅游建议遵循的原则，同时也反映了工业遗产旅游取

得较好绩效时会尽可能呈现的正向结果，也是对工业遗产旅游更高水平的要求。

一、赓续人地关系

人地关系是人文系统与自然环境系统动态关系的简称。人类和自然环境在人文生态系统中是相互依存、相互制约的两大要素。自然环境为人类提供生存条件，人类活动反过来影响自然，甚至局部改造自然。

从学科发展的轨迹看，人地关系作为一门科学知识体系，是欧洲 18~19 世纪包括近代地理学在内的科学技术的发展结晶。近代地理学的奠基人、德国科学家冯·洪堡认为，人是地球这个自然统一体的一部分，地理学是研究各种自然和人文现象的地域结合。20 世纪初，以法国地理学家 P. 维达尔－白兰士为代表的法国地理学派则主张自然环境为人类活动提供了多种可能性，但这种可能性变为现实，则完全是由人类方面的诸条件所决定。他认为自然界对于人类没有必然，只不过提供机遇或制造阻碍，人类是选择或支配这种机遇的主宰。20 世纪上半叶，欧美地理学界还出现了适应论、生态调节论、文化景观论等观点，从不同的角度研究人地之间的相互关系。

作为世界上最大农耕民族的后裔，中华儿女在人地关系的阐述上有着较为丰富的历史经验，这是中国作为文化认同型国家的精神基础。中国人对土地的敬仰、崇拜，是中华民族重要的共同精神特征，也是中华民族文化认同的精神前提。在传统文化中，中国人敬仰天地，以“皇天后土”称之，而古代中国的价值观中，长期也有“身土不二”的传统，从而形成了以宗族关系为纽带的人地关系。近代以来，以段义孚、夏志清为代表的海外学者结合自身独特的经验，提出了“恋地情结”“感时忧国”等概念，指出中国人对土地、家乡乃至国家深度依恋的复杂情感。

近代以来，随着工业化、城镇化的推进，以及新文化的深入传播，传统的宗族关系遭到瓦解，既有的乡村伦理秩序逐渐松散，遍布全国的“单位”，特别是工厂吸收了许多进城工作的乡村原住居民。在这个过程中，档案取代了族谱、工作规章制度取代了家规家训、厂门取代了牌坊、同事取代了族人、工厂的企业文化取代了社戏等宗祠文化。在这种情况下，原本属于工厂家属区的大部分工业遗产社区成为现代中国人的“新乡愁”，数以万计的老职工和“厂矿子弟”在工厂及家属区有着长达数十年的工作及生活时间，家属区承担着服务他们及其家属的生活职能，大量工厂生活区建有俱乐部、子弟小学、职工医院、运动场等附属生活设施，形成了与传统农耕伦理相对应的新型的人地关系。

因工业生产而建构起来的人地关系，既有稳定性的一面，也有不稳定的一面，稳定性在于这是依托生产纪律而形成的人地关系，它是一种制度化而非自发性的人地关系。

因此在工业遗产保护更新的大势下，工业遗产旅游更事关社会稳定大局。部分老职工安土重迁，对原有的生产生活空间怀有深厚感情，形成了新的“乡愁”，造成了改造难、搬迁难等现实问题，当中大部分仍在使用的空间已经成了老龄化严重的老旧工业社区，如果能转向工业遗产旅游，这势必在相当程度上改善区域内的基础设施建设水平。因此，工业建筑物或构筑物遗产化之后，如何赓续这种人地关系，显然是开展工业遗产旅游的一个重要衍生原则。

【本章案例 12】

浙江省湖州市德清县莫干山镇仙潭村的“大墅下”民宿，前身是当地一家被废弃的竹笋加工厂，曾是远近闻名的乡镇企业，在改革开放之初曾为当地脱贫致富发挥了重要作用，许多村民对其感情深厚。2022 年，当地村民、乡办企业与设计师团队合作，合力将该厂现有建筑物与构筑物改造为乡村民宿，解决了村民的就业，保留了村民的乡愁，产生了较好的经济效益。

二、传承当地文脉

作为后发工业国家，我国许多城市因工而兴、因厂而生或因矿而富，因厂矿而建市的工业城市在我国多达数十座，这类城市当中部分转型成功，成为新型工业城市，但仍有不少城市为以资源枯竭型城市为代表的收缩城市。这类城市在转型期间，很容易因为城市发展的需要拆除原有的工业建筑物或构筑物，客观上造成工业文脉这一城市文脉“主心骨”的断裂。

工业文脉是工业活动赖以存在的背景，包括自然条件、文化氛围、社会人文背景。它有显性和隐性两方面的内容。显性形态包括人、建筑、景观及环境中的各种可见要素；隐性形态指那些对工业生产、工业生活有潜在深刻影响的因素，如政治、经济、文化、历史和习俗等。简而言之，工业文脉是指工业建成环境以及其承

载的社会文化背景与人的心理等。它是人们为了满足工业生产及日常生活而建造的空间环境，主要是指建筑（建筑物与构筑物）、社区等这些有形物体以及由它们共同构成的各种无形空间的形态、尺度以及色彩等，它是人类工业活动在长期形成、发展及衍化过程中与周边环境相互作用与博弈的体现。

工业遗产旅游能够通过产业结构转型，有效地有机保护相关工业建筑，进而实现对当地工业文脉的有机传承，这是开展工业遗产旅游的一个重要衍生原则。一方面，它通过物理手段保护了工业文脉，保留了当地群众的集体记忆；另一方面，工业遗产旅游的开展也将工业文脉进一步活化利用，使之成为具有商业性价值的文化主题，形成了开展旅游产业与保护工业文脉的双赢。

【本章案例 13】

位于辽宁省沈阳市的铁西区，是我国东北老工业基地的重要缩影。从 2003 年开始，铁西区大批工业厂区因搬迁、关停、闲置，成为工业“锈带”。这些老旧厂房、车间寄托着创业者的深厚情感，镌刻着难忘的历史记忆，蕴藏着厚重的人文精神，是一笔宝贵的历史财富，能给城市更新升级注入新灵魂。近年来，当地着重利用丰富的工业遗产，挖掘百年工业文化，打造功能与情景交融的城市文化新地标，打造工业旅游新线路。规划的 70 万平方米工业遗产区，已开发利用约 45 万平方米，大大小小的口袋公园散布在街头巷尾，旧厂房成了新“秀带”。

三、通过棕地治理提升其综合使用价值

大量工业遗产所在区域都是先前工业生产用地，存在着重金属沉积、水体污染、土地板结变黑等因工业生产遗留的环境问题，因此被称为“棕地”，而开展积极有效的工业遗产旅游，则可以提升棕地综合使用价值。

从世界范围来看，棕地的再利用都是一个事关城乡高质量发展的痛点问题，据不完全统计，全球现有棕地面积多达 10 万平方公里，虽然当中绝大多数处于工业化较为全面的国家，但一半左右目前处于废弃状态。在这些尚未被再利用的棕地中，有的已经成为严重污染的无人区，是生态链上缺损一环；还有一些成为贫民窟、棚户区，造成了严重的治安问题。

因此，上述棕地亟须治理从而改善或解决因棕地而带来的环境、社会问题，工业遗产旅游有一个重要的衍生原则，就是通过治理提升棕地综合使用价值，以实现“锈带变秀带”的愿景。

【本章案例 14】

布鲁克林工业区（Brooklyn Navy Yard）位于美国纽约市布鲁克林区，是一片历史悠久的工业园区。该区建于 1801 年，曾经是美国最大的造船厂，也是“二战”期间美国军舰和武器的主要制造地之一。20 世纪 70 年代，该区的就业人口曾一度下降到不足 3000 人，许多建筑物被废弃，成为纽约治安最差的“棕地区”。21 世纪初，随着新一轮城市更新计划的启动，布鲁克林工业区逐渐恢复了生机。如今，布鲁克林工业区已成为纽约市最有活力的创意产业和高科技产业之一，涵盖了许多领域，包括建筑、设计、制造、数字媒体、科技等。该区的企业数量和就业人口持续增加，已成为纽约市最繁华的商业区之一。未来，布鲁克林工业区将继续贯彻创新和可持续发展的理念，推动新旧城市重构和经济转型。该区的未来规划包括建设更多的可再生能源设施和公共交通系统、提供更多的工作和交流机会等，同时也保证了历史遗产的保护和文化价值的传承。

就我国而言，目前我国工业遗产用地数量庞大，根据 2022 年不完全统计，全国累计待再利用的工业用地超过 13 平方公里，当中一半以上接近或已经成为棕地。而且就我国工业遗产实际情况而言，以东北老工业基地、西北西南三线工业基地为代表的成片棕地，已经成了影响区域性发展不平衡的重要因素，亟待有效解决。

工业遗产旅游能有效地推进棕地治理，并提升其综合使用价值，这是开展工业遗产旅游的一个重要衍生原则。它与其他的衍生原则及基本原则一道，推进工业遗产旅游实现更为广阔的社会效益与经济效益，因此共同构成了开展工业遗产旅游的重要指导性原则。

第四节　工业遗产旅游的相关技术

从实现路径上看，工业遗产旅游是一项系统庞大的工程，涉及风景园林学、城乡规划学、材料学、建筑学、土木工程学与环境工程学等多个工程技术领域，因此

需要不同学科背景的专业人士协同参与。在这里，我们主要按照工业遗产旅游项目开展的先后顺序介绍相关技术的基本知识，涉及评估与规划、保护与更新、运营与管理这三个阶段。

一、评估与规划阶段

这里的评估主要指的是基于开展旅游活动的需要，对工业遗产本体价值的评估工作，因为并非所有的工业遗产都适合开展工业遗产旅游，也没有某一种工业遗产旅游类型适合所有的工业遗产，因此需要对遗产本体价值进行系统评估。从适应于旅游活动的角度看，工业遗产本体的评估包括如下三个维度，一是安全维度，二是文化维度，三是经济维度。

安全维度指的是对工业遗产本体及其周边环境的水土污染程度、建筑物与构筑物的安全系数、周围环境安全状况等总体环境安全问题进行评估，当中既包括环境评估，也包括空间安全评估，这是论证是否适合开展工业遗产旅游活动或如何开展工业遗产旅游活动的基本前提。

结构安全性检测与环境评估是评估安全维度的核心。结构安全性检测指的是对拟被再利用的工业建筑物或构筑物既有结构安全性的检测与评估，一般需要通过现场复核结构布置和荷载情况、材料性能检测、裂缝损伤检测、沉降变形测量、结构验算和分析等环节，对结构的安全性进行评估，最终形成具有可参考与可操作的方案。环境评估指的是通过对水、土以及大气的污染物，有毒物质以及重金属含量的检测，判断此地是否适合开展工业遗产旅游活动，以及如何开展工业遗产旅游活动。没有经过结构安全性检测与环境评估的工业遗产旅游项目，是不合格、不合规也不合法的，对上述问题存有侥幸心理，势必带来灾难性的后果。

【本章案例 15】

华东某钢铁厂破产后，地方政府拟将原址建设成为一个工业遗产主题公园与一个高档小区，项目落成后，小区内一位业主是环保工程师，他通过设备测量公园与小区内土地，发现存在着汞严重超标的问题，于是找开发商、地方政府理论，皆无果。该业主一气之下，将此事交给媒体曝光，引起舆论哗然。环保部门二次检测时，发现该小区地下存在十余种重金属同时严重超标的问题，且有三种属于有毒有害物质，结论是不适合居住。楼盘业已竣工，公园也已对外开放，重新进行土壤治理显然已不可能，部分已购房业主纷纷申诉维权，酿成了严重的网络舆情。

文化维度指的是对工业遗产本体作为遗留建筑物或构筑物的文化意义进行评估，当中包括历史、审美、技术等不同维度的评估，这是工业遗产旅游的发展方向，决定了工业遗产旅游的具体路向。

经济维度则指的是工业遗产本体作为开展旅游活动载体时所能提供的经济价值，当中既包括对当地就业率提升、对营商环境的改善以及对产业结构转型的支持，也包括进行旅游活动时所能制造的直接性经济效益。

工业遗产旅游的评估是一个系统工程，也是工业遗产保护更新再利用的起点，对于工业遗产本体的评估，既要遵循遗产本体的实际情况，也要考虑周围客观环境，因此具有综合性、复杂性与全局性特征。

【本章案例 16】

我国西南某兵工厂旧址属于“三线工业遗存”，位于某县域城市，当地政府联络开发商进行文旅开发。开发商在缺乏必要、合理且全面评估的前提下，将此项目外包给上海一家文旅公司进行策划，项目进行一半时，发现该厂所在地土壤重金属沉积严重，并不适合开展工业旅游活动，而且各方均不愿意承担高昂的土壤治理费用，导致中间经历过多次方案更改，最后该遗存沦为“二次废墟”。

这里所言之规划，指的是对已经评估适用于开展工业遗产旅游的遗产本体进行旅游导向的规划设计，是开展工业遗产旅游的重要前提，它包括发展规划、结构规划、布局规划与功能规划四个实践路径。上述四个实践路径，均依赖于对遗产本体的规划而实现。一般而言，用于旅游导向的遗产本体主要是遗产空间，它包括室内空间与户外空间。

发展规划指的是利用既有空间，对具体旅游活动类型、方式的规划，如一个修复好的矿坑究竟是改造为矿坑酒店还是赛车场，一个废弃的工厂改造为特色小镇还是文旅园区，这些具体的再利用方向，都依赖于发展规划来完成。因此，确定再利用方向是整个规划的前提。

结构规划指的是对既有工业遗产本体空间结构的改造变更，即对现有空间在结构上重新计划分割，以达到再利用的目的，如将一个敞开式车间分割为不同大小的工作间，使之成为各自独立的餐厅、客房或商店等。

布局规划指的是不通过技术手段改变空间结构，将现有空间进行重新分配，以形成新的再利用空间，如将工人宿舍楼重新修缮装潢，改造为具有工业风格的酒店，将旧有厂区内公园改造为酒店露营区等。

功能规划指的是基于功能需要的目的，对空间本体进行重构，使之在原有的基础上产生新的功能，如将筒仓通过加设楼梯与分割区域改造为博物馆、美术馆，或将已经废弃的天台或外阳台通过加设遮阳玻璃改造为户外餐厅等。

不难看出，开展工业遗产旅游很大程度上依赖于合理的评估与规划来实现，它们既需要关键性的技术支持，同时也需要详细而周密地进行论证，这是开展工业遗产旅游的一个重要前提。

二、保护与更新阶段

保护与更新阶段涉及诸多技术，本部分仅就相关核心技术概念进行阐释。

1. 工业遗址整治

工业遗址整治是指对一些废弃或没有生产功能的工业遗址进行综合治理，这是开展工业遗产旅游活动的起始。

从内容上看，工业遗址整治主要包括建筑整治与场地整治两方面。建筑整治主要是对工业建筑的修缮与维护，使工业建筑本体在受到妥善保护的前提下，有得以安全再利用的可能；而场地整治主要是指在对工业遗址外部环境，如道路、空场等进行修缮、处理之后，使之恢复使用功能。

积极有效的工业遗址整治可以促进景观再生，使工业遗址成为开展工业遗产旅游的物质空间。工业遗址整治事关工业遗产的挖掘、保护、修缮与改造更新，与城市规划、文物保护、环境治理等相关领域工作密切相关。因此，工业遗址整治应当做到“修旧如旧”，杜绝“建设性”“无知性”破坏，要做到“保护在前，再利用在后”的原则，从而坚持工业遗产保护优先性原则，不能为了追求片面的工业遗产旅游经济效益而造成工业遗产的破坏。

【本章案例 17】

南方某市有一处纺织厂旧址，地方城投公司拟将其改造为儿童乐园，原定计划该乐园为工业文化主题的沉浸式园区，但开发商临时决定只利用相关建筑或构筑物，将其改造为极限运动乐园，改造过程中拆除了大量原有建筑物与构筑物，不但造成了工业遗产本体被严重破坏的后果，而且给剩余的建筑物带来了极大且不可控的后续风险。结果导致项目开始运营时，连续发生两起安全责任事故，所幸无人伤亡，该乐园最终被迫停业整顿。

2. 外立面修复

工业遗产本体外立面往往是受损最严重的部分，因此外立面修复是工业遗产保护与更新的关键性技术，指的是对工业建筑物或构筑物的外立面进行保护修缮的技术，修复对象包括建筑外墙、檐、台基、顶、外门窗等外立面及不同相关构件，其目的是保护工业遗产本体。

外立面修复运用材料多样，既包括混凝土、砖、石、金属、木材、砂等传统材料，也包括环氧树脂、硅酸铝板材、高分子防水漆等，甚至还包括 3D 打印、低空遥感扫描成像等技术的应用。外立面修复原则上不对建筑外立面进行任何形式的附加性或拆除性改造，而是遵循“修旧如旧”的方针。

3. 工业用地更新

工业用地更新是指工业遗产保护与更新过程中，对于先前工业用地的改造与更新，使土地功能发生本质改变。一般来说，工业用地更新的方向为居住用地、服务设施用地、行政办公用地、文化设施用地等，当中多数新的用地形式适用于开展工业遗产旅游活动。

从表征上看，工业用地更新是土地利用演化的特定路径，表现为城市工业用地增效再利用，或直接转化为其他用地类型的各种路径和模式；从根源上看，工业用地更新是城市管理价值演化的选择，是原有工业用地利用状态下经济、社会和环境效益输出与新的城市管理价值理念之间矛盾调解的现实要求。一般而言，在城市中，我国工业用地更新主要包括有偿回购收储、功能转换、自主改造以及市场流转四种基本模式。

我国内陆大部分城市的存量工业用地面积占比过高，远远超过世界同等国际地位或城市规模的大中城市工业用地的比例，而且长期存在粗放利用、闲置浪费等问题，工业用地更新是提升城市土地集约度、促进产业转型升级和改善城市环境的重

要途径。

从开展工业遗产旅游的角度来看：一方面，工业用地更新要在可持续发展理念指导下，把握城市发展大局，充分利用工业遗产的价值，实现工业资源的二次开发利用，以工业遗产旅游为牵引，促进城市经济、文化、环境、服务的全面发展进步。另一方面，工业用地更新的政策很大程度上决定着工业遗产的命运，工业遗产旅游是当中一条较优路径，政府要在用地更新过程中，通过优化土地税收、增值收益分配等措施，鼓励社会资本参与其中，以工业遗产旅游为抓手，为工业遗产的再利用带来持续活力。

4. 内部空间重塑

内部空间重塑是工业遗产保护与更新阶段的重要技术概念，指的是对内部空间进行改造，使之在格局、布局上发生新的变化，目的是重构工业遗产本体的功能，是工业遗产空间规划的重要组成部分。

一般来说，内部空间重塑包括宏观与微观两种，宏观是指城市内部空间的重塑，即包括人口、经济与地理三个方面的空间重塑，以形成"社会—空间"这一多元人地关系的空间重构，以"无烟工业"取代退场的"有烟工业"，对于逆工业化的城市而言这有着较大的实际意义；而微观则指的是建筑内部空间重塑，主要是指对墙体、地面等内部结构进行改造，使之形成新的内部空间，从而产生文旅功能与价值。

内部空间重塑通过对工业遗产本体进行改造，实现工业遗产空间规划，使之在得到保护的前提下，呈现出新的空间面貌，并具有新的功能属性。

5. 地面绿化与硬化

地面绿化与硬化是工业遗产保护与更新的必经之路，也是工业遗产旅游技术体系当中较为关键的组成部分。地面绿化指的是一种美化环境与水土保持的工程处理方式，主要是通过规划空间、植物栽培来实现。在工业遗产领域，地面绿化是工业遗产保护的一种重要方式，即将一些未被绿化或被污染、破坏的地面予以绿化保护。

与工业遗产旅游紧密相关的绿化方式有三种：一是山体或路面复绿，这主要是指对矿区、试验场等污染严重的露天区域的绿化；二是景观绿化，主要指的是工业建筑、街区进行保护更新时，在之前绿化基础上，进一步完成的绿化、美化工作；三是规划绿化，主要是指工业遗产公园建设过程中的规划绿化，如草坪、花坛的规划等。

地面硬化指的是一种地面平整的处理方式，户外的地面硬化主要包括场地平整、路基压实、路面铺设水泥（沥青）或地砖等，而室内的地面硬化往往通过铺砖（地板）或使用水泥固化剂的方式使之硬化。在工业遗产领域，地面硬化是工业遗产保护的一种重要方式，即将已经破损或可能存在破损风险、未硬化的路面进行硬化处理的技术。

通常来说，工业遗址的地面都曾经过硬化处理，这是便于工业生产的前提。但经过长时间、高强度的使用与风化、腐蚀之后，如果想进一步保护或再利用，则必须再次硬化。

工业遗产的地面硬化包括室内地面硬化与室外地面硬化两种，室内地面硬化还要考虑到与墙面、顶面的协调关系，而室外地面硬化要综合考虑地面透水、排水等问题，处理好地面硬化与地下排水管道的关系。

6. "无知性"破坏与"建设性"破坏

工业遗产旅游本身是一种对工业遗产本体的再利用行为，因此存在着技术上的破坏性风险，一般来说包括两种破坏情况值得警惕，一是"无知性"破坏，二是"建设性"破坏。

"无知性"破坏是工业遗产本体遭到破坏的一种类型，因为部分工业遗产历史价值并不为人所知，造成了其在城市更新过程中被破坏，这类破坏并非有意而为之，而是因为知识缺乏所导致。此外，"无知性"破坏还包括一些因为缺乏必要的基础知识，使得在改造、修缮的过程当中造成不必要的损坏与破坏。

【本章案例 18】

中部某市有一座 20 世纪 50 年代由苏联专家设计、德国工人施工的无线电发射塔，该塔已历经半个多世纪，仍然巍然屹立于当地山顶。当地政府决定将此塔改造为一个兼具"灯光秀"展示功能与巨型广告发布功能的旅游景观。于是在未经论证勘察的情况下，文旅部门擅自对该塔进行酸洗并将塔基改造为灯光发射台，结果造成塔身严重腐蚀，并导致塔基不稳，某日当地发生里氏 3.5 级地震，此塔竟轰然倒塌。

而"建设性"破坏是工业遗产保护与更新过程中的一种失误行为，其出发目的

是对遗产本体进行有效再利用，因为缺乏相应知识、审美能力与改造技术，导致城市当中的工业遗产本体毁坏或部分毁坏，使得未能在建设上获得相应成绩，反而造成巨大损失。

从目的上讲，“建设性”破坏的主观动机不是破坏工业遗产，而是希望通过迁移、重建、修复等方式，推动遗产本体及其周边环境空间的改善，对相关空间予以重新规划设计，以实现开展工业遗产旅游活动的愿景。但因为自身水平不足，造成遗产本体毁坏甚至毁灭这一事与愿违的结果。“建设性”破坏所造成的损失是无法弥补的，也是人类工业遗产遭到破坏的重要因素之一。

多数“建设性”破坏不可逆转，而且“建设性”破坏一旦不予以遏制，就会造成“保护性”衰败，即“二次废墟化”，最终造成整个项目乃至所在区域的凋敝，这尤其值得警惕。

三、运营与管理阶段

工业遗产旅游活动的正式开展，依赖于工业遗产的合理使用与必要维护。本节主要围绕运营与管理阶段的几个核心概念进行阐述。

工业遗产运营与管理所呈现出的成果，是考察工业遗产旅游绩效的重要对象。就现状而言，“自我绅士化”为最好的愿景。

关于“自我绅士化”这一概念，在本章第二节已经有较为充分的论述。这里主要讲实现“自我绅士化”的技术路径。我国有着漫长的“企业办社会”传统，因此我国许多工业遗产社区往往会在朝着旅游方向转型时，呈现出社区同步更新这一特征。

这当中所蕴含的背景是旅游这一活动的多元化，随着城市徒步、城市考古等新兴旅行方式的普及，城市当中的街巷、社区、老建筑等也都成了“网红打卡点”，形成了城市内部旅游的全域化。在这种情况下，一些工业遗产社区也开始朝着旅游目的地的方向打造，以促进社区内部产业结构的“微转型”。

与此同时，部分高质量的旅游项目也同步注重社区的合理、有机更新，依托商业化的旅游项目，助推社区居民成为转型新业态的重要参与者，促使部分老职工“转身”变为民宿房东、餐厅经理或超市老板，形成了空间与居民的双良性转型。例如，2017 年广东省人大通过的《广东省旅游条例》就明文规定：“城镇和乡村居民可以利用自己拥有所有权或者使用权的住宅或者其他条件开办民宿旅游经营，为旅游者休闲度假、体验当地人文、自然景观和风俗文化等提供住宿、餐饮等服务。”

【本章案例 19】

位于浙江省衢州市龙游县的溪口镇黄泥山小区始建于 1959 年，是当时浙江知名的黄铁矿工业的配套区，社区内现存 31 栋老建筑。2019 年，民宿管理机构“乡伴文旅”在此开展了乡村未来社区的建设实践，并选择以溪口镇为浙江首个实践点，重新设计与规划了当地的空间，之后共享食堂、智慧球场、乡村礼堂、共享图书馆、联创公社以及民宿等陆续建设完成并投入运营使用，部分当地老职工通过参与经营实现了脱贫致富，形成了“自我绅士化”的社会发展愿景。

与“自我绅士化”相对应的则是“二次废墟化”，这是目前工业遗产旅游活动中最为失败但并不罕见的一种形态。从过程上看，工业遗产旅游本身是对废墟的改造，实现“变废为美”的保护更新目标，当中尽管存在着“废墟审美”的潜在审美需求，但是任何废墟并不能直接作为审美对象，而是需要从外形、结构、功能上较为全面地改造更新，从而实现“锈带变秀带”的美好愿景。

但纵观全世界范围内的工业遗产旅游项目，并非所有的项目皆能实现“锈带”成功变身“秀带”，许多规划不当、改造无方或管理无序的项目，在经过改造更新之后再度沦为“废墟”，造成了“二次废墟化”。之于工业遗产项目而言，这是巨大的灾难，因为当中绝大多数工业遗产项目难以甚至无法再度逆转废墟化的命运。仅以国外的工业遗产公园为例，如俄罗斯的库尔斯克工业遗产公园、印度的拉昆达工业遗产公园以及捷克的布拉格工业宫等，皆属于“二次废墟化”的代表案例。

当中一个很大的原因在于，以旅游为导向的工业遗产保护更新，实际上关涉遗产本体的产业结构转型，其过程是通过提升产业素质、升级置换和重组产业要素，形成新的产业结构以适应新的时代需求，这是一个非常缓慢的过程，而且事关结构调整的任何环节出现问题，都会导致结构转型的全过程呈现出总体不确定风险，从而使得整个项目缺乏任何行之有效的产业支撑。“二次废墟化”波及范围广，对营商环境、水土环境、群众基础等软硬环境皆有难以挽回的影响，通常很难在短期内得到改善。

【本章案例 20】

位于华中某城市的汽车配件厂原本是一家省属企业，长期以来企业效益平平，2019 年按照“退二进三”的要求，主动申请破产，原厂改为“健康产业园区”，主打“适老化医养旅游”，但在前期规划时忽视了该园区远离当地几家重要的三甲医院，在后期运营时资金链又断裂，其运营的养老院门可罗雀。运营方迫于企业生存需要，只好暂时引进一家生产气球的橡胶厂进驻，结果导致园区污染加剧、臭气熏天，被周边群众多次举报反映，引发中央媒体曝光，环保部门遂勒令其停业整顿，不久后该园区再度沦为“废墟”。

工业遗产旅游要搞好，关键是产业结构的成功转型，当中核心在于业态是否可以顺利升级。工业遗产旅游归根结底是一种工业文化新业态。所谓工业文化新业态，是指依托工业遗产改造更新、具有工业文化价值的新型文化业态。新型文化业态依托新产业、新技术与新商业模式而存在，是顺应多元化、多样化、个性化的产品或服务需求，依托技术创新和应用，从现有产业和领域中衍生叠加出的新环节、新链条、新活动形态。其表现特点是，针对特定消费者的特定需求，有选择地运用商品经营结构、店铺位置、店铺规模、店铺形态、价格政策、销售方式、销售服务等经营手段，提供销售和服务。

2018 年，国家统计局以《国民经济行业分类》(GB/T 4754—2017)为基础，以重点反映先进制造业、“互联网 +”、创新创业、跨界综合管理等“三新”活动为基本出发点，在认真总结、梳理地方和部门关于“三新”统计分类意见的基础上，制定出台了《新产业新业态新商业模式统计分类(2018)》。当中涉及文化(含文旅体融合)新业态和新商业模式，涵盖了先进制造业、互联网与现代信息技术服务、现代技术服务与创新创业服务、现代生产性服务活动、新型生活性服务活动、现代综合管理活动 6 个大类。

从内部结构上看，工业文化新业态包括如下三个方面的内容。一是依托工业遗产改造而形成的先进制造业、技术与创新创业服务，如工业遗产改造的文创产业园、通过传统工业技术改造更新而形成的新兴生产技术等；二是依托工业遗产活化更新而形成的新型生产性、生活性服务，如工业遗产本体改造的工业遗产公园、酒店、商场与影剧院等公共空间；三是通过工业遗产赋能而形成的新型工业文化产品，如工业主题的影视剧、歌曲、工业遗产博物馆及其文创等。而工业遗产旅游，显然与上述三方面均有较为密切的关联。

就工业文化新业态而言，目前我国工业遗产旅游，大体上包括工业遗产特色小镇和工业历史文化街区两种形式。工业遗产特色小镇指的是将工业遗产群改造为特色小镇的改造路径。特色小镇是指国家发展改革委、财政部以及住建部在全国范围内开展的一项城镇化工作，计划在2016~2020年，培育1000个左右各具特色、富有活力的休闲旅游、商贸物流、现代制造、教育科技、传统文化、美丽宜居等特色小镇，引领带动全国小城镇建设。目前特色小镇已经成为我国城镇化建设、城市更新与乡村振兴的重要手段。

我国许多工业遗产以厂区的形式出现，构成了小规模的工业遗产群，具有打造为工业遗产特色小镇的基础。多数工业遗产特色小镇以餐饮集合、文创园区等形式出现。因此，工业遗产特色小镇也是我国特色小镇的重要组成部分。

而工业历史文化街区是指保存工业遗产特别丰富、工业历史建筑集中成片、能够较完整和真实地体现工业文化格局和工业历史风貌，并具有一定规模的区域。工业历史文化街区比较完整、真实地反映一定历史时期传统风貌或民族、地方特色，通常分为居住型、商业型与生产型三类。具有工业元素的公共空间是工业历史街区空间活力最重要的载体，是原住居民生产、生活和互动的重要场所，很大程度上反映了街区历史特征、文化风貌与场所记忆。

对于一些即将或已经凋敝的工业历史文化街区而言，通过街区改造，使之走向“自我绅士化”是其重要发展路径，工业历史文化街区的改造更新既是工业遗产管理的重要内容，也是开展工业遗产旅游的关键依托。通过改造更新可以改变历史文化街区的属性，如将纯粹的居住型街区改造为居住商业混合型街区，但与此同时也应当注意在改造的过程中保留工业遗产本体以及工业文脉，使之成为今后开展工业遗产旅游的重要资源。

第三章

推进工业遗产旅游的宏观路径

【本章引言】

通过学习本章的内容，了解推进工业遗产旅游的四条宏观路径，即场景再造、城市更新、社区参与、文化创新，通过具体案例，了解促成其成功的关键因素，认识到工业遗产旅游未来增长和创新的潜力。

【学习目标】

1. 了解推进工业遗产旅游的四条宏观路径。
2. 了解实现工业遗产旅游的具体策略。
3. 掌握不同工业遗产旅游方式的开展条件。

从类型上看，工业遗产旅游各式各样，无论内容还是形式都存在着较大的差异性。这既与工业遗产本身既有的特征有关，也与工业遗产改造方向相关。因此工业遗产旅游要得以实现，很大程度上依赖于宏观路径的推动。宏观路径指的是通过何种方案来实现工业遗产旅游的路径。通常来说，将一个工业遗产地改造为旅游目的地，要依据遗产地的实际情况，形成一个宏观性的架构方案，再在细节上有序推进。

这里所说的宏观路径，指的是包括技术、框架、目的在内的一揽子方案，即如何推进某一项工业遗产旅游项目实现目标的方法。当然，追求这个目标的过程是一个庞大的系统工程，它依赖于多元化的技术路径得以实现。从历史上来看，工业遗产旅游一开始的宏观路径是公众科普，即最早被确立为工业遗产的工业遗址——位于英国什罗普郡的铁桥峡谷博物馆群，其在20世纪70年代向公众开放。铁桥峡谷是第一次工业革命的中心，如今已经变为一系列博物馆、遗产廊道和其他展示其工业遗产景点的所在地，成为英国工业遗产科普的重镇。就在之后不久的20世纪80年代，德国鲁尔区的工业遗产旅游也迅速开展起来，而这在宏观路径上却与英国工业遗产旅游有着较大差异，德国开展工业遗产旅游的动机在于鲁尔区的整治与改造，其宏观路径在于有效促进当时德国国内产业结构转型。

由此可见，推进工业遗产旅游的宏观路径由各国国情而定，即使在同一国家之内，也存在着较大的差异性。就我国而言，场景再造、城市更新、社区参与、文化创新既是我国目前工业遗产再利用的四种范式，同时也是推进工业遗产旅游的四条宏观路径。其意义值得思考与探索。

第一节　场景再造

一、场景再造的基本概念

“场景再造”这一概念源自场景理论（scene theory），是最早应用于电影艺术当中的一种理论，指的是将包括对白、场地、道具、音乐、演员等要素进行整合，通过要素之间的配合使影片顺利将信息和感觉传递给观众。[①] 20世纪80年代末，随着西方城市逐渐向后工业城市转变，城市制造业转型升级从市中心退出，变为以商业、服务业等为主的第三产业，以生产为导向的城市发展理论难以解释后工业城市的发展和变化，此时，以消费为导向的“场景理论”应运而生。

“场景理论”最初由芝加哥学派提出，代表人物是特里·克拉克。他在《场景：空间品质如何塑造社会生活》一书中将场景理论扩展到城市社会学的研究当中，强

① 吴军．城市社会学研究前沿：场景理论述评［J］．社会学评论，2014，2（2）：90-95.

调了文化消费在城市空间研究中的重要地位，不同的场景蕴含了特定的文化价值因素，从而吸引不同类型人群和产业的集聚。场景再造的核心是构建新的空间体验场景，为城市提供满足居民生活需要的舒适物。舒适物在促进土地、劳动力、资本和人力资本增长、城市政策转型等方面具有重要作用，提供生活功能的舒适物已经成为城市发展的一个重要特征。① 在体验经济时代，增加或改造城市的舒适物数量、提升居民舒适度，已经成为旅游业新的增长点。

自新芝加哥学派提出“场景理论”后，场景理论已经成为研究文化因素推动城市发展的新范式，相关研究成果丰硕，如从场景视域对城市街区公共文化空间②、文化创意培育③、文化艺术遗产的传承与创新④等角度进行研究。而场景理论对工业遗产旅游领域的介入，则促进了工业遗产保护的整体性、公众与文化空间的良性互动以及工业遗产再利用项目的可持续性。工业遗产旅游本身是对遗产本体进行改造的过程，其本质正是基于遗产本体再造。而这一再造又是工业生产场景（或工业废墟场景）向旅游目的地场景的过渡，可见工业遗产本体向工业遗产旅游目的地的改造过程正是场景再造。

从时间线看，工业遗产领域里的场景再造最早源自 20 世纪 70 年代之后世界各国废弃工业土地的生态修复和景观再生活动，最开始其实并不只是基于旅游的需求，而是基于对环境的综合治理，譬如 20 世纪 70 年代委内瑞拉古里水电站采石场就已经开始进行生态环境的修复。及至 20 世纪 80 年代，世界各工业国家开始重视棕地的生态修复和旅游目的地重建，与此同时，废弃或仍在使用的工业遗产建筑功能转换也被提上日程。2000 年，英国工业遗产研究先驱麦克 · 崔顿提出了工业建筑的“弥合性再生”概念，即一方面要赋予历史建筑的新功能，应将其调整到适应于历史建筑的固有特征和价值上来，另一方面，也要通过历史建筑的效能提升，来满足当代功能的需要⑤。这一理论为工业遗产建筑的场景转换提供了方向。

---

① Lloydr Clarktn. The city as an entertainment machine［J］. Critical Perspectives on Urban Redevelopment，2001，6（3）：357-378.

② 陈波 . 基于场景理论的城市街区公共文化空间维度分析［J］. 江汉论坛，2019（12）：128-134.

③ 范玉刚 . 文化场景的价值传播及其文化创意培育——城市转型发展的文化视角［J］. 湖南社会科学，2017（2）：160-167.

④ 金元浦 . 场景理论与文化艺术遗产的传承与创新——金元浦对话劳伦斯教授［J］. 北京联合大学学报（人文社会科学版），2020，18（1）：25-29.

⑤ Michael Stratton. Industrial Buildings-Conservation and regeneration［M］. London：E & FN Spon Press，2000：26.

由此可见，工业用地与工业建筑的改造是工业遗产场景再造的技术路径。可以说，大部分工业遗产旅游活动的开展首先需要进行场景再造，但这并不意味着场景再造是统摄大部分工业遗产旅游的宏观路径。其原因在于：场景再造作为一项系统工程，它在很大程度上包括了对场景更新改造的具体技术路径，因此许多工业遗产旅游项目的技术路径与场景再造相关，但其统摄全局的宏观路径却非场景再造，这是需要理顺的逻辑关系。

从逻辑上看，以场景再造为宏观路径的工业遗产旅游项目，它与场景再造这一宏观路径构成了如下关系：先前工业活动的实物遗迹为再造准确、详细且生动的历史性文旅场景打下了重要基础，即工业建筑、设备、档案等工业遗产为工业遗产旅游场景的再造提供了重要的资源。此外，场景再造这一宏观路径，还可以借助于前沿科技如虚拟现实、增强现实等，复原已不复存在或已被显著改变的工业生产空间或场景，并将其植入到既有工业遗产空间中。这既是吸引游客、提升旅游兴趣的重要手段，更是实现工业遗产活化利用与历史场景重现的技术方式。

场景再造为游客再现了已经消失的工业历史场景与工业生产体验，通常而言，工业遗产的场景再造一般需要经历“保护场景—改造场景—场景整合”三个阶段。

保护场景指的是对原有工业场景进行保护，首先认定其遗产属性，对于有文物价值的相关遗产，要采取妥善的保护措施，防止被进一步破坏，对于有开发或再利用潜质的遗产资源，应予以保护，使之具有旅游价值；改造场景指的是根据原有工业场景进行改造，使之朝着既有目标改造，以实现工业遗产保护更新再利用的目的；场景整合则是整合原有场景与改造后的场景，使之形成“新旧相生”的场景融合性特征。

二、场景再造的主要形式

具体而言，作为宏观路径的场景再造主要包括工业遗产特色小镇、工业遗产博物馆与艺术馆等形式。

1. 工业遗产特色小镇

工业遗产特色小镇一般依托旧厂区或旧工业区修建，是在充分挖掘旧有区域工业文化的基础上，以工业遗产为载体，通过引入新技术与新业态，以及沉浸式、互动式等新兴体验项目的开发，将游客带入工业生产场景的一种旅游规划方案，使旧有空间成为游客能够参与其中且集工业旅游、工业教育、文化交流和技术创新于一

体的空间。它既弘扬传播了传统的工业文化，又延展了工业文化的时代价值，形成了文旅融合新场景。

从世界范围来看，工业遗产特色小镇所依托的旧工业区，往往前身就是被国际学界称之为“公司镇”的复合工业遗产空间，这类空间主体往往是工人居住的厂矿社区。人类历史上的公司镇最早可以追溯到工业革命时期，很多农村被卷入工业革命的大潮成为制造业和工业中心，由于工厂和工人等的集聚逐渐发展为城镇。这些小镇多位于河流和其他水路沿线，拥有着丰富的制造业、采矿业和其他工业活动景观。随着制造业的发展和资源的枯竭，这些公司镇逐渐衰落，遗留下了废弃的工厂和其他工业基础设施。在工业遗产保护的热潮下，以往的公司镇通过改造、开发，变身工业遗产小镇，成为众多游客的旅游目的地。

国外知名的工业遗产特色小镇包括英国的黑乡小镇、俄罗斯的马格尼托哥尔斯克钢铁城与日本川崎工业区等城镇，它们的前身皆为著名的公司镇。近年来，这些地方政府振兴了已经沦为废墟的公司镇，并将其变成了文化景点、博物馆和其他旅游目的地。这些努力有助于保存人类工业时代的历史和遗产，同时也为经济增长和发展创造了新的机会。

【本章案例 1】

英国黑乡小镇位于英国第二大城市伯明翰西部，该地区拥有丰富的煤矿、铁矿和石灰石资源，在工业革命时期是英国最繁荣的区域之一。到了 20 世纪 60 年代，黑乡最后一座矿山和冶金厂关闭，黑乡地区紧随伯明翰的非工业转型，开始了涅槃重生之路。1967 年，在黑乡的达德利举办了一场关于工业遗产的展览，获得了很多民众的支持。之后成立了“黑乡协会”以促进黑乡地区的复兴，并借此创建了黑乡生活博物馆（The Black Country Living Museum），该博物馆于 1978 年首次开放。此后，又陆续增加了有轨电车系统、地下采矿展项目并修复了 20 世纪 30 年代的商业街，吸引了大量游客。如今的黑乡小镇不仅是游人如织的瞩目景点，更成为伯明翰市的特色城市名片，也成为 BBC 等很多节目和影视剧的重要取景地。

从国内范围来看，作为“促进经济转型，推动新型城镇化和新农村建设”重要载体的特色小镇，已然成为国家城镇化发展的重要战略选择，并取得了较为突出的建设成就。工业和信息化部、财政部《关于推进工业文化发展的指导意见》明确提出，要结合区域优势和地方特色打造一批工业创意园区和工业文化特色小镇，突出小镇工业特色载体。这些工业遗产小镇具有自身独特的景观和文化产品，为探索工业发展的历史和文化及其对现代社会的影响提供了独特的机会，浙江温州矾矿工业遗产科普小镇和湖北宜昌的“809 三线军工小镇”均为其中代表。

【本章案例 2】

位于浙江省温州市的矾矿工业遗产科普小镇，是一个以矾山工业遗存、福德湾历史文化名村、浙闽台民族花海两岸文化创意产业园等项目建设为载体的工业遗产再利用项目。依托丰富的工业遗产和各类自然人文资源，建成了温州矾矿博物馆、矾都奇石馆、矾都矿石馆、矾文化体验中心等一批文化设施和旅游项目，打造融“炼矾工艺 + 科技创新 + 教育实践”为一体的“矾”科普园区。

2. 工业遗产博物馆与艺术馆

工业遗产博物馆是以工业遗产为主要陈列对象及文化资源的博物馆类型，其主要目的是保护和传承人类工业文明的历史和文化遗产，同时也是一种文化教育和旅游休闲空间。工业遗产博物馆通常收藏和展示工业生产过程中使用的设备、工具、材料、产品、档案等物品，以及工业历史、科技进步和社会文化等方面的资料和展品，相当一部分工业遗产博物馆的主体建筑就是依托旧有生产空间改建而来。20 世纪 70~80 年代，在工业遗产地建立起的工业遗产博物馆成为西方国家保护工业遗产的主流，被收录到《世界遗产名录》中的工业遗产，很多已被改造为工业遗产博物馆，如英国铁桥峡谷和日本的富冈丝织厂旧址。① 当中首要原因在于，工业遗产本身就是天然的博物馆，特别是车间厂房建筑跨度大，高度适宜，可再利用价值较高，能够满足博物馆布展的空间要求。此外，车间厂房中的设备以及户外的构筑物如烟囱、水塔等本身就是重要的展品，经过改造后可以向公众开放并满足展陈需求。最后，工业遗产改造为博物馆，还可以有效地减少建设成本和资源的浪费，从而促进所在地环境的可持续发展。

近年来，随着虚拟现实、增强现实等前沿技术的发展，工业遗产博物馆正朝着

① 吕建昌．近现代工业遗产博物馆研究［M］．北京：学习出版社，2016：103.

交互式、沉浸式体验的方向发展，形成了“黑科技+工业遗产”的创新型场景空间，有力地提升了工业遗产科普的能力，大大促进了全社会对于工业遗产的兴趣，这类科技赋能的方式也在相当程度上提升了老工业遗产的生命力。

此外，不少工业遗产本身是技术全球转移的产物，见证了相关技术在全世界的流动，具有阐释人类命运共同体的价值，当它改造为工业遗产博物馆时，能够构建出一个文明互鉴的场景，具有积极的时代意义，如我国山东的青岛啤酒博物馆。

【本章案例3】

青岛啤酒博物馆位于山东省青岛市，由青岛啤酒厂早期建筑改造而来，共有相关展品3万件，展示了青岛啤酒厂的百年老厂房、酿造设备、酿造车间与生产流程等，生动地再现了啤酒酿造工艺的发展演变，特别是该酿造工艺从欧洲传入中国的曲折历程。该博物馆集文化历史、生产工艺流程、啤酒娱乐、购物、餐饮为一体，具备了旅游的知识性、娱乐性、参与性等特点，如今是山东省中外文化交流的重要场所，曾接待了青岛上合峰会代表团、“一带一路”媒体合作论坛欧亚主流媒体考察团等多个重要国际团体的来访。

相较于一般的工业旅游而言，工业遗产旅游的文化性更为突出，因此工业遗产博物馆是挖掘并活化工业文化、传承工业精神、延续工业文明的重要平台。就目前所见而言，不少工业遗产博物馆是由相关企业（遗产本体的业主方）投资兴建的，在很大程度上也是企业本身的产业，之于企业形象对外宣传而言也有不可忽视的作用，是企业文化建设的重要工具。但事实上运营一家工业遗产博物馆持续性投资巨大，因此企办博物馆在很大程度上受制于企业经营情况，而企业的经营绩效往往具有不确定性，尤其是一些历史悠久的企业，导致在工业遗产博物馆建设上虎头蛇尾。因此，在有条件的情况下，工业遗产博物馆可纳入政府单列支出的事业单位体系当中。

此外，还有一类在展示的内容上属于艺术馆，但是因其由旧工业建筑改造，故而也属于工业遗产博物馆的范畴。改造为艺术馆的这一类工业遗产往往建筑年代较短，历史价值相对不高，因此在改造上具有较大的空间，能够充分满足布展的需求。例如，依托伦敦旧电厂改造而成的泰特现代美术馆、依托上海浦东煤运码头旧址煤仓改造而成的艺仓美术馆、依托拉萨水泥厂改造的西藏自治区美术馆等，不仅是工业遗产改造再利用的典范，而且形成了当代艺术与工业文明的跨空间对话，产生了新旧相生、文化交融的场景再造效应。

【本章案例 4】

泰特现代美术馆位于泰晤士河畔，由河畔发电厂改建而成，是一座现代和当代艺术博物馆。美术馆在保留原建筑特点的基础上，在主楼顶部加盖两层高的玻璃阁楼“光之梁”，发电站的锅炉建筑改造为美术馆，涡轮大厅改造为大型公共开放空间。2000 年 5 月，泰特现代美术馆正式对外开放。馆内展品以 1900 年至今的国际现当代艺术为主，包括毕加索《三名舞者》和马蒂斯《蜗牛》等世界级经典之作。

值得关注的是，目前国内外依托工业遗产改造的不少艺术馆是当代艺术馆，这是目前工业遗产朝着艺术馆改造的一种较为普遍的形态，当中一个很大的原因在于：当代艺术与以工业遗产为载体这一“后工业”时代的产物具有共同的“后现代”特征，即颠覆、重构了现代以来所建构的秩序，在审美层面上具有相通性，这也是场景再造宏观路径下工业遗产再利用的一个重要方面。

第二节　城市更新

一、城市更新的基本概念

城市更新是城市发展到一定程度的产物，城市最早可以追溯到公元前 3500 年的两河流域，但是全球性的城市化过程起始于 18 世纪的英国。英国、荷兰等西欧国家是最早因工业生产而出现城市的国家，并由此出现了利兹、伯明翰、鹿特丹等工业城市。伴随着全球化主导下工业化的进程，城市化作为一种全球化的产物，从主要资本主义国家兴起，进而延伸到了亚洲、拉丁美洲和非洲等。直至今日，全球仍然处于城市化发展进程中。

城市化有一个非常重要的动力，就是工业化。许多城市因工而城，个中原因在于规模巨大的工厂或生产体系往往会需要并吸引大量工人，从而迅速推进城市人口

数量的激增并促进市民化进程，这个进程就是城市化的过程。例如，英国利兹在 17 世纪之前曾是一处集镇，随着工业革命对纺织技术的介入，原本依托棉花种植与畜牧业的利兹开始出现了羊毛厂与棉纺厂，而后大量农民涌入利兹，成为利兹最早的纺织工人，该市也从集镇变身为英国最重要的工业城市之一。

随着第二次工业革命红利被使用殆尽，智力密集型的生产方式逐渐代替劳动密集型的生产方式，早期的工业区在城市发展过程中逐渐成为较为稳定的城市中心区，但因产业结构转型，原有的大尺度生产区与生活区沦为城市内部经济落后、环境凋敝与人口老龄化的城内“锈带”，因此往往成为城市空间重新规划调整的主要目标，这就是城市更新的起源。

西方国家的城市更新已经有近百年历史，经历了多次变革。[①] 不同历史时期对于城市旧区的态度不同，城市更新的方式也各有侧重，简单而言，西方城市更新主要经历了清除贫民窟、具有福利色彩的社区更新、以市场为导向的旧城再开发、社区综合复兴四个历史阶段。[②]

早在 20 世纪初，欧洲和北美的许多城市开始经历快速工业化和城市化，城市中心产生了一系列的拥挤、卫生和安全问题。为了解决这些问题，在强调功能主义、效率和干净美学的现代主义建筑的原则下，城市中心大规模拆除了原有建筑，特别是一些被废弃的居民住宅或已经破产的作坊，并建造新的现代化建筑，这可以看作是城市更新的源头。

第二次世界大战之后，西方国家由于经济发展面临着产业结构优化升级的需求，开展了大规模的推倒重建工作，以实现城市更新，这是城市更新的最初阶段。第一次对其进行理论阐释是 1958 年在荷兰召开的城市更新研讨会上。在该会议上，“城市更新”被定义为“生活在都市的人，对于自己所住的建筑物，周围的环境、通勤、购物、游乐及其他日常生活，所产生各种不同的期许与建议，如将自己所住的房屋进行修缮，促进街道、公园、绿地的建设，改善棚户区等，尤其注重不同地域地区土地利用形态的完善，并促进规模化城市发展的实施，目的是构建舒适的生活与美丽的市容，如上就是城市更新应当包括的概念”。[③] 这种推土机式重建的城市

---

① 刘新宇，张真，雷一东，等.生态空间优化与环境治理：上海探索与实践［M］.上海：上海人民出版社，2019：111-112.

② 董玛力，陈田，王丽艳．西方城市更新发展历程和政策演变［J］．人文地理，2009，24（5）：42-46.

③ 荷兰海牙市第一次城市更新研讨会文集［G］．海牙：内部出版，1958.

更新方式一直持续到了20世纪60年代，伦敦、巴黎、慕尼黑等城市都经历了这一历程。

20世纪60~70年代，许多欧美学者关注到推倒重建的更新方式对城市多样性的破坏，认识到城市更新多样性的价值，对形体主义规划思想指导下的大规模城市更新运动进行了反思。当时联邦德国的一位教授将重建后的新建筑称为“第二次破坏”[①]，这种改造忽视了当地社区的需求和愿望，从而导致城市地区的分裂。从20世纪60年代开始，美国学者简·雅各布斯和城市理论家L.芒福德等学者均对大规模的城市重建项目进行了批评，强调城市规划中的人文关怀。20世纪80年代后，人们越来越认识到自上而下的城市更新方法的局限性和负面性，并在可持续发展思潮影响下重视城市更新过程中生态环境和城市的可持续发展。20世纪90年代，英国规划师利歇·菲尔德将“城市更新”定义为“用全面及融会的观点、行动为导向来解决城市问题，以寻求在经济、物质环境、社会及自然环境条件上的持续改善”。[②]进入21世纪以来，城市更新逐渐从解决住房问题等物理空间的改善，逐渐向经济、社会、环境、文化等综合维度的发展。

中国的城市化晚于欧美，城市更新主要起步于中华人民共和国成立之后，其历程粗略可以分为如下三个阶段。

中华人民共和国成立后，面对半殖民地半封建社会遗留下来的大量旧城，中央政府将城市更新提上了城市治理的日程当中。“各城市采用以工代赈的方法，广泛发动群众，对一些环境最为恶劣、问题最为严重的地区进行了改造。”[③]例如，北京的龙须沟改造、上海的工人棚户区改造以及南京的秦淮河改造等，都是该阶段我国城市更新最富有成效的工程。1950年，在周恩来总理的建议下，老舍完成了反映龙须沟改造的剧作《龙须沟》，是中国现代文学史上的代表作品。1951年4月，时任上海市副市长的潘汉年在市第二届第二次人民代表会议上作《1951年上海市的工作任务》报告，明确提出“市政建设必须服务于发展生产，因此市政建设的方针，是首先为工人阶级服务”[④]。具体要求是有重点地修理和建设工人住宅，修建工厂区域

---

① 吴良镛.城市规划设计论文集［M］.北京：北京燕山出版社，1988：327.

② 吴晨.为了90年代的城市复兴（Urban Regeneration for 1990s）［J］.城市规划，2003（3）：58-62.

③ 阳建强，吴明伟.现代城市更新［M］.南京：东南大学出版社，1999：21.

④ 潘汉年.上海市人民政府一九五〇年工作总结报告（草案）：在上海市第二届第二次各界人民代表会议上报告［R］.上海：上海市第二届第二次各界人民代表会议秘书处，1951.

的道路桥梁，改善下水道、饮水供给及环境卫生，改进工厂和工人居住区的条件。再以广州为例，1950~1983 年，全市（不含县，下同）累计房屋建筑竣工面积 3103 万平方米。到 1983 年年底全市实有房屋建筑面积 4208 万平方米，比 1949 年年底增长 2.27 倍。中华人民共和国成立前这里道路狭窄不平，1886~1949 年建成马路面积只有 185 万平方米。中华人民共和国成立后，经过 34 年的建设，到 1983 年年底，城市道路总长度为 397 公里，比 1949 年增加 169 公里，增长 74.12%：道路面积 400 万平方米，增加 215 万平方米，增长 1 倍多。钢筋混凝土桥、钢结构桥 147 座，比 1949 年增加 46 座，[①] 其城市更新与城市建设紧密同步，成为城市更新的样板。上述这类基于民生需求的改造一直持续到十一届三中全会之前，属于高度依赖于国家规划的指令性工程，因此这一阶段的城市更新主要集中于改善居民生活条件和升级城市基础设施。

十一届三中全会之后，我国城市化进程迅猛发展，城市更新主要由市场化政策和城市土地开发推动，这促进了封闭式社区、商业区和高层建筑的兴起。旧城区经过几十年的发展，人口密度大、环境承载力低、建筑老化严重，已经存在着安全隐患。同时，由于城市化进程加快，数百万人从农村地区搬到城市，这导致了对城市基础设施和住房的巨大需求。为了缓解城市压力，对旧城区进行改造，各级政府启动了几项大规模的城市重建计划，如“城中村更新计划”和“城市更新和旧城重建计划”等，形成了以深圳、珠海、东莞为代表的新兴开放特区城市，同时也促进了以上海、北京、武汉、厦门为代表的原有大型城市的迅速发展。在宏观经济上行的利好政策下，大量民间资本进入城市更新领域，一方面助推了大量城市的快速更新，另一方面也推动了城市房地产业的迅猛发展。

进入 21 世纪，我国城市更新呈现出更为理性、带有补偿性质的特征，城市更新更加强调延续性，提倡可持续性更新改造的特点，城市的保护治理和改造相结合。[②] 特别是党的十八大以来，我国城市进入转型发展阶段。2019 年 11 月，习近平总书记在上海市杨浦区考察时强调，无论是城市规划还是城市建设，无论是新城区建设还是老城区改造，都要坚持以人民为中心，聚焦人民群众的需求。在习近平总书记关于城市发展重要论述的指引下，城市更新工作开始以建设“人民城市”为目标，

---

① 光辉的成就巨大的变化——广州市三十五年来社会主义建设成就的资料［J］. 广州市人民政府公报，1984（3）.

② 吴国清，吴瑶，等 . 城市更新与旅游变迁［M］. 上海：上海人民出版社，2018：8.

全面践行以“两山”理论、“城市双修”理论为代表的新时期城市发展指导思想，在实践过程中强调创新、协调、绿色、开放、共享等可持续、高质量发展理念，不再推崇“地产经济”“大拆大建”等传统更新方式，从而推动我国城市更新走向了新的历史发展阶段。

在这一阶段，以城市为载体的城市新兴旅游方式随之问世，如城市徒步、城市考古、城市研学等，日渐成为我国旅游市场当中的一支不可轻视的力量。

由此可知，“城市更新”是城市化发展到一定程度必经的阶段，更是一项涉及政府、市民、企业等众多相关主体的城市治理系统工程，包括城市居民福祉、基础设施改善以及产业结构调整等多个议题，其内涵包括城市治理、城市投资、城市振兴以及城市开发等多个分支在内，其终极愿景是建设“人民城市”，实现城市的可持续、高质量发展。

二、城市更新的主要形式

从全世界的范围来看，工业遗产的保护与城市复兴策略以及规划政策密切相关。从20世纪中叶开始，城市更新开始在全球范围内展开，这与工业遗产再利用几乎同步。从两者关系上看，城市更新确实有效促进了工业遗产的更新与再利用。尤其是在很多工业城市或工业街区面临既有产业衰退、居住环境恶化、人口老龄化和社会治安恶化时，通过对原有工业遗产的开发再利用，实现区域文化、经济的综合复兴，已经是城市更新介入工业遗产再利用的重要方式。从城市规划学的理论背景来看，城市更新背景下的工业遗产再利用，是城市空间和工业遗产功能转型的共同机遇。归根结底而言，工业遗产在城市更新的诉求下是一种珍贵资源，而城市更新在工业遗产再利用的框架下也成了一种宏观路径。

以城市更新为宏观路径考量，在该路径之下的工业遗产旅游主要有三种形式：由废弃工厂改造而成的城市滨水空间、公园等城市公共休憩空间，由资源枯竭后的矿山改造而成的矿山公园，由旧厂区打造的复合型城市空间。

1. 城市公共休憩空间

城市更新作为一项系统工程，它在本质上是对城市内部生产驱动力的综合调整，即从生产驱动转向消费驱动，在这个过程当中，城市逐渐由工业枢纽转变为商业重镇。如何发展城市的消费动力、商业价值与人居环境，构建发展更为合理、可持续且尊重每一个城市居民的“人居城市”，成了进入21世纪以来世界城市更新的

一个重要方向。因此，利用废弃的工业用地，通过合理的设计和布局，对原有工业生产空间进行生态修复，进行娱乐、休闲等功能的植入，并改造为公共休憩空间，成为现代城市更新的重要一环。

公共休憩空间是城市公共空间系统中的一个子系统，它具有提供公共休息空间，改善城市内部结构、增加城市绿地供应并丰富城市生态多样性等多重功能。随着城市规模越来越大，这类空间将逐渐成为城市更新的重要目标与城市内部的空间刚需。因此，在城市更新背景下，对工业遗产休憩功能的开发既是一种积极的保护策略，也是符合目前城市更新大势的顺势之举。“在保护工业遗产地原貌不变的前提下，进行适当的修整和完善，重新规划空间序列的组织并设置参观动线”，[①]采用新型环保材料，深挖场地历史文化内涵，植入工业历史文化体验场所和活动，集中展现城市的历史发展脉络，不仅满足了公众休憩的需求，还丰富了人们的历史文化体验。

改造后的城市休憩空间，如欧美的美国纽约高线公园、德国杜伊斯堡工业遗产公园、美国西雅图煤气厂公园等，以及我国的杨树浦电厂遗迹公园、中山岐江公园、唐山地震遗址纪念公园以及广钢中央公园等，皆具备提供公众休憩、工业文化体验与传承地方工业文脉等多重功能，成为面向未来城市发展的重要更新范式。

【本章案例 5】

位于上海的杨树浦电厂遗迹公园，前身为建于 1913 年的杨树浦发电厂，这座曾经的远东第一火力发电厂在上海的城市发展中扮演了重要的角色，但大量烧煤也造成了空气污染，影响生态环境。随着黄浦江两岸公共空间贯通开放工程的启动，电厂关停，开始实施生态和艺术改造，从封闭的“闲人免入”的生产岸线，向文化、生态、共享的生活性滨水开放空间转型，修复环境污染、塑造场所精神、嵌入城市律动，实现了“还江于民”。

2. 矿山公园

矿山公园是在废弃矿山遗址上进行再利用和生态修复的一种景观及公共空间。矿山公园的观念起源于 20 世纪初期，当时一些欧洲国家开始关注矿山开采对环境

① 吕建昌 . 近现代工业遗产博物馆研究［M］. 北京：学习出版社，2016：103.

和生态的影响，以及废弃矿山遗址的再利用问题，但当时许多设想只是学者们的倡议。至 20 世纪 60~80 年代，随着环保意识的兴起，绿色发展和可持续发展理念逐渐受到世界各国关注与认同，建设矿山公园的理念、方式与方案也逐步从案头走向实践，当中一个很大的原因在于，在欧洲已经出现了越来越多的废弃矿山，这对于寸土寸金的欧洲国家而言，需要尝试将废弃矿山遗址改造为矿山公园。例如，德国的埃姆舍公园、法国的国家矿业历史公园以及英国的彭林采石场旧址等。这些矿山公园的成功改造实践，为其他国家提供了借鉴和经验。

自 20 世纪 90 年代以来，国际社会开始广泛关注矿山公园的建设和发展。多个国际组织和论坛，如联合国教科文组织和国际自然与文化遗产保护委员会，均将矿山公园列为工业遗产乃至人类环境保护发展的重要议题。此外，许多国家之间也开展了矿山公园的合作与交流项目，在多个方面推动矿山公园的发展。随着矿山公园实践的深入，学界开始关注矿山公园的技术创新和研究，包括生态修复技术的开发与应用、废弃矿山遗址的景观规划与设计、采煤沉陷区的改造与修复以及矿山公园的管理与运营等，这些实践与理论的突破为世界各地矿山公园的建设及发展提供了重要的智力支撑。

近年来，矿山改造开始呈现出多元化的发展趋势，除矿山公园外，还有由矿山改造而成的植物园、酒店等新尝试，构成了广义的矿山公园体系，当中还实现了多个工程史上的技术突破。因此，除了生态修复和环境保护之外，目前及未来的矿山公园建设还承担着历史文化保护、旅游休闲、科普教育等多重功能。

我国是世界上现有矿山公园较多的国家。2005 年，国土资源部开始设立国家矿山公园建设项目，截至 2023 年，已有四批次共 88 座公园获批，这些遍布全国的矿山公园为当地自然环境、生活环境以及营商环境的改善做出了巨大的贡献。我国是世界上第一个建立国家矿山公园的国家，为方便各界了解中国国家矿山公园建立情况，便于检索，特按原国土资源部（现自然资源部）批准期次名单排序进行编号。如 001 是北京平谷黄松峪国家矿山公园的代号，其余类推，此编号即为该矿山公园的永久代号。

【本章案例 6】

位于河北省唐山市的开滦国家矿山公园，是一座以煤炭为主题的国家级矿山公园。开滦国家矿山公园的建立源于开滦煤矿，这是一座具有百年开采历史的煤矿。公园占地面积达 10.5 平方公里，其中核心景区面积为 2.77 平方公里。在这里，游客可以深入了解开滦煤矿的历史、现状和未来发展，了解煤炭开采、加工和使用的相关知识。目前，开滦国家矿山公园作为唐山市城市更新的驱动型项目，有力地推进了唐山市可持续的环境建设与经济建设，促进唐山逐渐从一座老工业城市快速转型为以新型经济为支撑的现代城市。

3. 复合型城市空间

事实上，许多工业遗产有一定规模，是包括家属区、职工宿舍、仓库以及车间等在内的工业遗产群。而且这类工业遗产往往位于城市中心，因此对它们的再利用直接关涉城市更新的现实需求，多数难以全部开辟为公园、街区，全拆或全保均不符合实际情况，需要朝复合型城市空间打造。

所谓复合型城市空间，即对西方城市学“复合城市”概念的本土化改造。复合城市指的是一座城市具有多元性特征，不再是中世纪单一化城市，如杜伊斯堡、上海等，不但是工业城市，也是交通枢纽，香港、纽约不只是交通枢纽，还是金融中心。复合城市这一概念是理解全球化时代下人类城市的重要门径，也是新兴城市建设的重要方向。

复合型城市空间是复合城市理论之下的一个本土化概念。我国许多城市因工而兴，在城市中心留有巨大的工业空间，当工业生产退场之后，这些空间则需要根据城市发展而改造，而且要实现从工业生产空间转向生活、商业等多样空间，即复合型城市空间。如原有厂区部分改为养老院，另外一部分开辟为商业空间，其余部分则开辟为展览馆、公园、绿地等。

【本章案例 7】

位于湖北省武汉市的四美塘铁路遗址文化公园，前身为始建于 1909 年的武九铁路北环线武昌北站，该站撤销之后，原有地块大量空间被予以了更新，部分核心物项所在区域如铁轨、车站与仓库改造为公园，另外部分区域则作为楼盘开发。在公园内部，也增设了展览馆、共享办公区等场馆或小微园区，形成了具有一定辐射性的复合型城市空间。

随着我国城市化进程的深入，城市更新更倾向于具有可持续性的有机更新，基于提高土地再利用效益的基本原则，在这个过程当中，大量原有工业空间势必要转向具有多重功能的复合型城市空间，以实现城市更新绩效最大化。因此，如何因地制宜地构建合理且面向未来的复合型城市空间，是值得关注的重要议题。

第三节　社区参与

一、社区参与的基本概念

在人类的所有文化遗产中，工业遗产是少数具有社区属性的遗产。举凡具有一定规模的工业街区，一定会有规模不小的居民社区，它与生产空间共同构成了复合型工业遗产空间，即前文所言的“公司镇”或我国“企业办社会”的家属区。国外有美国北卡罗来纳州达勒姆的杜克烟草公司工人村、雅加达铁路线—运河工人社区与意大利的阿达的克里斯匹工业社区等，我国也有上海的曹杨新村、湖北武汉的“八街坊”、湖南水口山的工人宿舍区以及黄石的冶钢工人村等大中型工业社区分布。这类工业社区不但依附于以重要生产空间为基础的工业遗产而存在，其自身许多建筑，如礼堂、食堂、俱乐部、影剧院、球场以及附属医院等，也属于重要的工业遗产。

这类工业遗产的再利用相对复杂，因为涉及原住居民的安置问题。正如前文所述，西方国家在处理这类遗产时，往往采取搬迁原住居民并抬高地价的方式，这一方式被称为“绅士化”，在西方世界流行甚广。20 世纪 90 年代引入我国之后，很快被冠以“腾笼换鸟”的新称谓，形成城市更新的“拆迁热”，一方面，这种急功近利的拆迁带来了一系列的社会不稳定隐患，激化了一些原本可以化解的社会矛盾，另一方面，这种方式也导致了城市困难职工越发贫困，甚至形成了“拆迁难”的棚户区。

事实上，“绅士化”在西方也广受舆论诟病，当中一个重要原因就是这是一种自上而下的更新方法，未能处理好原住居民的既得利益问题，使得开发商无力介入的部分空间成为当地经济、治安与文化的洼地，甚至还有一部分沦为贫民窟。[①] 早在 20

① 韩晗，黄美玲 . 论公共文化空间介入工业遗产社区改造的前提、难点与前景路径［J］. 晋阳学刊，2022（2）：112-118.

世纪 70~80 年代，欧美城市地方政府越来越认识到自上而下的城市更新的局限性和负面后果，这导致其向更具参与性和基于社区的城市更新模式的转变。该模式优先考虑当地居民的需求和声音，并旨在保留现有社区的特征和历史。社区参与需要绝大多数居民参与其中。当时已有有识之士发现，如果没有居民的主动参与，那么依靠强制性的改造政策永远只能抓住建筑更新的表面工作，有限的财政支持也只能沦落到以下两种境地：一是全面铺开，每一栋房子得到的资金最多只够用来粉刷建筑的外立面，形成平均主义之下的形式主义；二是将资金集中给少数特权地区，建设更新计划的样板工程，进而制造出大量缺乏实际意义与长远规划的建筑。①

在以推进城市可持续发展与增加居民福祉为导向下，如何调动原住居民的积极性，使之成为工业遗产再利用的支持者与受益者，成为事关具有社区属性的工业遗产再利用的重要议题。相关研究证明，当先前具有生产职能的生产—生活复合型社区仅剩下生活空间时，如果没有相应的新型产业跟进支撑，其可持续发展必然不可长久。而文旅产业是“以社区参与为核心”这一工业遗产再利用方案的重要支撑者，就此而言，社区参与可以视作是工业遗产旅游的宏观路径之一。

党的十八大以来，以习近平同志为核心的党中央高度重视社区建设工作。以湖北武汉为例，习近平总书记五次考察武汉，其中三次深入社区，要求加强社区党组织建设、加强社区服务能力建设，勉励武汉积极探索超大城市现代化治理新路子，作出“社区是基层基础。只有基础坚固，国家大厦才能稳固”的重要指示②。2021 年习近平总书记在贵州省贵阳市金元社区考察时又指出，基层强则国家强，基层安则天下安，必须抓好基层治理现代化这项基础性工作③；同年在山东考察时，又对社区更新工作作出重要指示：“扎实做好安居富民工作，统筹推进搬迁安置、产业就业、公共设施和社区服务体系建设，确保人民群众搬得出、稳得住、能发展、可致富。”④

在习近平总书记一系列重要指示的指引下，党中央、国务院出台了一系列文件以鼓励社区参与城市改造工作。2019 年 6 月，国务院常务会议部署推进城镇老旧

① McArthur A. The active involvement of local residents in strategic community partnerships［J］. Policy & Politics，1995，23（1）：61-71.

② 长江日报.我们老百姓对幸福生活更有盼头——总书记视察武汉社区时重要讲话引发热烈反响［EB/OL］.（2018-04-30）［2023-12-30］. https://news.hbtv.com.cn/p/1331442.html.

③ 新华社.瞭望・治国理政纪事 | 基层治理强基固本［EB/OL］.（2022-04-06）［2023-12-30］. https://baijiahao.baidu.com/s?id=1729346709282131602&wfr=spider&for=pc.

④ 东营市人民政府.黄河尾闾幸福歌——东营牢记总书记嘱托扎实做好安居富民工作.［EB/OL］.（2022-07-13）［2023-12-30］. http://www.dongying.gov.cn/art/2022/7/13/art_38796_10348806.html.

小区改造。2019年12月，中央经济工作会议提出“加强城市更新和存量住房改造提升，做好城镇老旧小区改造”。2020年，国务院办公厅印发的《关于全面推进城镇老旧小区改造工作的指导意见》一文中提出，到“十四五”期末，力争基本完成2000年年底前建成的需改造城镇老旧小区改造任务。2021年，国家“十四五”规划明确提出实施城市更新行动，加强城镇老旧小区改造和社区建设。2023年7月21日，国务院总理李强主持召开国务院常务会议，审议通过《关于在超大特大城市积极稳步推进城中村改造的指导意见》。会议指出，在超大特大城市积极稳步实施城中村改造是改善民生、扩大内需、推动城市高质量发展的一项重要举措。

作为新时代城市发展的重要工作，社区改造很大程度上由工业遗产再利用的社区参与所体现。近年来，城市通过“双修”“微改造”“精准滴灌”等一系列更新政策，促进社区参与高质量发展常态化。就具体技术而言，随着社区改造日益成为地方政府综合治理的重要任务，改造的目标也更加具有可持续性，以早期的抬升地价为导向，逐步转向强调邻里伙伴关系与高水平的社区治理，以促进工业遗产社区的复兴。

因此，“社区参与”的核心要义是指以社区文化资源为基础，通过多主体的协作，改善社区住房条件和居住环境，兼顾就业、社区服务、文化复兴、邻里改善、治理结构优化等问题，从而推动社区的可持续发展。[①] 而社区参与作为工业遗产再利用的路径，则指的是在工业遗产改造更新过程中，原住居民通过广泛参与成为遗产再利用项目的获益者，同时也成了遗产本体改造的重要主体。[②]

就我国实际国情而言，在工业遗产的保护更新再利用中，社区参与的意义已越发明显。当中一个原因在于，在稳增长、促发展、调结构、惠民生的宏观背景下，以往依靠房地产业拉动地区经济发展的方式已经日渐式微，如何在存量时代调动社会内部的发展动力，推进城市有机发展与社会有序治理相协调，才是未来城市更新的根本。因此，在开展工业遗产旅游的规划工作中，需要邀请社区居民广泛参与决策过程，其形式可多种多样，如开展公众听证会、座谈会、问卷调查等，或邀请当地人大代表、政协委员、业主委员会负责人等利益相关者代表就未来发展方向提出自己的意见和建议。在实施改造的过程中，一方面要将居民视作未来开展工业遗产

① 刘佳燕，邓翔宇，霍晓卫，等．走向可持续社区更新：南昌洪都老工业居住社区改造实践［J］．装饰，2021（11）：20-25.

② 韩晗．中国方案工业遗产保护更新的100个故事［M］．武汉：华中科技大学出版社，2023：18.

旅游的主体，改造者需要深入居民内部，切实掌握社区的实际情况，了解居民的实际需求，在设计改造的方向上要符合社区当下现实需要与未来发展趋势。另一方面，要切实让居民成为工业遗产改造的受益者，通过社区参与促进社区更新，后续依托开展工业遗产旅游项目来提升居民生活质量，其核心是以人民利益为本，使之成为"人民城市"的一部分。此外，社区居民还可以参与工业遗产的管理和利用，如成立社区组织或志愿者团体，协助运营、管理与维护社区内的遗产本体，以促进依托社区开展的工业遗产旅游高质量发展。

二、社区参与的主要形式

作为一种宏观路径，社区参与介入工业遗产旅游主要体现在将提升社区居民福祉与开展工业遗产旅游工作有机结合这一层面上，其终极目标是依托高水平的工业遗产再利用实现高质量的社区可持续发展。具体而言，有如下五种方式。

1. 工业遗产社区改造

正如前文所述，在"企业办社会"的模式下，我国大量工业遗产具有"厂区+社区"的特征，其社区即曾经的"厂矿家属区"。当中个别社区最早始建于清末民初，绝大部分兴建于20世纪50~70年代，基本已经成了亟待更新的老旧小区；并且当中许多建筑具有鲜明的时代风格与历史印记，属于工业遗产的组成部分，因此构成了工业遗产社区。不言而喻，不同于一般意义上社区更新，工业遗产社区不仅是一个居住空间，还是一个遗产化的空间，是具有再利用意义的文化旅游资源。因此，通过社区参与的方式，与工业遗产再利用相结合不但有助于促进社区振兴，更有助于依托文旅产业形成持续振兴。

工业遗产社区改造所面向的文旅产业，是具有新兴旅游特征的新业态，如城市徒步、城市考古、城市研学等旅游方式，多以"不走寻常路"为旅游形式。这类旅游方式的目的地多为城市内部一些小众居民生活空间，如北京胡同、上海石库门、武汉里份与广州骑楼等，当中部分小众"网红打卡点"往往依托"小红书""马蜂窝""抖音"等媒体平台传播。近年来，工业遗产建筑日渐受到青年人关注，不少工业遗产社区逐渐成为青年人青睐的旅行目的地。在这种情况下，部分社区居民将自住房改造为餐饮店、超市或平价旅社等为旅行者提供服务的营业性空间，从而在本质上改变了整个社区的产业结构。

【本章案例 8】

位于湖北省武汉市青山区红钢城的武钢宿舍区为 20 世纪 50 年代苏联专家设计的苏式宿舍区，因其主要为红砖房，故称为“红房子”。近年来，随着武钢集团发展方向的改变，青山区也朝着文旅方向进行了改造。“红房子”成为武汉市一处“网红打卡点”，吸引全国各地游客前来。当地多处旧有民房也被改造为青年旅舍、咖啡厅等营业性空间，有效地推进了青山区的文旅转型。

此外，还有一种是老旧厂矿小区改造。这类改造往往针对还未产生一定社会影响力的社区，改造最初的目的只是单纯地改善居民生活条件，而且是在政府规划部门主导下进行。但是这类改造造成的直接效果往往是打破社区原有的围墙，使之成为城市空间的一部分，一些社区内部旧有的景观也成为城市景观的一部分，在一定程度上丰富了城市旅游体系。

因此，老旧厂矿小区改造首当其冲的是基础设施改造，一般而言基础设施改造主要分为四个方面。第一，对老旧小区内的住宅、公共设施等建筑进行修缮和改造，以提高建筑的功能性和舒适度，如加装电梯、改造地下管网与地上线路等。第二，提升老旧小区内的绿化率，尤其是对旧有绿地进行景观化改造，使之与城市绿化规划具有一体性。第三，因地制宜增设老旧小区的公共设施，特别是日常服务设施，如面向青年人的共享空间、具有适老性特征的安养场所等，综合地提高社区的生活品质和便利性。第四，改善老旧小区内的交通条件，增加社区的交通出行便利性，如进行道路硬化、增设共享单车或轮椅车位、机动车停车位以及公共交通站点等。

当然，在改造过程中，要特别注重保留老旧厂矿小区的历史特色和文化遗产价值，特别是尊重社区的既有历史与文化连续性。多数老旧厂矿小区处于“无物业服务、无社区组织生活、无文化休闲空间”的“三无”状态，在对社区进行改造时，同时要考虑到依托其既有文化资源，将“三无”重塑为“三有”，使之从城市内部的文化洼地变身为文化高地，如湖北省黄石市的胜利社区、湖南省株洲市石峰区田心街道等，皆为个中代表。

【本章案例 9】

湖南省株洲市石峰区田心街道曾是株洲最大的厂矿社区，原为“三线”工程的株洲铸造厂、株洲氮气厂与株洲啤酒厂等“株三厂”所在地，俗称石峰村。为了改善老旧小区人居环境、提高居民生活品质，2019 年以来，石峰区以国家新型城镇化综合试点为契机，按照“拆除新建一批、翻新整治一批、分离改造一批”的思路，有序推进石峰村老旧小区改造，树牢城市更新理念，坚持拆违和资产移交、改造提质、物业管理、公共服务“四位一体”原则，统筹“三供一业”和老旧小区改造、加装电梯、油烟治理等工作，构建“大旧改”工作格局，计划将当地打造为株洲市的新型宜居社区。

2. 面向公共体育空间的改造

许多工业遗产社区往往包括先前厂矿职工的体育休闲空间，如篮球场、游泳池、足球场等。此外，还包括一些大尺度的室内空间，如大型仓库、车间等，这些空间有改造为体育竞技或运动空间的基础。近年来，越来越多的城市将工业遗产建筑改造为体育设施，既保护了历史文化遗产，又为城市居民提供了更多的体育娱乐场所。通过对工业建筑的适应性再利用，在保留建筑工业特征的基础上将其改造为篮球场、室内攀爬健身房、溜冰场、蹦床公园等形式的体育设施。2019 年，在“健康中国”的背景下，国务院办公厅发文，鼓励将老旧厂房、仓库等大型建筑资源再利用为全面建设空间，如上海市的三邻桥社区公园和市京体育产业园。

【本章案例 10】

位于上海市的三邻桥社区公园原为 1995 年建造的日硝保温瓶胆厂，由于经济转型和用地结构调整闲置停产。在改造前，三邻桥设计团队经过两年的深入调研，结合国家扶持的大方向产业，最后决定将日硝保温瓶胆厂旧址改造为以体育文化为主题的产业园。改造后的三邻桥社区公园定位为社区生活中心，打造集工作、生活、休闲于一体，服务园区企业与服务周边居民于一身的以文体休闲为特色的知识型产业复合社区。2019 年 5 月 25 日正式开园，开园时园区入驻率达到 90%，其中有 20 多家体育项目，还有婚庆公司、商业、餐饮等配套设施。

此外，许多工业遗产承载着国家的现代化进程历史，是一个国家工业史的重要缩影，是讲好一国故事的关键载体，而重大体育赛事又是国家形象对外展示的重要平台，将工业遗产改造为重大体育赛事举办地，之于国家对外传播而言，显然具有“一加一大于二”的效能。而且不少工业遗产规模宏大、结实坚固，可以改造为滑雪、球类运动、耐力赛、自行车赛等体育赛事的场地，如伦敦的奥林匹克公园和北京首钢园。

【本章案例 11】

英国伦敦的奥林匹克公园是 2012 年伦敦奥运会的主场馆，位于伦敦东部的斯特拉特福德地区。在建设奥林匹克公园之前，这个地区曾经是一个以煤炭、钢铁和造船业为主的工业区，存在大量的工业遗产建筑和文化遗产。经过多年的改造和更新，现在的伦敦奥林匹克公园已经成为一个拥有世界一流体育设施和公共服务设施的城市公园，吸引了大量的居民和游客前来参观和体验。这个案例表明，通过合理的工业遗产改造，可以充分利用工业遗产建筑，保护和传承历史文化遗产，同时为城市居民提供更多的体育娱乐场所，促进城市的可持续发展。

这些体育场馆在赛后则发挥着城市文旅空间的作用，部分空间成为具有国家标识的工业遗产，如北京首钢园。

3. 面向城乡社区公共交流空间的改造

面向城乡社区公共交流空间的改造也是社区参与介入工业遗产旅游的一个重要方面。许多老厂矿社区在企业倒闭之后，社区管理制度也随之瓦解，以往集体生活、集体管理的方式一去不复返。再加上社区内人口老龄化严重，不少年轻居民外迁，大量低收入者成为社区内的租户，居民集体活动锐减，邻里互动减少，以往的社区文化彻底消失。随着城市化进程的发展，传统意义上的社区共同体将逐渐湮灭，社会中的个人将日益原子化。[①]

这实际上是城市居民长期彼此陌生化的结果，以往在乡村与厂矿社区内部的“熟人社会”逐渐被城市的“陌生人伦理”所瓦解，左邻右舍往往“老死不相往来”。情感交流障碍、“社恐症”等心理疾病在都市各类人群当中蔓延，数量庞大的老年群体基本文化需求难以得到应有的满足，城乡社区公共交流空间建设越发显

① Kasarda et al. Community Attachment in Mass Society［J］. American Sociological Review，1974（3）.

得迫切而重要。在这样的现实框架下，保护工业遗产不是仅仅为了留存旧的工业建筑，而是将其改造为延续场所集体记忆、体现城市温度的空间，“让工业遗产寻找到与当今城市生活相连的‘接口’”[①]。

在这个过程中，部分社区公共交流空间成了社区文化旅游的枢纽，一些空间具有鲜明的复合功能，如社区文化展览、游客咨询等，成了一个社区的文化中心，扮演着提供信息、服务与宣传社区的角色。部分历史街区还将社区公共交流空间改造为公共阅览室、社区食堂、社区（村）史陈列馆等，因此，面向城乡社区公共交流空间的改造在很大程度上能为工业遗产旅游提供重要的基础设施。

【本章案例 12】

位于广东省深圳市的沙井村民大厅，前身是建成于改革开放初期的岗头柴油发电厂，是村办工业区遗产。经过改造后，发电厂改造为一个向深圳市民开放的公共空间，沙井村的村史展览、民俗仪式、祖先追忆、家族议事、文化交流等具有地方特色的传统文化活动在此汇聚。

4. 面向实体书店空间的改造

近年来，实体书店不再只是一个销售图书的场所，而变成了与图书馆互补的公共文化空间，成了吸引都市年轻人的重要“城市舒适区”之一。

为了保持稳定的访客流量，许多实体书店都依托社区或园区而建设，在这种机制下，许多具有社区或园区属性的工业遗产也被改造为实体书店。实体书店入驻工业遗产不仅是实体书店探寻生存之道的一个重要方式，同时也“有利于解决目前工业遗产空间再利用限于‘一次性’观光地的发展瓶颈”[②]。在这种情景下，许多工业遗产社区或园区通过引入实体书店，来建构社区内的公共文化空间。

工业遗产改造而成的书店在经营方式上通常与其他书店相似，其重点是为访客提供广泛的书籍选择和舒适的阅读氛围。然而这些书店往往又利用工业场地原始的砌砖、裸露的管道或设备等工业元素，营造出独特的、吸引人的工业风氛围，为访客提供独特文化环境的沉浸式体验。不仅如此，相关实体书店还能够依托独有的工

① 徐洁，方志达. 再生城市与乡村［M］. 上海：同济大学出版社，2015：264.

② 张萱. 城市传播视域下工业遗产改造为实体书店的价值研究［J］. 编辑之友，2022（7）：13-20，26.

业文脉，提供独特的讲座或相关文化活动，使之成为承载工业文脉、宣传工业精神的重要场所。此外，部分书店为了营利，还设计相关工业主题文创，从而实现了工业文化的二次传播。

【本章案例 13】

位于湖北省黄石市的华新水泥厂旧址——华新 1907 公园内的“白日梦书店”是黄石首家开设在工业遗产内的书店。该书店利用水泥厂旧有车间改造而成，一年举办活动数十场，多次举办工业遗产有关的市集与文化活动，目前成为华新文创园区及附近枫叶山小区重要的公共文化空间，并设计售卖水泥主题文创产品，取得了较好的社会反响与经济效益。

面向实体书店空间的工业遗产再利用，是激发工业遗产文旅活力的重要方式，也是目前推进工业遗产旅游一个较为常见的方案，当中一个很重要的原因在于，实体书店作为一种文化空间，它可以与工业遗产本体相呼应，形成文化价值的叠加效应，使得工业遗产与年轻人喜闻乐见的阅读文化相结合，真正起到以文促旅的效果。

5. 面向大学空间的改造

就目前世界的范围而言，能够形成巨大规模社区的，一是工厂，二是大学。就近代以来社会的变革而言，工厂有代际更新者，但大学鲜有倒闭者，随着时代的发展，大学对所需空间的面积越来越大，大量遗留下来的工厂社区改造为大学，形成新的社区空间，成了一种重要的方案。

这类改造方式最初源自欧美国家在大学空间拓展当中的应用，而大学属于开放社区，当中不少大学又是知名的旅游目的地，一旦相关工业建筑被改造为大学教学所用建筑之后，会成为社会瞩目的焦点，受到各界关注，形成超越建筑更新的文旅影响力。近年来，面向大学空间的改造也普遍存在于我国的高校之中，如内蒙古工业大学建筑馆、上海大学上海美术学院宝武新校区、福州大学怡山创意园等。

【本章案例 14】

意大利米兰比可卡大学将原属于倍耐力公司的研发大楼改造为人文部大楼，由法律系、

经济系、计算机科学系、社会系和统计系合用，占地面积将近7万平方米，主要功能包括服务在校师生的教学、学术研究、办公，还包括语言实验室、计算机房和一个拥有50万册藏书的图书馆。

此外，面向大学空间的改造，可以促使更多的青年人关注、接触工业遗产，提升工业遗产特别是工业遗产旅游在青年一代当中的认同度与影响力，就此而言，其意义显然值得重视。

第四节　文化创新

一、文化创新的基本概念

文化创新是指文化介入工业遗产旅游之中，将文化创意产业与工业遗产相结合，实现了工业遗产空间和文化场景的双转型。文化创新与工业遗产改造二者之间具有较强的耦合度，在国内外工业遗产旅游中得到了广泛应用。

作为一种宏观路径，文化创新的方式可以在保护工业遗产的同时，对其注入新的文化元素，从而使遗产本体更加具有活力、吸引力与可持续性。具体而言，是指对工业遗产进行文化重塑，使之不但保留既有的工业文化意味，而且具有新的文化特征。其理论基础在于：一方面，工业遗产本身是工业文化的载体，借助于工业遗产当中的既有空间并利用其可塑性特征，新的文化完全可以介入并生根；另一方面，文化创意产业是目前工业遗产再利用的有效方案，它在文化创新这一宏观路径中扮演着重要角色，有效地利用文化创意产业这一新兴产业并促进其介入，从而构建创新工业遗产文化内涵的表达方式，最终将促进工业遗产旅游的形成与可持续发展。

文化创新介入工业遗产旅游，之于工业遗产旅游而言是目前较为常见的一种方案，即通过构建新型的文化空间特别是文化产业创意园区来实现工业遗产再利用。这类园区往往成为城乡重要的新兴旅游目的地，尤其受到年轻人的追捧与认同。而且，我国作为发展中的工业国家，工业遗产改造在很大程度上由产业结构转型所承担，作为第三产业重要支撑的文化创意产业在维持工业遗产再利用可持续性这一议题中，显然可以扮演重要角色。

文化创意产业最早出现在英国，所谓文化创意产业就是指“产品或者服务提供了使用价值之外的文化附加值，最终提升了产品的经济价值，其产业范围主要包括广告、建筑、艺术品和古董市场、手工艺、设计、时装设计、电影、互动休闲软件、音乐、表演艺术、出版、软件、电视和广播等行业”。[①] 文化经济学之父大卫·斯洛斯比（David Throsby）曾从经济意义角度提出文化资本是以财富的形式具体表现出来的文化价值的积累。他在《文化经济学》一书中提出了文化遗产具有创造性价值，文化遗产赋予了创造者想象和创造的空间。[②] 因此从文化资本的角度来看，作为一种文化资本，工业遗产天然地具有与其他文化相融合的特征。

在“适应性再利用”的要求下，工业遗产旅游与创意产业能够建立起非常强的联系，“把文化创意产业的发展纳入工业遗产的保护范畴之内，便可以得到其外延，即文化遗产不仅仅是从文化文本经过研究、调查、评估成为文化资本，还要通过创意、生产、销售等环节变为文化商品，再从文化商品形成文化产业”。[③] 就在“文化文本—文化资本—文化商品—文化产业”这一动态保护过程中，工业遗产旅游由此而产生了新的社会需求，从而得以保护与传承。此外，工业遗产旅游还能够借助文化创意产业中的创意价值，实现其文化资本的不断增值，尤其随着体验式、沉浸式的城市空间旅游进一步纵深发展，当工业遗产的空间转变已经成为文化传承、城市活力重塑的重要途径时，[④] 文化创新已经成为工业遗产旅游最重要的宏观路径，即构建文化创意园区。

文化创意产业不追求庞大的生产空间与规模巨大的生产线，属于智慧密集型产业，因此它与工业遗产空间具有较强的适应性，即充分利用工业遗产的特点，植入文化创新功能，实现文化创意产业的集聚。具体而言，首先表现在文化创意产业多处于孵化期，属于轻资产、小规模的行业，而工业遗产空间的租金往往比较低廉且区位条件比较优越，能够满足文化创意企业的日常运营需求，成为其重要的发展空间。如北京的“798”艺术区最初形成产业集聚的原因正在于其低廉的租金。而且，

---

① 沈中印．文化旅游理论与实践研究［M］．北京：光明日报出版社，2020：143.

② Throsby D. Economics and Culture［C］. Cambridge：Cambridge University Press，2000.

③ 徐苏斌．从文化遗产到创意城市——文化遗产保护体系的外延［J］．城市建筑，2013（5）：21-24.

④ 黄磊，彭义，魏春雨．“体验”视角下都市工业遗产建筑的环境意象重构［J］．建筑学报，2014（2）：143-147.

文化创意产业属于第三产业当中较有活力的部分，目前在国内许多大型城市（如深圳）已经成了支柱产业，其日益稳定的特征有助于工业遗产本体得到可持续的再利用，并发展为重要的文化旅游空间。

此外，还有一类文化创意产业园区，就是依托原有企业文化，构建工业旅游空间，形成体验式工业旅游园区，使之与既有工业遗产相呼应，通过"新型工业文化"为传统工业文化注入活力，打造成为"工业旅游＋工业遗产旅游"的工业科普空间。例如，位于福建泉州的"源和堂"园区，当中包括目前仍在生产的源和堂蜜饯厂，游客可以在体验"源和堂"悠久历史的同时，感受目前"源和堂"所推出的各种新产品与企业推崇的"健康食品"理念，能够全方位地体验"源和堂"主题工业文化的流变。

在文化创意与工业遗产再利用相结合的过程中，各地诞生了颇具影响力的工业遗产旅游目的地，成为诸多城市吸引游客的重要城市品牌，如北京的"798"艺术区、上海的1933老场坊创意园区以及重庆的鹅岭二厂创意园等。

【本章案例15】

位于上海市黄浦区的1933老场坊创意园区，前身为民国时上海工部局的屠宰厂，是一座由英国建筑师设计的混凝土建筑。2008年，上海市政府决定对其进行保护和修复，并将其打造成一个文化创意产业园区。如今上海1933老场坊创意园区已经成为一个集文化、创意、艺术、时尚等多种元素于一体的文化创意产业园区，园区有各种文化创意企业、设计师工作室、咖啡馆、酒吧、艺术展览和表演等，是上海市内文化创意产业的一个重要中心。因其建筑风格与内部空间结构特别，长期吸引访沪游客光临造访。

从发展工业遗产旅游的角度看，工业遗产与文化创意产业相结合，有着如下三重优势。首先，工业遗产可以成为文化创意产业的创作灵感和创意源泉，文化创意产业从业者的多元性，可以与工业遗产的崇高性形成审美上的互补，营造出对年轻人具有吸引力的都市文旅空间；其次，工业遗产作为孵化、发展文化创意产业的场地和平台，许多工业遗产具有独特的建筑结构和空间布局，适合用于举办各种文化创意活动，如音乐会、艺术展览、时装秀等，可以形成构建文旅吸附力的符号性场景；最后，工业遗产与文化创意产业的结合还能够带动当地经济结构的转型，促进老工业城市转向多产业主导的文旅融合型新兴城市。

但是也要注意到，工业遗产空间改造为具有文化创意园区特征的文旅空间，需要在保留原真性和文化创意性上达到平衡。不少工业遗产文创园过度重视商业价值，忽视了对工业遗产本身的保护，甚至会为了商业利益而改变工业遗产原有的历史文化特征，最终导致文旅价值一落千丈。工业遗产文化资本的持续增值，主要得益于创意价值的注入，但一味追求创意，甚至以破坏遗产本体为代价，必会失去其固有的文化价值。若如此，则既无法实现文化价值的存续，创意价值也将成为无源之水，[①] 开展工业遗产旅游也就无从谈起。

此外，还需要认识到，文化创新本身是一个内涵复杂的概念，因此工业遗产空间改造为文化创意空间这一方案绝不是“万金油”，在工业遗产旅游日益受到重视的当下，不少城市在规划中未因地制宜从实际出发，在缺乏长远性规划与全面论证的前提下，盲目将一些工业遗产空间改造为文化创意空间，导致缺乏可持续性发展所需的空间与机遇，最终不可避免地走向“二次废墟化”，这是尤其值得警惕的。

二、文化创新的主要形式

文化创新作为一种开展工业遗产旅游的宏观路径，它可以通过空间改造，创造新的经济增长点，是保护工业遗产和促进产业结构转型的有效途径。就文化创新介入工业遗产旅游而言，最早实践的是美国纽约市的苏荷区。苏荷区原本是纽约在第二次工业革命时期兴起的工业区，在第三次工业革命浪潮中逐渐被淘汰，随后由于有大量废弃的工业空间且租金低廉，被初出茅庐的年轻艺术家、设计师改造为工作室，逐渐形成了文化创意产业的集聚区，同时也孵化了许多知名艺术家与有影响力的文化创意企业。

由工业遗产空间到文化创新空间，再到工业遗产旅游目的地，这是一个复杂的过程，首先需要善待工业遗产旅游资源，这是开展工业遗产旅游的起点。因此，对工业遗产空间进行生态修复与保护更新是非常重要的第一步。

文化创新只是内核，开展工业遗产旅游需要重视基础设施建设，如停车场、路标、餐饮空间、公共厕所等基础设施同样也应彰显出相应的文化特征；此外，若是

① 梁智尧，罗颖.文化资本视角下筒仓类工业遗产活化利用策略研究［J］.建筑与文化，2022（4）：143-145.

依托文化创意园区，那么势必要增加绿地、座椅等公共空间，以提升其公益属性，并开设如画廊、表演空间、工作坊或举办互动展览等，从而增强访客的黏性。

具体来说，以文化创新为宏观路径的工业遗产旅游空间，可以根据其主题分为新型工业文化空间、艺术创意空间、产业创意空间、影视基地四种类型。

1. 新型工业文化空间

新型工业文化空间是依托新型工业化形成的新时代工业文化，朝向新型工业文化空间改造的工业遗产空间，一般而言有两种情况。一种是对旧有工业遗产进行新型工业化改造、升级而形成，如将原有的胶片厂扩建为影视设备制作基地、将原有的青霉素厂升级为生命科技研发中心等，俗称“工转工”。另一种仍然依托原有企业改造，保留原有企业当中的历史遗迹，并与目前工业生产相结合，构建工业旅游与工业遗产旅游的复合空间，使之成为原有企业品牌的对外宣传载体。同时，对于企业内部而言，这也是企业延续文脉、增强其凝聚力的重要手段。

通常而言，新型工业文化空间因其具有“黑科技”特色，又容易与自媒体、短视频相结合，尤其被青少年喜爱。依托这类空间，工业遗产旅游可以形成工业研学、科普社教、企业团建、亲子体验等各类新型路径。

【本章案例 16】

河北省保定市的乐凯工业遗址元宇宙数字科技产业园所在空间，原为 20 世纪 50 年代兴建的“保定八大厂”之一的保定胶片厂，属于污染重、附加值低的劳动密集型企业。该厂改制之后留下大量工业遗产空间。2022 年，该地被改造为集精密仪器设计、人工智能设备制造、高端医疗设备研发为一体的工业服务业园区，成为保定市进行“黑科技”创新的重要阵地，有效地促进了新型工业文化在保定这座老工业城市的形成与传播。

2. 艺术创意空间

艺术创意空间是以艺术创意产业为核心，依托设计、时尚、电影、动画、音乐、舞蹈、戏剧等产业，吸引艺术家和创意人才集聚的新型空间。艺术创意空间原本是艺术产业发展的企业聚集空间，但因其具有开放性、共享性与社会参与性，因此构成了具有公共空间属性的艺术创意空间。

这类艺术创意空间因其有艺术家、艺术品与艺术活动的赋能，很容易形成文旅吸附效应，从而实现“破圈”的社会效益。例如，武汉“汉阳造”创意园区、上海莫干山路创意文化街区、重庆鹅岭二厂以及广州红砖厂创意园等。

【本章案例 17】

位于重庆市的鹅岭二厂创意园区，其前身是中华民国时期的中央银行印钞厂，是抗战期间我国印刷行业的中枢。中华人民共和国成立之后，1953 年改名为重庆印刷二厂。在空间规划上，每栋建筑的首层和顶层都用作开放的公共空间，中间楼层用于办公、酒店等私密空间。首层是商业区，汇集了画廊、咖啡馆、特色餐厅、文创集市、书吧等业态，连接着广场和街巷，是人流主要汇聚点。每一栋建筑的屋顶，都被设计了一个功能性的主题，如屋顶艺术天台、屋顶社交平台、屋顶餐厅等。

3. 产业创意空间

产业创意空间是以既非新型工业也非艺术创意产业的各类新兴第三产业，如金融业、教育培训业、新闻传媒业、社会组织总部等为基础与核心的，集科技创新、产业转移、企业孵化、金融投资等多种功能于一体的综合型产业集聚空间。工业遗产改造而成的产业创意空间的特点是利用工业遗产及其文化资源，为新兴产业提供发展空间，促进当地产业结构转型。部分产业创意空间因其特色鲜明、环境优美、生活便捷，成为具有一定社会影响力与美誉度的旅游目的地。

针对这类空间的工业遗产旅游，多数是基于研学、考察或城区居民节假日“微度假”才得以开展，部分产业创意空间逐渐成了城市公共空间的一部分，或演化为了城市历史风貌区，在一定程度上承担了城市公共服务的职能。

【本章案例 18】

位于湖北省武汉市武昌区小龟山的“小龟山文化金融公园”，前身是中国电建湖北一公司职工宿舍，原属于“156”工程。主要厂房、宿舍多为 20 世纪 70 年代建成的工业建筑，普遍坚固耐用，具有特定的时代风貌。中国电建下属南国置业公司将其改造为文化金融主题园区，引进省内重要金融企业，打造金融主题城市公共文化空间，园区内设有金融主题的茶楼、餐厅等公共空间，是武汉市城市旅游的一张新兴名片。

4. 影视基地

工业遗产空间以工业建筑遗产为主体，本身就是一个具有历史感的场景。近年来，随着相关怀旧主题影视剧的兴起，大量的工业遗产园区成为许多剧组青睐的拍摄场景，逐渐形成了工业遗产主题的影视基地。

具体而言，是指通过对既有工业景观进行改造和重构，将其转化为专门用于影视拍摄的专业空间，并提供影片制作、加工的生产空间。工业遗产建筑的特殊历史文化价值和独特的建筑风格，使得工业遗产空间成了影视拍摄的理想场所，而工业遗产建筑本身也具有较好的再利用基础，在这种情况下，很容易形成影视主题的文化创新空间。

【本章案例 19】

位于广东省广州市的 1978 创意园，前身是增城造纸厂，该厂破产后，所在空间被改造为影视拍摄、制作基地。目前厂内现存水塔、车间、厂房等均被改建为影视公司驻地，厂内旧有空间则被改建为影视拍摄基地，成为广州乃至华南地区最重要的影视基地之一。

就文旅业的实际情况而言，影视基地很容易形成文旅目的地，这是依托影视艺术作品赋能的一个重要手段，也是文化创新的一种重要路径。目前，“怀旧主题”影视剧日渐得到社会关注，如《你好，李焕英》《人世间》《漫长的季节》等，一批工业遗产主题的影视基地也受到重视，“影视剧 + 工业遗产”的赋能形式显然值得关注，这为今后文化创新介入工业遗产旅游也指明了新的出路。

第四章

基于不同规模工业遗产的旅游规划设计

【本章引言】

通过学习本章的内容，了解依托工业遗产点、工业遗产群、工业遗产廊道这三种不同规模工业遗产的特征，以及基于这三种不同规模工业遗产的旅游规划设计方案。

【学习目标】

1. 了解不同规模工业遗产的各自特征。
2. 了解基于不同规模工业遗产的旅游规划设计方案。

如何开展工业遗产旅游，很大程度上由具体工业遗产的规模决定。归根结底而言，不同规模的工业遗产，决定了依托其开展工业遗产旅游的规划设计方案，从目前所见而言，工业遗产一般分为工业遗产点、工业遗产群与工业遗产廊道三种规模类型。

上述不同规模的工业遗产，所进行工业遗产旅游规划的方式也不尽相同。这既反映了工业遗产的复杂性与多元性，也反映了工业遗产旅游对于工业遗产本体的依赖性。

第一节 基于工业遗产点的旅游规划设计

所谓工业遗产点，是指在历史、文化、技术、艺术、经济等方面具有一定价值的工业建筑物及设施设备，也是工业遗产管理的最小单元。工业遗产形成的过程是一个复杂的进程，其遗产本体规模大小不一，一些工业遗产本体以单体建筑物（如独栋车间）、单个构筑物（如烟囱）或单个矿坑等形式独立存在，这类工业遗产被称为工业遗产点。

工业遗产点形成的原因有两种。一是规模原本较小，如东莞市的太平手袋厂，其承担生产职能时，本身就只有一栋车间用房，后被改为工业博物馆，成为一个独立的工业遗产点。二是原本有一定规模，但时过境迁之后，因为被部分拆除等因素，只剩下一个独立的建筑，如武汉重型机械厂拆除之后所遗留下的烟囱。因此，工业遗产点是工业遗产的一种存在形式，它具有保护更新成本低、易形成工业遗产景观等特点。

依托不同的工业遗产点开展旅游，具有便于规划、便于管理等特点，但正由于其规模有限，导致难以开展具有一定规模的旅游项目。

一、单体建筑

单体建筑主要指工业遗产类的单栋建筑，其物质构成包括生产车间、厂房、仓库、供配电室、办公楼、生活辅助等部分。在我国，基于单体建筑开展工业旅游，是较为普遍的一种工业遗产旅游形式。

依托单体建筑开展工业遗产旅游具有两个方面的优势。第一个优势是单体建筑的安全性较高。工业建筑建造设计之时采用了当时较为先进的结构与建筑材料，能够保留至今的单体建筑，一般都是在坚固实用方面的胜出者，具有较高的安全性。第二个优势与我国工业遗产保护与再利用观念相关。先前我国工业遗产长期处于普遍缺乏保护的局面，既有工业遗产被大面积拆除，致使能够完整保留下来的工业遗产群数量有限，部分遗留下来的单体建筑成为主要的旅游吸引物。

此外，从再利用观念上而言，我国乃至全球工业遗产保护再利用工作都经历了一个由专注生产单元向整体保护的阶段。依托单体建筑开展工业遗产旅游，也是我国工业遗产旅游领域现阶段较为多见的一种方式。

就目前所见而言，基于单体建筑开展的工业遗产旅游主要以车间厂房为主，也有小部分对厂区留存较好的、具有历史沉淀和艺术价值的办公楼与宿舍楼进行再利用。这里重点介绍车间厂房、办公楼两种类型。

1. 车间厂房

车间厂房是指用于工业生产的建筑空间，狭义的厂房特指生产车间，广义的车间厂房是指包括车间、仓库以及办公用楼、宿舍、浴室与食堂在内的一切与工业生产有关的建筑。本章主要指生产车间。在工业遗产领域，车间厂房是最重要的遗产本体组成。

车间厂房最初是因工业生产需要而搭建的永久性或临时性建筑，往往占地面积较大，室内空间开阔，楼层净高高于普通单层建筑，作为工业遗产，具有较大的改造更新价值。一般来说，按建筑结构形式，车间厂房可分为单层厂房、多层厂房与复合结构厂房三种类型。单层厂房多为无隔断、挑高的单层建筑，其结构通常为砖木、砖混或排架结构；多层厂房一般为两层生产车间，其结构通常为砖混或预混结构；复合结构厂房多为单层多层混合或单层中再分层型，其结构也较为复杂，多为钢结构、砖混、预混、砖木等或上述多种结构并用。

车间厂房改造更新是工业遗产保护再利用的重要着力点，不同的厂房改造更新路径不尽相同。一般而言，由于厂房空间弹性大，构造简单，具备工业建筑的朴实美，内部空间高大简洁，可灵活地对既有建筑的室内空间进行分隔划分，因而改造为酒店、餐厅或展览馆等用途是最常见的再利用方式。目前国内许多工业遗产旅游项目是基于车间厂房的改造，如前文所述的东莞太平手袋厂，是单体车间厂房改造的范例。

【本章案例 1】

位于广东省东莞市虎门镇解放路 7 号的太平手袋厂陈列馆，前身是太平手袋厂，是全国第一家“三来一补”企业，在中国改革开放进程中具有里程碑式的意义，也是东莞作为改革开放先行地的重要标志。该厂停产后虎门镇将其改造为太平手袋厂陈列馆，以弘扬改革开放的开拓精神，陈列馆共展示太平手袋产老物件 500 多件，其中缝纫机 10 台、锁边机 2 台、工会证 22 个、工作证 5 个，手袋多个，另外还包含了各类工具、手袋配件、考核方案、干部

名册、员工总结等。2023 年 10 月，该馆入选为第十批广东省爱国主义教育基地，目前该馆也是虎门旅游的目的地。

2. 办公楼

在城市环境改造进程中，由于工业用地性质变更，不少厂区内的车间厂房和附属建筑被大幅拆除，而原来的办公楼却得以按建筑原貌保存下来，武昌第一纱厂办公楼、都锦生丝织厂设计办公楼等皆是个中代表。究其原因：一是保存现状良好，具有再利用的基础与前提；二是办公楼建筑多半精心设计，相较于车间厂房而言，本身具有更高的艺术审美价值。

办公楼在位置分布上通常与车间厂房邻近，但在建筑风格上，却一反车间厂房的简单与朴实，以精致、古典、宏大为主。在中华人民共和国成立之前，我国常见的办公楼建筑风格多以文艺复兴式、装饰主义、巴洛克等西方建筑风格为主。中华人民共和国成立之后，由于受到苏联的影响，建筑也多以“社会主义—现实主义”建筑风格为主，这是苏式建筑的重要组成部分，它最初指的是斯大林式建筑、赫鲁晓夫式建筑等遵循社会主义现实主义设计原则的建筑，后来被其他社会主义国家立足本国国情广泛应用。

建筑风格鲜明且具有历史价值的办公楼作为工业时代的特殊印记而存在，具有重要的审美价值，因而具有开发为工业遗产旅游目的地的基础。即便是原厂区的唯一建筑遗存，办公楼仍可以说是厂区内最有代表性的建筑，依然可以通过再利用形成具有工业文化传承的旅游吸引物吸引游客造访，并成为当地工业遗产旅游的重要目的地。

【本章案例 2】

武昌第一纱厂位于湖北省武汉市武昌区积玉桥街临江大道，建于 1919 年。第一纱厂办公楼（又称“钟楼”）由当时著名的景明洋行设计、汉协胜营造厂建造，为三层混合结构，正面有两层外廊，古典爱奥尼克柱式，立面装修精致，中部入口略微凸出并建有钟塔楼，多处饰以曲线，两端侧部做半圆形牌面，外观造型严谨对称，又富于形体和线型变化，形似“新巴洛克”建筑。2015 年，第一纱厂办公楼被“BIG HOUSE 当代艺术中心”使用，当中设置了非营利美术馆、健身房、艺术空间、艺术放映厅等，现已成为武汉一处重要的工业遗产旅游目的地。

二、筒仓

筒仓遗产是工业遗产的一个重要门类，此处筒仓特指工业筒仓。广义上的工业筒仓遗产指的是曾具有工业用途、体型为圆柱体的混凝土结构或钢结构建筑被废弃、更新之后的重要工业遗存，而狭义上的筒仓遗产专指曾只用以贮存焦炭、水泥、食盐、食糖、粮食等散装物料的工业建筑。

筒仓建筑大面积出现在20世纪初。伴随着物料储存需求的快速增长，以及筒仓具有容量大、占地面积较小等优势，兴建筒仓成为当时工业生产的一个趋势。进入21世纪以后，一方面，在经济快速增长和工业技术迅猛发展的推动下，筒仓发展趋向现代化和巨型化，很多原有筒仓的容量和设备设施等已不能满足需求，弃置不用成为多数筒仓的归宿，另一方面，伴随着城市化进程加快、城市产业结构调整、城乡空间结构变迁等，城市中部分原工业用地、仓储用地的用地性质发生了转变，造成很多筒仓建筑被闲置、废弃甚至拆除。

为避免具有综合价值和鲜明特色的这一特殊类型的仓储建筑遗产在城市发展进程中消失，欧美国家率先对具有典型意义的筒仓进行保护和适应性再利用，[①] 并在此基础上发展工业遗产旅游。目前，筒仓类工业遗产的活化利用方式比较常见的有四种，即文化艺术空间类、住宅办公类、体育设施类、食品储藏库类。[②] 其中，文化艺术空间类是工业遗产旅游介入的主要类型。

文化艺术空间是具有特殊价值的非物质文化遗产集中体现的载体或场所，对满足城市公众文化需求、带动区域文旅经济和激活社区活力起到重要作用。文化艺术空间建筑通常对采光和表皮的开放程度要求较低，而筒仓的结构形式十分适合此类功能改造，同时筒仓高大气派的形象也满足该类建筑作为标志性城市文化景观的外形要求。

筒仓经过创意设计成为文化艺术空间，一方面延续了工业遗产文脉，保留了筒仓这类巨型标志性建筑，有效地维系了人们对过往历史的记忆和情感，另一方面，

① 刘抚英．工业遗产保护——筒仓活化与再生［M］．北京：中国建筑工业出版社，2017：5.

② 梁智尧，罗颖．文化资本视角下筒仓类工业遗产活化利用策略研究［J］．建筑与文化，2022（4）：143-145.

依托筒仓这类特殊建筑所构建的再造景观，一旦成为文化艺术空间，则很容易受到社会关注，迅速成长为城市旅游目的地。

国内外不乏将筒仓改造为文化空间或艺术博物馆后实现价值增值的例子，如开普敦非洲当代艺术博物馆、丹麦北港筒仓旧址、上海民生码头八万吨筒仓等。这些设计成功把握了工业遗产的特质，创造出丰富的空间体验，在通过文化赋能之后，其文化和历史意义不断得到激发和提升，成为当地重要的旅游吸引物与城市新地标。

【本章案例 3】

上海八万吨筒仓艺术中心位于上海浦东新区民生路三号民生码头，曾是亚洲最大的粮仓。由于舱室存储方式的革命性改变，筒仓在 2005 年停止生产。目前，该处排列组合成的长 140 米、高 48 米的 30 个混凝土大筒仓被改造为公共艺术中心，除了安装了垂直升降的直梯外，还在混凝土的外观上安装了富有现代感的钢筋电梯，视觉上的新旧对比给这座粮仓增加了设计感。八万吨筒仓改造是我国筒仓遗产改造更新的标杆，该地也因此摇身一变成为上海的打卡新地标，在 2017 年上海城市空间艺术季中作为主展场被使用。

三、滨水工业遗产

人类文明起源并兴盛于江河湖泽及海洋之滨，水域是孕育人类文明的载体。因此，滨水地区往往是人类新文明诞生的重要区域。早在古文明时期，恒河、长江、黄河、底格里斯河、幼发拉底河、尼罗河、地中海与爱琴海等，滋养了早期的世界文明。在工业革命时期，为了便于取水与运输，大量与制造业相关的企业工厂多依水而建，形成了大量的船坞、码头或仓库等滨水工业建筑。可以说，水是人类工业文明发展的必不可少的因素。

时过境迁，上述滨水生产遗迹得以留存下来，当中具有历史、社会、科技、审美等价值的工业文化遗存则成了滨水工业遗产。滨水工业遗产多分布于口岸城市，区位优势明显，国外城市如纽约、曼彻斯特、马赛、阿姆斯特丹等，而国内则以广州、上海、武汉、天津、香港等城市的滨水工业遗产最具代表性。

需要注意的是：一方面，随着新兴交通运输方式的问世与生产力、生产量的综合提升，以往的船坞、码头或仓库部分已经被淘汰，难以满足时代需求；另一方面，滨水区域内工业遗产的性质也亟须由原来满足生产功能的场域转化为提供城市综合服务、促进城市品质提升的公共服务载体。① 因而，如何再利用这类滨水工业遗产，既是一个城市发展更新的关键问题，更与如何更好开展工业遗产旅游息息相关。

一般而言，根据产业类型可将滨水工业遗产分为码头港口类、物资仓储类、工厂船坞类三种类型。码头港口类滨水工业遗产地理区位优势突出，且一般体量较大，分布较为广泛，如旧金山渔人码头、广州太古仓码头等；物资仓储类滨水工业遗产分布较广，空间封闭性较强，空间特征明显，如纽卡斯尔奥斯本河谷工业遗产群、上海民生码头八万吨筒仓、日本函馆金森红砖仓库群等；而工厂船坞类滨水工业遗产则指依赖水域的资源与运输优势的生产型工业遗产，产业类型包括海洋食品生产、冶金及船舶制造等行业，建筑形式多样，空间形态丰富，如利物浦阿尔伯特船坞、纽约布鲁克林海军造船厂等。

在具体实践中，上述三种类型的滨水工业遗产既可作为一个整体发展工业遗产旅游，如太古仓码头利用其现存的码头与仓库，打造一个集文化创意、展贸、观光旅游、休闲娱乐等功能于一体的广州“城市客厅”，同时也可以基于不同类型的滨水工业遗产的区位与空间特征，单独发展工业遗产旅游，如上海民生码头八万吨筒仓改造为艺术中心。但具体选择何种方案，遗产现状、价值等问题始终是开展工业遗产旅游活动前所必须考虑的因素。

【本章案例 4】

广州太古仓码头位于广东省广州市海珠区，占地面积 71236.1 平方米，其中陆域面积 54888 平方米，码头岸线长 321 米。核心建筑物包括 3 座丁字形栈桥式混凝土码头、7 幢砖木结构仓库、1 座水塔以及太古仓码头相关档案资料。太古仓码头建于 1904~1908 年，在 1955 年曾成为广州内港区各码头作业点中生产最繁忙、船舶到港密度最高、吞吐量最大的码头。随着现代运输方式的转变，海上运输船舶越来越大型化，对于码头的水深和设备要求越来越高，广州港的货物运输逐渐东移，太古仓码头的货物吞吐量日渐衰落。在市、区政府相

① 刘宇，王炤淋.城市滨水区工业遗产更新设计方法研究——以上海杨浦滨江公共空间改造项目为例［J］.设计，2021，34（23）：48-51.

关部门的大力支持下，广州港集团有限公司于 2008 年对 3 座丁字形码头、7 幢英式仓库以及外环境进行外观修缮、结构加固和内部功能置换。如今的太古仓码头已成为一个集文化创意、展贸、观光旅游、休闲娱乐等功能于一体的广州“城市客厅”，其转型开发的成功也为广东省“三旧”（旧城镇、旧厂房、旧村庄）改造树立了典范。

四、矿山及矿坑

矿山及矿坑是一种特殊的工业遗产点。矿山是前工业时代就已经存在的生产遗产，而矿坑是经历多年露天开采之后形成的巨型人工坑陷。矿藏在推动人类社会的进步过程中扮演着重要角色，是一种不可再生资源，但由于人类长期对矿产资源进行无节制的开发利用，导致不少矿山现在都已经枯竭并被废弃，留下了大量如矿坑类的采矿遗迹。与此同时也带来了一系列问题，最显著就是环境破坏问题，如经年累月所带来的重金属沉积、水土流失、地面塌陷等棕地及其次生环境、地质灾害。因此，将矿山及矿坑改造为旅游目的地，既是工业遗产旅游的一个极其重要的方面，更是事关环境改良特别是棕地治理的关键一招。不言而喻，相较于其他工业遗产旅游项目，基于矿山及矿坑这类遗产开发旅游项目略显复杂，修复、治理生态环境是再利用矿山及矿坑遗产的第一步。

因为矿产资源不同，矿山环境问题治理关键也不相同。煤矿废弃地的环境问题为采空区、塌陷区、煤矸石堆等，其治理关键是对采空区的治理和对煤矸石堆的处理；有色金属矿山，如铜矿、铅锌矿，其治理除了矿坑的治理，还要对废弃渣堆进行化学处理，防止废渣堆等通过雨水的淋漓作用污染附近的土壤和地下水；废弃采石场则主要进行滑坡、泥石流等地质灾害的防治以及植被的恢复。

近年来，随着许多矿坑被改造为酒店、赛车场、景观公园等新兴文旅场所，社会各界对矿坑主题旅游表现出较高的兴趣，相关政府或企业也主动顺应旅游市场的需求，将部分矿山及矿坑再利用为矿坑文旅空间。目前矿山及矿坑改造再利用的方式大致可以分为三种：生态恢复、商业改造与工业文化植入。

生态恢复即在保持原有地形地貌的同时，尽量恢复矿坑公园的植被，利用工业矿坑奇特的地形，打造出独特的自然景观，以此吸引大量游客游览。目前中国大部分矿坑改造是采用此种改造再利用方式，因为投入成本小、改造难度低，只需要在原有的地形地貌上逐步恢复植被，种植大量的快速成长树木，矿坑便可通过地下水或者周边河流引入方式改造成自然湖泊。典型代表有上海辰山植物园，自 2010 年 5 月开园以来至 2023 年春，辰山植物园已累计接待游客逾 500 万人次，该植物园已成为上海市的一处新地标与城市名片。

商业改造即根据既有矿坑的地形特点，赋予独特的主题，打造成一个商业化的主题空间，如酒店、商场等，通过追求经济效益来实现对矿坑的修复。这类项目虽然投入成本高、风险巨大，但能最大化挖掘矿坑的商业价值，促进矿坑可持续性更新。例如，位于上海松江国家风景区佘山脚下天马山深坑内（原为天马人民公社的小横山采石场）的上海佘山世茂洲际酒店。该酒店是世界首个建造在废石坑内的自然生态酒店，目前该酒店盈利稳定。

工业文化植入即依托于矿山及矿坑本身具有的极大的工业历史价值，打造一个纯粹工业博物馆。在改造过程中一方面尽量保留原汁原味的矿山工业文化，新造的建筑要符合整个工业文化的氛围，融入整个遗产本体所在的环境中；另一方面则调动矿山既有的自然与人文资源与游客互动，增加项目的文化旅游属性，如采用矿车、小火车等工具，让游客们获得沉浸式体验。典型代表有坐落于捷克共和国摩拉瓦西里西亚州俄斯特拉发市兰德克公园内的俄斯特拉发矿业博物馆。

【本章案例 5】

捷克共和国俄斯特拉发矿业博物馆由俄斯特拉发最古老的矿井——安瑟伦矿改建而来，完整保留了过去的矿场、采矿基础设备以及采矿生活环境；博物馆的导游由退休矿工担任，向游客解释采矿方法、机器设备、矿山救援队以及矿工日常工作。游客可以进入矿山，接触到矿工更衣室、采矿大楼、船员浴室、灯室、登记室、机房、锅炉房等建筑和设备，还可以乘坐 20 世纪 60 年代的旧矿车。俄斯特拉瓦矿业博物馆是一处集学习教育、休闲娱乐为一体的遗产旅游景点。

五、桥梁

桥梁遗产是工业遗产的一个重要且特殊的组成，长期以来，桥梁是否属于工业遗产曾一度受到学界争议。从技术史的层面来看，第一次工业革命之前的桥梁，如中国河北的赵州桥、日本长崎的眼镜桥等，当然不属于工业遗产，但第一次工业革

命之后的钢结构或混凝土结构桥梁是当时人类工程技术特别是工业生产技术（如混凝土、钢材）的高水平呈现；而且部分桥梁本身还是铁路桥，由此可知，工业革命之后的桥梁类遗产应当属于工业遗产。

作为一个专有概念，“桥梁”是国际古迹遗址保护协会（ICOMOS）及其国际工业遗产保护委员会于 1996 年在《世界桥梁遗产报告》中首次提出的，但该报告并没有对“桥梁遗产”进行精确定义，而是列举了 122 座具有世界遗产潜质的桥梁。随着研究的深入，桥梁类工业遗产可做如下定义：工业革命以来人类桥梁建造活动的遗存，反映了人类在工业化不同阶段的桥梁建造能力，它们具有科技、历史、社会、文化或艺术方面的突出普遍价值。

根据使用状态，桥梁类工业遗产也可分为活态和静态两大类别。所谓活态桥梁类工业遗产是指那些仍然发挥桥梁原有或历史演进功能并且具有遗产价值的桥梁，如中国的武汉长江大桥、美国的布鲁克林大桥等，至今这些桥梁仍然具有跨水域的交通功能。静态桥梁类工业遗产则指已丧失或停止了原有功能的遗址型桥梁，如英格兰铁桥峡谷的乔治铁桥等。①

显而易见的是，相较于其他工业遗产，桥梁类工业遗产作为文旅项目的可开发性较低，因此，基于桥梁遗产开展工业遗产旅游时，在开发模式上往往不如其他工业遗产旅游丰富多样。但因桥梁遗产往往跨越山涧、水域、不良地质等，使其较其他工业遗产又多了几分宏伟壮观，观光旅游也因此成为桥梁遗产开发的常见模式。

从现有桥梁遗产旅游项目来看，利用桥梁遗产发展观光旅游的思路主要体现在两个方面：一是通过开展灯光（喷水）秀、增设桥梁博物馆，以及举办大桥音乐节、桥头堡市集等文化赋能方式，设置桥梁主题文旅项目，以提升桥梁遗产本体的影响力；二是围绕桥梁遗产本体，在桥梁沿线周边建造人行步道，完善旅游景区。通过增设城市舒适物的方式再利用桥梁遗产，便可以在不影响桥梁遗产交通功能的发挥、不损害桥梁遗产本体安全性的基础上充分利用桥梁遗产的文旅价值。

上述两种方面在原则上不存在排他性，因此既可以分别纳入不同的旅游规划，也可以同时纳入同一个旅游规划中，如武汉长江大桥的文旅开发便是一例。

---

① 万敏，黄雄，温义．活态桥梁遗产及其在我国的发展［J］．中国园林，2014，30（2）：39-43.

【本章案例 6】

武汉长江大桥是“万里长江第一桥”，毛泽东主席曾为之落成赋诗“一桥飞架南北，天堑变通途”。近年来，武汉市文旅部门着重打造“长江大桥文旅景观带”，不仅在多处设置有多层次的观景平台，方便游人从不同高度全方位观赏大桥及其周边景色，还在大桥沿线建造了供人们散步休闲的江滩步道，并与周围的大禹神话园、黄鹤楼、户部巷等共同构成一个完整的旅游线路，还通过“长江大桥灯光秀”“大桥渡江冬泳赛”“大桥快闪市集”等活动提升年轻人对武汉长江大桥的关注。此外，还开设“大桥抖音号”“大桥 @ 小红书”等平台，屡屡在自媒体领域“出圈”。“吃一碗热干面、爬一次黄鹤楼、走一遍长江大桥”逐渐成了年轻游客来武汉“打卡”的“基本动作”。

六、水工建筑遗产

水工建筑即水利工程建筑。人类治水用水源远流长，水工建筑遗产是人类征服自然、改造自然、利用自然的重要历史物证。广义的水工建筑遗产包括人类有史以来所有的水工遗产，狭义的水工建筑遗产指的是人类运用现代工程技术修建的水工建筑遗产，如埃及阿斯旺市的阿斯旺水利枢纽、中国宜昌市的葛洲坝水利枢纽等。本章节特指狭义的水工建筑遗产。

水工建筑遗产是工业遗产的一个重要门类，展现了当时人类最高级别的水利工程水平，从类型上说，包括土石坝建筑物、堤防建筑物、混凝土坝建筑物、水闸建筑物、泵站建筑物、水电站建筑物与渠系建筑物七类。

随着大量水工建筑遗产成为受到社会广泛关注的工业遗产，工业遗产旅游也成为水工建筑遗产重要的拓展功能之一。依托水利工程景观，发掘水工建筑遗产，发展水工建筑遗产旅游，是时代赋予水工建筑遗产的新使命，[①] 因而，开发利用水工建筑遗产逐渐成为近年来保护这类遗产的重要手段。它一方面增进了社会大众对水工建筑遗产历史价值的了解，形成保护水工建筑遗产的自觉；另一方面，也通过发展旅游促进了遗产地的可持续发展。从现有工业遗产旅游实践来看，目前基于水工建筑遗产开发的旅游，主要有博物馆模式与观光游览模式两种类型。

博物馆模式是指通过建立博物馆来开展水工建筑遗产旅游活动。这种博物馆通常

① 阚如良，黄进，周军，等.水利工程功能变迁及其遗产旅游开发［J］.资源开发与市场，2014，30(12)：1521-1524.

依托原址建立，如希腊阿卡迪亚省迪米萨纳的露天水利博物馆，它毗邻卢兹奥斯河，展示了数百个工厂利用卢西奥斯河谷的水力运作模式，并将它们与当地社会的历史和日常生活相联系。而观光游览模式与矿山、桥梁遗产旅游模式类似，即依托水工建筑遗产所处位置的自然风光，与遗产本体共同作为一个旅游目的地吸引游客。

【本章案例 7】

埃及阿斯旺水利枢纽包括阿斯旺老坝（又称低坝）与阿斯旺大坝（又称高坝），是人类最重要的水利工程遗产之一。为更好地保护再利用该水工建筑遗产，目前阿斯旺大坝顶部建有莲花状的大坝建成纪念碑与水利工程遗产广场，以及能容纳数千人的观景台。同时，当中还陈列了纳赛尔总统视察大坝时所乘坐的汽车以及建造大坝时的一些重要设备。近年来，埃及旅游局将参观阿斯旺水利枢纽作为“亚历山大港—开罗—阿斯旺尼罗河流域游览线路”的核心景观，每年吸引数十万人前来参观。

值得一提的是，放眼全球来看，现阶段水工建筑遗产旅游开发仍处于起步阶段，这既体现为开发总数不足，也体现为总体开发层次较浅，较依赖遗产本体的展示陈列。除了阿斯旺大坝等极少数工业遗产之外，目前多数未与周边或沿岸城市形成旅游项目的联动性。与此同时，现阶段水工建筑遗产的开发也面临一些现实问题。例如，由于过去加快城市化进程的需要，部分水工建筑遗产遭受严重损毁，致使开发水工建筑遗产旅游时存在巨大隐患。再如，由于水工建筑遗产地理位置大多位于郊区，往来交通不便、可达性较低，加之周边餐饮、住宿等旅游相关配套设施普遍存在严重不足的情况，影响当地的旅游接待能力等。相关不利因素确实致使开发此类工业遗产旅游项目的难度大大增加，因此未来开发此类工业遗产旅游项目时，需要重点考虑并解决以上问题，同时重视引入社会力量，从而充分发挥水工建筑遗产的旅游价值。

第二节　基于工业遗产群的旅游规划设计

工业遗产群是指多个工业遗产的连片或连带集合体。主要分为建筑物群与遗迹群。如果分布为带状则称工业遗产带。它们在形式上具有统一性，在体系上具有连贯性，在历史上有先承后继的特征，反映了工业技术及工业文化在同一空间内的沿革与发展，具有重要的学术价值。

工业遗产群一般有三种分布形式。第一种是在较小的空间内密集分布，其特征是业态基本单一，时间延续性较长，如中国的茅台酿酒工业遗产群。第二种是在较为广泛的区域内形成的颇具规模的遗产群，其特征是在时间上具有统一性，但业态相对多元，见证了某一历史时期的工业发展水平，如日本九州、山口近代工业遗产群与中国的旧直隶工业遗产群。第三种是根据特殊的地理、地质结构形成的工业遗产群，其特征是因运输路径与资源分布而形成，如长江流域工业遗产群等。

工业遗产群是重要的工业遗产旅游资源，往往能够形成规模化、大体量的工业遗产旅游项目，从而构建具有牵引意义的重大工业遗产文旅项目。依托工业遗产群开展的工业遗产旅游活动，往往投资高、规划设计复杂、日常运营成本大，但同时影响力与利润回报也更大，远远超过依托工业遗产点开展的工业遗产旅游活动。

就开展工业遗产旅游的现实状况而言，工业遗产群通常分为旧工厂群、工业遗产社区、工业遗产街区，以及铁路、公路等交通设施工业遗产等。

一、旧工厂群

不同于单体工业遗产建筑，旧工厂群往往是由两个或两个以上不同单体建筑组成的建筑群。这些建筑可以是同一个工厂在不同阶段的不同功能建筑遗存，如北京首钢园中的精煤车间、制粉车间、脱硫车间与制氧厂车间等；也可以是分布于同一片区域的同类型的不同工厂，如景德镇制瓷工业遗产群，其组成包括建国瓷厂、宇宙瓷厂、为民瓷厂、御窑厂遗址和雕塑瓷厂等，这些瓷厂皆位于景德镇市中心，共同构成了景德镇陶瓷工业景观。显而易见的是，无论是哪种类型的旧工厂群，都强调“共同”，即整体性。这就决定了在依托这类工业遗产资源发展工业遗产旅游时，必须立足于整体考量。

因此，立足旧工厂群整体发展工业遗产旅游大致有两种思路。一种是对于同一工厂的旧工厂群而言，将其改造为产业园区、公园等，如西安电影制片厂，这种类型在我国较为常见。

【本章案例 8】

西安电影制片厂是我国重要的电影制片厂，厂内现存的老办公楼、摄影棚、置景车间、洗印车间、学生宿舍等建筑是不同时期的重要电影工业遗存，它们共同构成了西安电影制片厂区现在的空间格局。2019 年，该厂启动电影主题工业遗产文化旅游改造项目，厂区被改造再利用为“西影 · 电影圈子”电影产业集聚区，里面每一单体建筑既作为博物馆、主题商店、咖啡厅等公共空间，与此同时，它们又共同组成了“西影 · 电影圈子”，作为一个整体吸引着游客的造访。

另一种则是对于不同工厂的旧工厂群而言，每一个旧工厂群既单独改造，但又受同一主题的牵引。这种类型在国外比较常见，如德国的鲁尔区工业遗产群。鲁尔区工业遗产群的再生与鲁尔工业区的治理紧密结合，通过一个区域性政策框架的制订——《埃姆歇公园 IBA 计划》（IBA Emscher Park）[①]，来实现区域的振兴。

【本章案例 9】

德国鲁尔区的《埃姆歇公园计划》覆盖了埃姆歇河流域 800 平方公里的巨大区域（包括 17 个城镇和 2 个行政区，共计 250 万人口），再生后得到的“区域公园”——埃姆歇景观公园面积达到 450 平方公里，其主体是由覆盖整个区域的自行车道系统、若干次级公园和游憩绿带构成。“区域公园”内部包括了北杜伊斯堡景观公园、关税同盟煤矿工业建筑群等，改造这些建筑群的模式也是多样的，如再利用为公共游憩空间、文化遗产展示空间以及商业办公空间等。虽然每一处建筑群的再生项目都是单独落实的，但其本质是在总体目标引导下实现渐进式的发展，由上述遗产群构成的“区域公园”作为一个整体品牌拥有着较单独建筑群更强的影响力，成为鲁尔区重要的工业遗产景观。

在一个区域间的旧工厂群中发展工业遗产旅游，尤其应强调区域合作。这是因为同一区域旧工厂群的相似性容易加剧旅游项目的同质化竞争。因此，除了发掘各自特色外，形成同一主题下但具有差异化竞争特征的特色旅游景观显得尤为重要，这一点在旅游规划中应当尤其注意。

① “IBA计划”是德国工业遗产旅游开发的一种规划方式，详见本书第七章第二节之“二、与工业遗产旅游有关的国外法律法规”下属“2. 德国与工业遗产旅游有关的法律法规”部分的介绍。

二、工业遗产社区

工业遗产社区是指工业化时期为满足工人居住与生活，依托工厂等工业设施建设的配套齐全、空间完整的工业居住区。这类工业遗产兴建于"一五"时期，当时国内沈阳、武汉、上海等工业城市仿照苏联模式，建设集医院、幼儿园、市场、居住区于一体的单位制工业居住区。就其全国分布而言，地理范围跨度较大，部分工业遗产社区甚至相当于一座城市或是一个县级城市行政区的面积。

随着时代的进步和国家发展战略的调整，这些社区正在逐渐老旧、衰落，但仍容纳了大量社区居民，因此，重振这类工业遗产社区对于提升当地居民生活质量、实现"人民城市"建设的"秀带"愿景具有重要意义。正如前文所述，工业遗产旅游在当中应扮演着重要角色。

与其他类型工业遗产不同的是，由于工业遗产社区表现出与居民生活的高度相关性，因此依托工业遗产社区开展工业遗产旅游时，尤其要考虑社区的实际需要。具体而言，主要体现在两方面：一是以社区配套的形式进行开发利用，完善社区基础设施，实现开展工业遗产旅游与提升居民生活质量二者的平衡，尤其要避免因开发利用造成的"绅士化"现象，要尽量促进"自我绅士化"的形成。二是在开发过程中重视社区居民的参与，集群智群力共建社区，以发挥依托社区自身发展而形成的文旅效应。

【本章案例 10】

NICE 2035 未来生活原型街位于上海市杨浦区四平路，前身是位于鞍山五村与公交新村之间的工厂社区，由同济大学创意学院与四平街道共同打造。项目实施过程中，一方面重视对街道居民的利益诉求的收集，并以此为改造更新的基本点。另一方面，又根据原有生活场景，增设了便于街道居民生活的基础设施，如开发出街区墙面的多种应用方式，为儿童增加攀岩、涂鸦等多种游戏场所，增设一些公共阅读箱、集中晾晒区等生活节点，增加绿化区域公共座椅，满足社区沟通的需求等。此外，为增加该项目的游客吸引力，还在道路上增加了不少趣味性、实用性、艺术性兼具的街道家具，如设置了狮子椅、热气球椅、"SIPING"字母座椅；运用地贴、趣味导览丝巾、道旗、导览地图与"Nice 四平小报"等形式，形成完整的导览体系。目前，NICE 2035 未来生活原型街已经成了上海地区重要的"网红打卡地"之

一。截至 2021 年，“谷歌”搜索中已经达到 27 万条相关记录，该街区在小红书、马蜂窝与微博等社交媒体平台上也经常亮相，已经快速地形成了文旅融合的聚集效应，是基于工业遗产社区发展工业遗产旅游的重要范例。

仍有居民生活在其中是许多工业遗产社区的一种现存状态。此外，也有小部分工业遗产社区因建成年份久远等原因被列为文保单位或古迹，因此其再利用方式也与前者存在一定的区别。例如，位于香港的大潭笃原水抽水站员工宿舍群，由分别建于 1905 年、1907 年及 1936 年的高级员工宿舍、员工宿舍及第 2 号员工宿舍组成。2009 年，该处宿舍群被列为古迹，且员工宿舍现已空置。因而在活化该宿舍群时，更多体现了一种历史的怀旧感，而非像 NICE 2035 未来生活原型街一般维持被称为“烟火气”的生活气息。可以说，基于类似这种工业遗产社区开展旅游项目时不但要考虑其文化价值、经济价值，更应考虑居民的满意度与实际需求。

三、工业遗产街区

工业遗产街区是一个比工业遗产社区在地理范围上更大的概念，一般拥有较为完整的工业生产与生活布局体系，不仅包括作为居住区的工业遗产社区，还包括生产区。工业遗产街区主要有两种类型：一是以某一单位工厂为街区核心的工业遗产聚集地，如长春第一汽车制造厂历史文化街区，它以长春第一汽车制造厂早期建筑为核心，包括厂房、住宅建筑 140 余座，以及 11 条历史街巷。二是由不同单位工厂的生产区和居住区共同组成，如河南洛阳涧西工业遗产街区。随着产业结构的调整与日趋深化的城市更新，许多工业遗产街区走向凋敝成为一种趋势，同时也形成了大量亟待开发的工业遗产旅游资源。

工业遗产街区一般具有占地规模巨大、主体建筑保存完好以及街区历史风貌特色鲜明等特征，因而在活化再利用工业遗产街区时，需要综合考虑上述特征，以形成街区特色鲜明的再生空间。从现有实践来看，对这些特征的考虑主要体现在三个方面。第一，对于规模庞大的工业遗产街区，其再利用往往是多种模式的混合，需要根据街区内部工业遗产特征，将其改造为文化创意街区、商业街区或公共文化空间等。第二，由于工业遗产街区的覆盖面较广，且保存完好，因而街区往往聚集了大量人口，完善街区的居住功能是工业遗产街区再利用的重要方面。第三，对于历史风貌特征鲜明的工业遗产街区，再利用时需要保留并彰显街区特色，如重点利用街区内部的典型建筑，与周边旅游资源配套开发，打造特色旅游线路等。此外，工业遗产街区作为一类特殊的大型工业遗产群，在发展旅游活动时同样要重视整体理念。

【本章案例 11】

河南洛阳涧西工业遗产街区位于洛阳市涧西区涧河以南，20 世纪 50 年代按照苏联模式规划设计，包含多处洛阳市“一五”期间的重点建设项目及配套生活区和科研单位，是国内典型的具有中华人民共和国成立初期苏联工业建筑风格的街区。涧西工业遗产街区沿着中州西路与建设路分布，以“南宅北厂”格局进行布局，自北向南依次为工业区、绿化隔离带、居住区、商业区以及科研教育区，形成了较为完整的工业生产与生活布局体系。街区背面主要为工业生产区，包含了厂房、厂区办公楼、厂前广场等工业空间，其中以中国第一拖拉机制造厂为中心，重点布局了洛阳铜加工厂、洛阳轴承集团、中信重工机械股份有限公司、河南柴油机集团、耐火材料厂等企业。街区南面为生活区，主要以街坊式进行布局，多为四层红砖房，主要包含了居民街坊和教育科研配套服务设施。在居住区和生产区中间有一条 5.6 公里的中央绿地，整个中央绿地呈带状分布，将生产区和生活区连接起来，使两个区域形成鲜明的对比。2009 年起，涧西区政府、洛阳市委市政府先后围绕工业遗产保护、建筑风貌和工业遗产旅游等方面议题对涧西工业遗产街区编制了一系列规划。在实施方案的指导下，开启了对涧西工业遗产街区的保护和开发。目前该街区成了河南省乃至全国重要的苏式工业建筑主题街区，也是规模最大的工业遗产旅游街区之一。

四、铁路、公路等交通设施遗产

交通设施遗产指具有重要价值的铁路、公路及其附属设施、场所环境等。随着经济社会的飞速发展，大部分传统交通设施，如铁路、公路，因难以适应日益增长的运输需求，逐步面临被关闭、废弃的境况。同时，城市人口增长、交通拥挤、用地紧张等问题的出现；加之当中绝大多数交通设施在我国工业化进程中发挥了重要的作用，具有历史、艺术、科学、社会等多元价值，是中国式现代化的重要缩影，如何利用这些废弃的交通设施遗产显然是重中之重。事实上不止中国，保护再利用这类交通设施遗产如今已成为世界各个国家的普遍共识，对于捍卫一个国家现代化历程中的共同记忆有着不可忽视的社会教育作用。

值得一提的是，本节中所提到的铁路、公路等交通设施遗产与第三节中将要论述的铁路、公路等工业遗产廊道存在一定差异，即规模远远小于工业遗产廊道。工业遗产廊道具有大型工业遗产群的特点，通常具有跨省市甚至跨国特征，而本节论及的交通设施遗产，则主要是指城市内部的小型遗产群。因体量的差异使得在处理这两类工业遗产时需要采取不同的对策路径，故在本节中单独论述。

从依托交通设施遗产开展的旅游活动现状来看，对于这种类型遗产的处理，主要有两种模式，即线性利用与空间织补。线性利用模式指充分利用铁路、公路的线性特征，将线路上的建构筑物组合在一起整体利用，将线路打造成小型工业遗产旅游线路或线性公共步道。

【本章案例 12】

始建于 1958 年的芭石铁路位于四川省乐山市，之后长期废弃。近年来地方政府为了发展旅游业，将该铁路改造为旅游专线，在改造再利用时充分整合了跃进站、蜜蜂岩站、老鹰嘴隧道、菜子坝站、仙人脚站、亮水沱景点、芭蕉沟、黄村井 8 个沿线工业遗产站点，借助仍可正常运行的客运蒸汽小火车，打造工业遗产旅游线路，被称为“工业革命在中国的绝版景观”。

类似于这类改造方案在欧美国家也较为多见，如位于美国纽约曼哈顿的高线公园，原来是修建于 1930 年的一条连接肉类加工区和三十四街的哈德逊港口的铁路货运专用线，后于 1980 年功成身退，现改建为独具特色的空中花园走廊。公园长达 2.3 公里，悬空近 8 米，纵贯 20 多个街区，作为铁路改造的典范，每年都吸引了 500 万名游客慕名来此，被誉为“纽约的新标志之一”。

线性利用对交通设施遗产保存现状要求较高，相较之下，空间织补模式则更加适用于截断式交通设施的再利用，解决了不同交通设施路段遗产状况不一的改造难题。同时，因空间织补模式在遗产区域改造中引入了公共文化空间，故加强了交通设施遗产与周边的联系，扩大了工业遗产旅游的效应辐射范围。具体而言，交通设施遗产的空间织补模式可分为如下三种类型。

一是整体保留活化，即将该路段所有设施与空间全部保留，在此基础上植入展示展览、教育科普等功能。这种尽可能保留的方式，对于历史文化价值较高的遗产本体而言，可以最大限度地延续其物质和精神价值的完整性，同时也增强了工业遗产保护与利用的可操作性。二是构件特色延续，即选取具有特色或标志的建筑物、设施的部分构件进行保留，如具有铁路时代特色的墙体、铁路钢轨、设备框架结构等，对其进行织补，或改造成艺术装置、景观小品，或进行艺术化抽象化加工，打造为特色符号元素植入空间中。三是文脉空间重塑，即选择遗址空间中典型的建筑物、构筑物，如铁轨、火车车身部件、站牌或公路的道路指示牌等，将其移动到新的地理位置并按原貌呈现。这种织补模式虽在一定程度上降低了文化空间的原真性，但这种模式在选址、设计、可达性上提供了更多操作空间。

线性利用与空间织补的差异，可以认为是“整体”与“局部”的差异，在具体的再利用实践中，线性利用模式与空间织补模式是同步选用、相辅相成的关系，而非对立割裂。如此，也可最大限度地扬长避短，既注重了遗产保护的整体性，又不失特色。

【本章案例 13】

新加坡铁道走廊的前身是马来亚铁路，建于 1903 年，全长约 24 公里，纵贯新加坡国土。2011 年，随着马来亚铁路被废弃，以“花园城市”为国家战略目标的新加坡政府，决定将其改建成可供人们休息的公共空间。该铁路在改造过程中时刻贯穿以下几大价值理念：一是公园设置主题分区和交会点；二是“绿色廊道”具有连通性；三是着重营造公共空间；四是与周边自然和城市景观融合。“将旧铁路变成一座线性公园”成为设计的核心价值归依。在这一系列理念的指导下，目前该公园已改造为 8 大主题区和 10 个社区活动交会点——专用于不同种类运动娱乐的地区，包括露天影院区、城市农耕区、瑜伽攀岩区、地下走道与骑行区等；同时还设有多处与主道路、居民区连通的入口，连接起不同住宅区、商务区，成为人们在不同社区中穿行的首选通道。此外，得益于这一改造项目，马来亚铁路周边也实现了焕然一新，绿色区域、人行小径、自行车道等，旧有的铁道很好地与周边城市景观融合在了一起。新加坡铁道走廊不仅给民众提供了一处亲近大自然、娱乐休闲的好地方，也成为新加坡的重要的旅游目的地。

第三节　基于工业遗产廊道的旅游规划设计

工业遗产廊道是遗产廊道的一种类型，是拥有工业文化资源集合的线性景观。遗产廊道是遗产区域类项目的早期形态，后成为遗产区域大类中专用于线性区域的一种模式。从结构上看，工业遗产廊道从工业遗产本体出发，逐渐向其周边的景观环境扩展，把遗产节点由点连接成线，从线扩展到面，多条工业遗产廊道构成了一个由许多线路相互交错的工业遗产网络系统，其中还可以有其他自然遗产、文化遗产等各种类型的遗产资源。

依托工业遗产廊道开展的旅游规划设计，是工业遗产旅游规划设计当中体量最大的设计方案，往往具有跨市、跨省乃至跨国的特征，通常这类方案并非由企业或某个机构主导，而是形成政府决策，由中央或地方政府下属相关机构牵头，依托区域、全国范围内甚至政府间的政策才可以促成。

一、工业遗产廊道的分类

从形态上看，工业遗产廊道属于连线工业遗产群的一种，它一般因为交通资源（如我国的沿长江工业遗产带）、矿脉（如德国鲁尔区）与工业生产流程（如“汉冶萍”工业遗产群）而存在。工业遗产廊道具有整体性，因此对工业遗产进行整体的保护与开发利用的同时，也要强调区域间资源的合作与交流。

工业遗产廊道不同于前面所提及的工业遗产群，具有明显的跨市、跨省、跨国的分布特征，因此，按规模还可将其划分为跨城市的小型工业遗产廊道、跨省域的中型工业遗产廊道与跨国的大型工业遗产廊道三种类型，基于上述不同规模类型的工业遗产廊道开展旅游活动，其规划方案也具有差异性。

二、跨城市的小型工业遗产廊道

跨城市的小型工业遗产廊道一般因矿脉等资源分布而存在，通常这类工业遗产廊道是因采矿、内河运输等生产方式而形成的工业生产聚集区。

这类聚集区往往面积有限，通常只跨城市或跨两省份之界，但内部工业遗产资源相对丰富密集，且呈现出同类型或上下游的特征，如均为采矿业或兼有采矿业、冶炼业与铸造业等，比较典型的案例有前文曾提及的德国鲁尔区。

鲁尔区曾是德国乃至世界最重要的工业区之一，这里集中了 5 个 50 万~100 万和 24 个 10 万～50 万人口的城市，并形成了多特蒙德、埃森、杜伊斯堡等著名的工业城市。20 世纪 70 年代以后，随着煤炭、钢铁等传统工业的衰退，鲁尔区的逆工业化趋势日益明显，与之俱来的是如何对待和处理大量废弃的工矿、旧厂房和庞大的工业空置建筑与设施等问题。在历经否定与排斥、迷茫、谨慎尝试、战略化等阶段后，鲁尔区决意通过工业遗产的旅游开发来处理工业废弃地和传统工业区衰退问题，从而达到区域复兴的思路。鲁尔区发展工业遗产旅游大致遵循两条准则：一是重视区域的整体性，通过由一体化的区域机构区域管理委员会 KVR（Kommunal Verband Ruhrgebiet）执行一体化的 IBA 区域计划、开发整合全区主要工业遗产旅游景点的“工业遗产旅游之路”线路等方式，来解决因地理位置邻近、资源类型相似而造成的同质化竞争问题。二是重视区域内部工业遗产的特殊性，因地制宜选择合适的开发模式，因而在 IBA 区域计划下又形成了多种开发模式，包括以亨利钢铁厂、措伦采煤厂和“关税同盟”煤炭—焦化厂等为代表的博物馆模式，以北杜伊斯堡景观公园、北极星公园等为代表的公共游憩空间模式，以及以位于奥伯豪森的中心购物区等为代表的与旅游购物相结合的综合开发模式等。[①]

类似鲁尔区这种跨城市的工业遗产廊道，既具有资源分布上的优势——地理位置较为集中，易进行整体开发，也具有资源分布上的劣势——因地理位置集中，易造成同质化竞争，因此，尤其需要处理好局部与整体的关系。此外，这类工业遗产廊道往往存在着严重的环境污染问题，特别是水土污染，需要以一揽子污染治理计划作为再利用以及开展旅游项目的前提。

三、跨省域的中型工业遗产廊道

跨省域的中型工业遗产廊道一般根据工业生产流程需要分布。一般而言，多为沿着江河湖海沿岸或大尺度铁路线而形成的廊道，这类廊道实际上多反映了一个国家工业化的进程，如美国五大湖区域的“锈带”工业遗产廊道、印度的加尔各答—维沙卡帕特南—金奈印度洋沿岸工业遗产廊道等，在我国，比较典型的则是长江沿

① 李蕾蕾.逆工业化与工业遗产旅游开发：德国鲁尔区的实践过程与开发模式［J］.世界地理研究，2002（3）：57-65.

岸“汉冶萍”工业遗产廊道。

“汉冶萍”工业遗产廊道即“汉冶萍公司”的工业遗产，主要由湖北武汉汉阳铁厂、湖北黄石大冶铁矿、江西萍乡安源煤矿三个部分组成，该公司是晚清洋务运动的产物，全称“汉冶萍煤铁厂矿有限公司”，是中国最早使用机器的钢铁联合企业。光绪十五年（1889年）春张之洞在两广总督任上，筹划在广州开办炼铁厂，同年调任湖广总督、筹筑芦汉铁路，决定办铁厂、铸铁轨，于是将铁厂移建汉阳，并添购英国、比利时等国机器、工料等，次年底在汉阳龟山脚下兴建；同时在湖北大冶开办大冶铁矿。光绪十九年（1893年）汉阳铁厂大致建成，计有6个大厂、4个小厂和2座炼炉。铁厂开办数年后，由于矿石和煤炭的质量问题，一直处于发展瓶颈期，于是特派德国矿师马克斯及赖伦前往湖北、湖南、江西、安徽各省调查。至光绪二十四年（1898年），在江西萍乡发现一大片煤田，其煤质适用于制铁，于是在萍乡挖煤井，主矿选址安源称安源山机矿。至光绪三十四年（1908年），盛宣怀将萍乡煤矿与汉阳铁厂、大冶铁山合并为一，成立“汉冶萍煤铁厂矿有限公司”，公司设在上海，由盛宣怀负责。中华人民共和国成立之后，几经辗转的“汉冶萍公司”收归国有，为武钢、大冶钢厂等企业的筹建起到了重要的基础作用。

但“汉冶萍”遗存不仅分布在武汉、大冶与萍乡这三个地区。当年为满足生产、运输需要，公司创办和收购了大量厂矿企业，这些企业多分布在长江、湘江沿线；在抗战期间汉阳铁厂也曾迁建到重庆大渡口。正是原料地、交通运输、劳动力与资本，以及其他地方性因素（土地、水、能源、环境等）等多个方面的影响，[①]造成了汉冶萍工业遗产群形成沿江工业遗产廊道的格局。

因而，对这类工业遗产廊道进行工业遗产旅游开发时，大致可采取两种路径。其一，选取主要的工业遗产，使之形成一个相对完整的品牌工业遗产旅游线路，从而按时间脉络呈现一段完整的工业历史，但这一路径对工业遗产的完整性要求较高，同时因资源的地理位置较为分散，区域间的协作尤为重要。其二，单独开发，与工业遗产周边环境形成联动互补效应。这不同于鲁尔区的单独开发模式——在区域一体化格局下进行，而更加注重工业遗产的在地性体现。汉冶萍工业遗产廊道的开发主要采取这一路径。2012年4月20日，湖北武汉、黄石，江西萍乡三市，签订了“武汉—黄石—萍乡”三地旅游合作协议，提出打造“汉冶萍”工业旅游精品

① 田燕.文化线路下的汉冶萍工业遗产研究［M］.武汉：武汉工业大学出版社，2013：93.

线，但截至2023年，相关工作仍在推进中。目前，武汉的汉阳铁厂已被开发为“汉阳造”文化创意园区，而黄石的大冶铁矿则成为黄石国家矿山公园的重要组成部分，萍乡煤矿的红色工业遗产旅游也粗具规模。尽管相关工作取得了一定成效，但旅游目的地之间的联系并不紧密，相关遗产之间的彼此配合仍然缺乏，其他相关工业遗产点的旅游开发程度也普遍较低。这也体现了跨省域工业遗产廊道与小型工业遗产廊道在开发工业遗产旅游活动时的难度与区别。

四、跨国的大型工业遗产廊道

跨国工业遗产廊道是人类工业遗产与共享文化遗产的一种类型，即同一个工业遗产位于两个或两个以上的国家或地区，也叫共享工业遗产。常见的跨国大型工业遗产廊道一般因矿脉、交通等资源分布而存在，之所以分布在两个或两个以上国家或地区的原因主要有两个：一是该遗产本体原本为一国所有，因为国境线发生变迁之后，在客观上成为多个国家共享的工业遗产，如德国与捷克共享的厄尔士/克鲁什内山矿区；二是该遗产本体最初作为工业项目时，就具有跨国属性，如坦桑尼亚与赞比亚共享的坦赞铁路、中国与越南共享的滇越铁路。

跨国工业遗产廊道资源分布与跨市工业遗产廊道资源十分相似，二者均表现出明显的集中性特征，因而在处理跨国工业遗产廊道这一类遗产资源时，同样需要国与国之间的合作，对工业遗产廊道进行整体性开发。例如，前面提及的厄尔士/克鲁什内山矿区，作为一个独立、完整的文化景观吸引了世界各地的游客。

【本章案例 14】

厄尔士/克鲁什内山矿区位于德国萨克森州和捷克共和国北波希米亚边境之间，长约95公里，宽约45公里。12~20世纪持续800年的采矿活动使矿山、水利管理系统、矿物加工、冶炼场地等得到传承，深刻影响了该地的文化。2019年7月6日，因其过去800年的采矿技术对整个采矿业的巨大影响，厄尔士/克鲁什内山矿区被列入联合国教科文组织《世界遗产名录》，共计22个遗址（17个在德国，5个在捷克），包括但不限于矿山、矿井、冶炼厂、矿道系统和历史古城。在对该遗址的文化产业开发上，无论是德国，还是捷克，均分别制定了一套全面的法律保护文书，同时，两个国家之间也共同制订了一个国际管理计划，对跨界缓冲区以及跨界管理的结构和组织办法等进行了规定。

第五章

我国工业遗产旅游发展历程及案例

【本章引言】

通过学习本章的内容，了解我国工业遗产旅游发展历程、演进特征与重要案例，着重探究我国工业遗产旅游区别于西方的独特发展路径。我国工业遗产旅游分三个时间阶段逐步演进，体现了我国独一无二的行业发展历程及其背后显著的时代特征。经过数十年的发展，众多优秀的工业遗产旅游项目在全国各地问世，本章将从中选取具有代表性的 20 个案例予以详细介绍。

【学习目标】

1. 认识我国工业遗产旅游的发展历程。
2. 掌握我国工业遗产旅游的演进特征。
3. 了解我国工业遗产旅游的重要案例。

第一节　我国工业遗产旅游发展历程

相较于欧美国家而言，我国工业遗产旅游起步较晚，但因我国具有丰富的工业遗产资源与较为扎实的旅游业基础，因此，我国工业遗产旅游具有“起步晚、发展快、成效大”的总体特征。至2023年，我国工业遗产旅游市场规模总量已经位居世界前列，旅游新业态各式各样，呈现出了多元化、前沿化、复合化的特征，为今后工业遗产旅游进一步发展，打下了重要的基础。

从发展历史上看，我国工业遗产旅游问世于20世纪末与21世纪初的世纪之交，先后经历了萌芽期、发展期与成熟期三个阶段。

一、萌芽期：20世纪末～2011年

20世纪与21世纪之交，人类进入城市更新、产业结构转型与经济发展的新阶段。如何处理遗留的大量工业遗产，成了全世界各工业国家普遍所面临的现实问题。英国、德国、日本与美国先后开展了工业遗产旅游项目，同时也引起了我国的关注。自此，以再利用为导向的工业遗产保护更新意识在我国日益兴起，工业遗产旅游也随之走上历史舞台。

1. 我国工业遗产旅游的先声

我国是工业遗产旅游后发国家，但从工业化的历程来看，我国虽未参与第一次工业革命，但基本上全程参与了以电力技术为核心的第二次工业革命，并领跑于以信息技术为核心的第三次工业革命。第一次工业革命相关工业遗产目前在世界上已经罕见，现存大量工业遗产主要为第二次工业革命以及第三次工业革命初期的工业遗产，就此而言，我国的工业遗产资源相对全面且丰富，理应有开展高水平工业遗产旅游的条件。

从历史脉络上看，依托工业生产场所进行旅游观光，自中华人民共和国成立之初，便已有之。当中一个很重要的原因在于，工业化被视作社会主义建设的重大成就，具有宣传中国共产党及中华人民共和国正面形象的重要作用。但这类观光常被称之为“参观”或“采风”，主要是邀请著名作家、画家或其他门类艺术家到重要工业城市、工矿企业寻找创作素材，以完成各级作协、美协等机构交办的宣传类创作任务。此外，还有针对民主人士、旧社会上层人士（如中华人民共和国成立前的少数民族地区领导人物、宗教领袖、旧政权官僚等）以及来华外宾的邀请参观活动，其目的是统战或外宣工作需要。

【本章案例 1】

中华人民共和国成立之初，南京化工厂在百废待兴中开启了艰苦创业的历程，在金陵城畔书写了一部中国精细化工的传奇。1958 年 1 月 1 日，南京化工厂正式更名为南京化学工业公司，成为我国第一家公私合营的化工企业。1964 年 11 月，为了参加第四届全国美展，江苏省国画院遵照江苏省委指示，以南京化学工业公司为题材，集体创作一幅反映江苏省工业建设成就的作品。该采风团由著名画家傅抱石、钱松喦带队，经过细致考察、多方调研之后，画家们绘制出了气势雄浑的国画《化工城》，这件佳作成为江苏省国画院集中最强实力予以体现画院风格的一幅代表作，也是一幅以中国画来表现现代工业题材的杰作。

当然，在当时的政治环境、经济条件与社会发展程度上，这类依托工业生产场所的“参观”，是极难对外的，更不可能向全社会普及，只能面向极少数人。正因此，在长时间的计划经济时代下，这类“参观”活动形成了一套固定的线路规划与接待标准。而且许多大型国有企业，如鞍钢、武钢等，还专门设有不同规格的招待所、宾馆等设施。相关制度、设施为日后开展工业遗产旅游活动，打下了一定的基础。

党的十一届三中全会作出把党和国家工作的重点转移到社会主义现代化建设上来的战略决策，确定以经济建设为中心，实行改革开放这一基本国策。因为开展招商引资、技术交流等相关工作的需要，部分企业专门成立了接待办公室，负责接待各地考察团等来访组织，在此基础上，商务接待、旅游观光等业态逐渐延伸开来。因此，与西方自工业考古学衍生出工业遗产旅游，再激励催生工业旅游的发展路径所不同的是，我国的工业遗产旅游，源自计划经济及市场经济初期的工业生产及服务社会的需要。

我国的工业旅游，源自 20 世纪末。彼时仅有少数实力强劲的企业自发组织开发工业旅游项目，多数以宣传企业品牌及拓展营收渠道为目的。以今日的眼光来看，当中一些项目确实属于工业遗产旅游。例如，青岛啤酒于 1998 年向国内公众开放，推出了“玉液浆青岛啤酒欢迎您”工业旅游项目；海尔集团 1999 年年初推出“海尔工业游”项目；同年，四川长虹集团对外开放生产线供游客参观；首钢集团 2000 年正式开展“钢铁是这样炼成的”工业旅游项目等。

然而，因早期工矿企业所承担的“参观”及“采风”活动底蕴过于深厚，形成了只重视工业先进性，而忽视工业遗产性的文化传统，这在一定程度上抑制了游客对于遗产的观光需求，导致工业旅游虽受重视，但工业遗产旅游却处于难被关注的尴尬境地。2000 年前，不仅供应方——政府、企业与旅行社很少留意到工业遗产的价值，作为需求方的大众也仍对彼时尖端、流行和前沿的科学技术企业更感兴趣，现代工业企业的势头远大于传统手工业与近现代工业遗产等具有“怀旧”属性的工业旅游市场。

与此同时，20 世纪 90 年代，中国城市进入以更新再开发为主的发展阶段，而旧城更新的主要对象就是产业类历史建筑与地段。① 尽管此时社会层面尚未形成工业遗产的概念，但原有的工业所属划拨土地开始通过置换，实现功能性调整，已经涌现出少数创造性转换的案例。一方面，老工业建筑得到了一定程度的重视与改造。例如，1994 年，北京手表厂被改建为北京双安商场，实现了产业结构的升级；1995 年，上海四行仓库成立“八百壮士英勇抗日事迹陈列室”，用以纪念抗日战争，彰显出工业遗产地的历史价值；1999 年，北京外研社印刷厂改建办公楼的举措，呈现出了工业厂房建筑构造与功能适配的现代化。另一方面，大量工业遗产却在城市更新的浪潮当中横遭拆毁，造成了大量工业建筑遗产的毁灭。

总的来说，2000 年前，我国工业旅游实践集中于生产性景观，如大规模的工业建造基地、大型国有工业企业、科技园和高新技术开发区的观光等。部分工业遗产虽然得到了一定程度的再利用，但与开展旅游活动无关。相反，由于全社会甚至包括工业旅游领域对工业遗产的遗产性认识不足，导致我国工业遗产旅游在 21 世纪之前一直未能真正问世。

2. 从工业旅游到工业遗产旅游

就目前我国“工业遗产旅游”这一概念当中的“工业遗产”而言，主要涉及的是狭义上即鸦片战争以来的近现代工业遗产，② 共分为三类。其一是中华人民共和国成立之前建立和发展起来的工业，包括晚清以来的官僚、外资与民族工业，中国共产党局部执政时期的苏区、解放区的工业；其二是中华人民共和国成立之后至改革开放以前、计划经济体制下的工业，以“大、小三线”建设时期为显著案例；其三是改革开放之后到现在 40 多年来市场经济体制下的工业体系。

事实上，自 20 世纪 80 年代起，相关机构就陆续开展了传统手工业旅游，如景

① 王建国，蒋楠．后工业时代中国产业类历史建筑遗产保护性再利用［J］．建筑学报，2006（8）：8-11.

② 刘琼．工业遗产将有保护规划［N］．人民日报，2006-04-19（011）．

德镇陶瓷、苏州刺绣等。但需要注意的是，以上传统工业遗产旅游本质上仍以文化遗产、观光休闲为主题，相关遗产隶属前工业时期或工业萌芽时期，作为工业生产的价值特性却并不突出。

我国真正意义上工业遗产旅游的兴起，则源于21世纪初期，当中一个很重要的原因就是社会各界工业遗产保护意识的普遍生发，再加上工业旅游迈向体系化与规范化，在工业遗产保护再利用理念的“西风东渐”下，社会各界逐渐意识到工业遗产的保护利用工作刻不容缓。

在21世纪之初，先一步诞生的工业旅游与后来的工业遗产旅游走向结合，国内对工业遗产旅游的关注度开始提高，其中以酒业遗产、茶业遗产、盐业遗产等在中国有着悠久生产历史的行业为代表。不少企业反应机敏，选择以工业遗产旅游开发带动品牌发展。例如，成都全兴酒厂，毅然卖掉“四川全兴足球队”的冠名权，把资金投向工业遗产保护和建设，策划修建“水井坊遗址博物馆”。除此之外，2004年国家旅游局公布了103家首批工业旅游示范点，也进一步提高了工业遗产旅游开发的社会关注度。

与此同时，迈入21世纪，我国城市化进入高速增长阶段，这一时期旧城改造与新区开发协同推进，城市更新进一步强化了城市资源的优化配置，“退二进三”趋势更为显著。我国上海、北京、广东、天津等传统发达工业城市在城市旧区改造、历史街区更新、产业用地置换与更新的过程中，率先感知到工业遗产的存在价值，开始实施规划保护。

上海作为我国20世纪最重要的工业基地，拥有大量工业遗存，在工业遗产旅游工作中长期走在全国前列。20世纪90年代末，上海市政府有关部门重点调查了杨树浦工业区和苏州河两岸的工业遗产资源。在2000年左右，苏州河畔的废弃厂房、仓库，由艺术家们租赁改造为艺术工作室，继而在政策支持下转型为创意产业园，为后来上海开展工业遗产旅游打下了重要的基础。在开展工业遗产旅游工作中与上海齐头并进的则是广东。2001年，由粤中造船厂旧址改造而成的中山岐江公园正式落成，合理地保留了原场地上最具代表性的植物、建筑物和生产工具，运用现代设计手法对它们进行了艺术处理，被认为是国内城市建设工业遗产公园的起始点。而2004年依托深圳“东部工业区”改建的“华侨城OCT-LOFT创意园区”则标志着深圳从以“三来一补”为支柱产业的工业城市转向了以文旅产业为支柱产业的国际都市。此外，首都北京也在21世纪初开启了工业遗产保护更新的工作，在社会各界的努力下，北京市政府相关部门对718联合厂、首都钢铁公司、东郊纺织城等作为北京工业化阶段重要历史遗迹的大型企业旧址进行保存改造。现如今718联合厂已成为闻名遐迩的“798”艺术区。在顶层设计上，为了保护工业遗产，促进矿产地经济社会可持续发展，国土资源部于2005年开始设立中国国家矿山公园体系。在有相关政策支持以及先进的经验在前的背景下，全国各大中小型工业城市纷纷开始“试水”，加入工业遗产保护再利用的城市队列。

2000~2006年是我国从工业旅游转向工业遗产旅游的重要历史阶段，也是工业遗产旅游萌芽期的关键期。尤其是2003年《下塔吉尔宪章》的颁布，以及2005年国际古迹遗址理事会在我国西安成功举行第十五届国际古遗址大会全体会议，该会上确定了2006年“4·18”国际古迹遗址日活动的主题——重视工业遗产，提高对其价值的认识，对工业遗产采取保护措施。“工业遗产”这一概念在国际上已达成共识并逐步在我国传播推广开来。

除了上述在21世纪初诞生的且于今日看来是工业遗产旅游的案例代表，随着工业遗产概念的逐步普及，工业遗产保护更新的实践案例也开始打破过去单一化的改造路径，走向多元化更新模式。2003年，天津玻璃厂改造为万科水晶城运动会所，青岛啤酒博物馆正式开馆；2004年，上海的汽车制动器公司旧厂房改造为“8号桥创意园区”，美国通用电气公司上海电机辅机厂则被打造成上海滨江创意产业园；2005年，上海江南制造总局被改造为“2577”创意大院，武汉汉阳铁厂旧址被改建为张之洞与汉阳铁厂博物馆……上述主要集中于我国大型城市的工业遗产改造案例，以更为丰富的功能转换形式，为后续各地工业遗存的处理方式提供了多元参考模板，进而助力了我国工业遗产旅游市场基础的逐渐成形。

毋庸置疑，工业遗产旅游于我国兴起，既是时代发展与我国独特国情所共同促就的结果，也与社会各界的多方积极参与密不可分。进入21世纪之后，工业遗产概念在我国逐步明晰并普及，为工业遗产旅游从工业旅游中逐步脱离并演变成独立的旅游体系打下了重要基础。

3.《无锡建议》之后

2006年以前，我国各地工业遗产旅游开发尚处在论证阶段，工业遗产改造相关实践停留在社会层面的自发式行为，通过政府主导规划而落地的项目并不多见。

2006年4月，首届中国工业遗产保护论坛在江苏无锡召开，通过了中国工业遗产保护具有宪章性的首部文件——《无锡建议》。同年5月，国家文物局印发《关

于加强工业遗产保护的通知》，提出要加强工业遗产的普查、保护、管理和利用。自此中国工业遗产的保护与再利用工作正式进入政府主导的实质性发展阶段。正因如此，2006年成为我国工业遗产旅游历史的一个关键节点。

2007年，有观点指出，“（当时）我国工业遗产旅游还仅仅停留在学术研究范围内，实践上几乎是空白”。① 可以说，在《无锡建议》颁布之前，尽管我国工业遗产保护与再利用领域已涌现出一批有一定代表性的项目，但工业遗产旅游似乎仍停留在较为粗浅的层面，或者并未将工业遗产与工业遗产旅游从理论到实践予以深入地结合。

2007年4月，第三次全国文物普查工作正式开启，天津市、江苏省、湖北省等相继启动了工业遗产的普查、保护工作。与此同时，越来越多的学者投身于保护工业遗产以及对工业遗产进行改造更新再利用的研究上来，工业遗产旅游这一重要研究方向也应运而生。2011年年底，全国各地陆续结束了“三普”工作，以辽宁省为例，全省各地相继确认登记了160多处工业遗产，并对工业遗产的分布及门类进行了详细划分。工业遗产的及时盘查、清点与立档，为全国工业遗产旅游的普遍性开发奠定了坚实的基础。

2003年，中共中央、国务院正式印发了《关于实施东北地区等老工业基地振兴战略的若干意见》，指出我国东北地区资源枯竭型城市亟须进行经济转型和形象更新。2007年年底，国家发展改革委、国土资源部、国务院振兴东北办会同财政部等单位完成《我国资源型城市和资源枯竭城市界定研究》，公布了首批12个资源枯竭城市：阜新、伊春、辽源、白山、盘锦、石嘴山、白银、个旧（县级市）、焦作、萍乡、大冶（县级市）和大兴安岭。随着2007年12月18日《国务院关于促进资源型城市可持续发展的若干意见》出台，资源枯竭型城市的转型问题成为热议话题。

自此，学界开始尝试将工业遗产旅游的开发理念引入资源枯竭型城市的转型中，针对东北地区，尤其是辽宁省的实证研究居多。2007年之前，中国社会科学院旅游研究中心曾对中国最大的露天煤矿——阜新海州露天矿展开调研，旨在以工业遗产旅游开发带动城市产业迭代与环境优化。2007年，海州露天煤矿国家矿山公园正式破土动工，作为全国首个工业遗产旅游示范区，标志着我国工业遗产旅游开发

① 戴学峰. 2007年中国旅游发展分析与预测［M］//李炯华. 工业旅游理论与实践. 北京：光明日报出版社，2010：107.

也从单一建筑的创意改造，走向以整体性规划打造促进区域均衡发展的统筹模式。在我国工业遗产旅游的实践上，阜新无疑起到带头示范作用，是政府在宏观规划视角下，有目的性地布局工业遗产旅游项目的开端。这为我国工业遗产旅游增添了更为强劲的发展生机。此后，东北地区不断加紧布局工业遗产旅游开发工作，以加速资源枯竭型城市的社会转型。2008 年相关数据显示，全国共有 345 家工业企业成为国家工业旅游示范点，东北共有国家工业旅游示范点 41 家，其中有工业遗存的为 22 家。

以吉林省为例，省内存有及潜在的、主要产生于中华人民共和国成立以后的工业遗产，数量比例高达 92.86%。吉林省对评选为“国家级工业旅游示范点”的单位予以重点关注，进行了相应的旅游开发。例如，丰满水电厂和长春第一汽车制造厂建立了博物馆；通化百年老厂“大泉源酒业”作为吉林省唯一拥有“双遗产”和“国家级非物质文化遗产”荣誉的企业，被开发成为著名的工业旅游景点。这一时期，工业遗产旅游成为东北资源枯竭型城市转型的重要抓手，且呈现出工业旅游与工业遗产旅游高度结合的开发态势。

不仅仅是东北地区，以 12 个资源枯竭型城市为代表的全国老工业城市，在这一时期尝试抓住开展工业遗产旅游这一历史机遇，大力促进城市可持续更新。2006 年，湖北黄石大冶铁矿规划修建湖北省黄石国家矿山公园，并将大冶铁矿旧址改建为湖北黄石国家矿山公园大冶铁矿博物馆；2007 年，吉林白山通钢集团板石矿业公司整修为吉林省白山板石国家矿山公园；2009 年，辽宁阜新海州露天矿国家矿山公园正式开园；2010 年，在吉林泰信采碳所及煤矿遗址上修建起了吉林省辽源国家矿山公园。随着 2010 年国土资源部公布 33 家入选第二批国家矿山公园的单位，资源枯竭型城市以国家矿山公园为主要承载体的工业遗产旅游市场已逐渐成形。

在同一时间，我国的超大及特大城市在工业遗产旅游的开发上则呈现出另一番面貌，这是基于高能级城市对当时世界各大型城市“创意产业之风”所具有的敏锐嗅觉。2005 年，深圳市出台《中共深圳市委深圳市人民政府关于大力发展文化产业的决定》；2006 年，《北京市促进文化创意产业发展的若干政策》中提到“鼓励盘活存量房地资源……工业厂房、仓储用房……存量房地资源转型兴办文化创意产业”；2008 年，上海市印发的《上海市加快创意产业发展的指导意见》也借用了北京这一政策中的表述。

自《无锡建议》出台至 2011 年的六年间，文化创意产业几乎与工业遗产同频共

振，两者彼此共兴、相辅相成，工业存留地作为城市存量房地资源，加之独特的价值属性，成为兴办这一新兴产业的绝佳选择。由此，北京、上海、广州、天津、成都、武汉、青岛、西安等发达城市，均呈现出文化创意产业与工业遗产紧密结合的改造趋势。北京石棉厂改建为718传媒文化创意园（2007年）、天津英国怡和洋行仓库改造为天津6号院创意产业园（2007年）、上海工部局宰牲场改造为1933老场坊（2007年）、青岛国棉一厂厂房改造为“红锦坊”艺术工坊（2009年）、武汉鹦鹉磁带厂改造为汉阳造文化创意产业园（2009年）、成都红光电子管厂改造为成都“东郊记忆”（2011年）等。上述创意产业园一经媒体宣传与网络推广，立刻被赋予了旅游目的地的属性，在游客吸附力上甚至不输给传统的名胜古迹，成为我国工业遗产旅游体系的个中代表。

【本章案例2】

“爬长城、逛故宫、吃烤鸭”曾是外地游客去北京的“三件套”。2008年，“798”艺术区与长城、故宫等一起成为奥运接待场地之一，特别是因为国际奥委会前主席萨马兰奇等人的到访，使得“798”艺术区成为北京的一张文化旅游名片。“爬长城、吃烤鸭、逛798”，成了当时的流行语。

与此同时，北京、上海、广州、深圳等特大城市，因承接国际赛事或会展，进一步推动了工业遗产用地的更新利用，并且借助事件热度拉动本地工业遗产旅游的关注增长。作为大事件引导下的工业遗存更新典型案例之一，上海世博园区及辐射区域在2010年上海世博会举办前后发生了华丽蜕变，黄浦滨江工业片区在政府主导下进行了大规模的工业遗产更新计划，很快拉开了上海工业遗产旅游乃至城市遗产旅游的大幕。

自2006年起，我国各地政府逐渐加强对工业遗产的普查、保护及开发力度，工业遗产保护更新再利用活动逐步由民间行为向政府规划转移，政府引导支持、市场化运作的实践方式逐渐普及。老工业基地与资源枯竭型城市因生存而倒逼的“从‘有烟工业’到‘无烟工业’”的可持续转型和大型城市的“文化创意产业＋工业遗产旅游”为全国工业遗产旅游树立起截然不同又旗帜鲜明的两根标杆。但总体来说，这一时期，我国工业遗产旅游开发工作仍处在起步阶段，在产业结构转型与城市更新的浪潮中，对于工业遗产的毁坏行为仍常有发生。即使拥有良好的改造案例，传统工业城市对工业遗产旅游的推介力度与认知水平也相差较大，[①] 对工业遗产“拆”与“保”的争议仍然普遍存在。

二、发展期：2012~2018 年

2012 年，党的十八大报告指出，要坚持走中国特色新型工业化、信息化、城镇化、农业现代化道路，推动信息化和工业化深度融合、工业化和城镇化良性互动、城镇化和农业现代化相互协调，促进工业化、信息化、城镇化、农业现代化同步发展。[②] 进入中国特色社会主义新时代，经济的供给侧结构性改革加快，产业升级与城市转型也进入了快车道，新业态、新模式、新消费也备受社会各界关注。

在此背景下，以“退二进三”为总体目标的工业遗产旅游成为各级政府去除低端及无效存量、提高中高层次增量的一条实施路径。在中央顶层设计的支持下，各级政府与各部门大大提高了社会对于工业遗产旅游的重视程度与开发力度。

1. 党的十八大精神促进工业遗产旅游快速发展

在党的十八大重要精神的指引下，土地制度、城市规划、旅游政策与工业遗产理论发生新的时代变革，上述变革进一步为工业遗产旅游市场格局催生了新的变化。

（1）土地使用制度的转变是工业遗产旅游发展的制度前提。2008 年，国务院办公厅曾发布《国务院办公厅关于加快发展服务业若干政策措施的实施意见》，该文件提出：“积极支持以划拨方式取得土地的单位利用工业厂房、仓储用房、传统商业街等存量房产、土地资源兴办信息服务、研发设计、创意产业等现代服务业，土地用途和使用权人可暂不变更。”[③] 这是中央政府对划拨工业用地可以在不改变用地权属的情况下变更用途的明确表态。

在此之前，根据 1998 年颁布的《国有企业改革中划拨土地使用权管理暂行规定》，允许国有企业对占用的划拨土地根据自身情况，进行不同处置。主要有四种

---

① Xueke（Stephanie）Yang.Industrial heritage tourism development and city image reconstruction in Chinese traditional industrial cities：a web content analysis［J］.Journal of Heritage Tourism，2017，12（3）：267-280.

② 中国共产党第十八次全国代表大会文件汇编［M］. 北京：人民出版社，2012：19.

③ 国务院办公厅. 国务院办公厅关于加快发展服务业若干政策措施的实施意见［EB/OL］. https://www.gov.cn/zhengce/content/2008-03/28/content_4004.htm，2008.3.28.

形式：直接拆除、国企参与民企主导、国企主导、原有企业主导。十年间，不同工业遗产改造项目如雨后春笋般令国人耳目一新。而2008年土地管理政策的出台，则进一步推动划拨用地利用与发展现代服务业相结合。自此，由工业遗产改造而成的创意园区，在除北京、上海以外的其他典型城市遍地开花。

2012年，党的十八大报告还指出，“深化国有企业改革，完善各类国有资产管理体制，推动国有资本更多投向关系国家安全和国民经济命脉的重要行业和关键领域，不断增强国有经济活力、控制力、影响力”。[①] 这进一步鼓舞了国有企业将所属工业用地向文旅产业等新兴产业过渡的信心。

2014年3月27日，国土资源部第1次部务会议审议通过《节约集约利用土地规定》，再次强调盘活存量土地的重要性，并提出“鼓励土地使用者在符合规划的前提下通过厂房加层、厂区改造、内部用地整理等途径提高土地利用率。在符合规划、不改变用途的前提下，现有工业用地提高土地利用率和增加容积率的，不再增收土地价款”。这一政策无疑对城市中心区划拨工业用地再利用模式的发展趋势产生新的巨大影响。据不完全统计，2019年以前，我国有近30亿平方米的存量空间。城市建设也已从先前的大拆大建、拆旧建新，向功能重塑、产业重构、文化传承、民生改善过渡。工业遗产更新实践作为城市更新与转型的创新举措，引起政府及社会各界的高度重视。基于此，工业遗产旅游的承载实体也正源源不断地在市场上涌现。

（2）城市高质量发展及旅游政策的迭代是工业遗产旅游发展的时代动力。2014年3月，国务院发布《关于推进城区老工业区搬迁改造的指导意见》，标志着我国城市发展正式进入“退二进三”进程，大量遗存的工业弃置地使老城区成为城市“衰败区”，这也直接成为工业遗产更新发展的内生动力。

2014年8月，《国务院关于促进旅游业改革发展的若干意见》颁布，提出“支持各地依托自然和文化遗产资源、大型公共设施、知名院校、工矿企业、科研机构，建设一批研学旅行基地”，以及“进一步细化利用荒地、荒坡、荒滩、垃圾场、废弃矿山、边远海岛和石漠化土地开发旅游项目的支持措施”。这是国家顶层设计当中最早对有关工业遗产旅游予以支持的明确表述。

① 全国人民代表大会.胡锦涛在中国共产党第十八次全国代表大会上的报告［EB/OL］. http://www.npc.gov.cn/zgrdw/npc/bmzz/llyjh/2012-11/19/content_1992274.htm，2012.11.19.

2016 年 11 月 28 日，国家旅游局发布的《全国工业旅游发展纲要（2016~2025 年）（征求意见稿）》提出，“到 2025 年在全国创建 1000 个以企业为依托的国家工业旅游示范点，100 个以专业工业城镇和产业园区为依托的工业旅游基地，10 个以传统老工业基地为依托的工业旅游城市”。这是我国首部关于“工业旅游”的全国性规划纲要，反映了国家在旅游发展的顶层设计上，将工业旅游提到了前所未有的新高度。

2016 年，工业和信息化部以促进工业文化发展为目的推出《关于推进工业文化发展的指导意见》和《关于开展国家工业遗产认定试点申报工作的通知》，在全国范围内开始国家工业遗产的审核申报试验，这是国家层面首次单独对工业遗产有实质性的保护推动，标志着工业遗产保护走上一个新台阶，也是我国工业遗产旅游领域的里程碑事件。

2017 年 11 月，在湖北黄石召开的全国第二届工业旅游创新大会上，根据《国家工业旅游示范基地规范与评价》行业标准，国家旅游局评选出 10 个国家工业遗产旅游基地，包括湖北省黄石国家矿山公园、吉林省长春市长影旧址博物馆、上海国际时尚中心、四川省成都市东郊记忆景区等多元业态的工业遗产旅游项目。[①]

2018 年，工业和信息化部印发《国家工业遗产管理暂行办法》，从认定程序、保护管理、利用发展、监督检查等方面，对开展国家工业遗产保护利用及相关管理工作进行了明确规定。同年，国家旅游局办公室印发的《全国工业旅游创新发展三年行动方案（2018~2020）》指明，计划到 2020 年全国推出 100 家工业旅游示范基地、工业遗产旅游基地。

2012~2018 年，以国务院办公厅、工业和信息化部、财政部、国家旅游局等中央政府部门所颁发的一系列政策文件为基本遵循，各地方纷纷出台相应的配套指导文件与适地举措。这一时期，工业遗产改造项目进入科学规划、分类管理、有效保护、合理利用阶段，政策体系的初步构建，极大地推动了工业遗产旅游在我国的规范管理与快速推进。

（3）学术力量的壮大是工业遗产旅游发展的智力支撑。在学术领域，2012 年历史文化名城委员会在杭州召开工业遗产保护研讨会并发表《杭州共识》，同年国际

---

① 文化和旅游部. 关于推出 10 个国家工业遗产旅游基地的公告［EB/OL］. https://zwgk.mct.gov.cn/zfxxgkml/zykf/202012/t20201213_919264.html，2017-11-21. 访问日期：2023 年 6 月 24 日。

工业遗产保护委员会在台北举办第15届会员大会并通过了《亚洲工业遗产台北宣言》，宣言突出了亚洲工业遗产有别于其他地区的特殊性。2013年中国城市科学研究会历史文化名城委员会工业遗产学部成立。2014年中国文物学会工业遗产委员会成立。2015年中国科技史学会工业考古与工业遗产研究会成立。

彼时，学界基于国内外成功案例，对工业遗产旅游开发模式进行了总结分析。总体而言，以李蕾蕾为代表的国内相关学者的观点成为认识工业遗产旅游的理论基础，即将工业遗产旅游开发模式分为几种类型：博物馆模式、公共游憩空间模式、与购物旅游相结合的综合开发模式和区域性一体化模式。①

2012年以来，从不同学科视角介入成立的学术组织、工业遗产领域著作文献的爆发式增长，以及行业共识性观点的达成，都为工业遗产更新实践的广泛传播与科学规划奠定了基础。在多方因素的共同加持下，进入新时代，我国工业遗产旅游市场格局已逐渐明晰。

2. 扎根社会实践，基于先前案例，工业遗产旅游模式的多元化格局逐步成型

在中国特色社会主义新时代，发展出了不同于西方并展现出中国风格、中国气派的中国工业遗产旅游体系。但需要注意的是，关于何谓“工业遗产旅游”，长期缺乏一个明确的定义，相关论述仍然主要体现在有关政策中。如2017年，国家旅游局评选出10个国家工业遗产旅游基地，其中包含了国家矿山公园、博物馆、时尚综合体、文化创意园区、工业产业园、开放式文化公园等几种产业形态。2018年，工业和信息化部印发《国家工业遗产管理暂行办法》，其中有三条信息涉及工业遗产旅游。一是“支持有条件的地区和企业依托国家工业遗产建设工业博物馆，发掘整理各类遗存，完善工业博物馆的收藏、保护、研究、展示和教育功能”；二是“支持利用国家工业遗产资源，开发具有生产流程体验、历史人文与科普教育、特色产品推广等功能的工业旅游项目，完善基础设施和配套服务，打造具有地域和行业特色的工业旅游线路”；三是“鼓励利用国家工业遗产资源，建设工业文化产业园区、特色小镇（街区）、创新创业基地等，培育工业设计、工艺美术、工业创意等业态”。②

上述三点，为截至2018年国家层面对于“工业遗产旅游”最直接的阐述性定

---

① 李蕾蕾.逆工业化与工业遗产旅游开发：德国鲁尔区的实践过程与开发模式［J］.世界地理研究，2002（3）：57-65.

② 工业和信息化部.工业和信息化部关于印发《国家工业遗产管理暂行办法》的通知［EB/OL］.https://www.gov.cn/gongbao/content/2019/content_5366487.htm，2018-11-05.访问日期：2023年6月24日。

义，充分展现了其复杂性与特殊性。其中，既提到了工业博物馆、文化产业园区、特色小镇（街区）、创新创业基地、工业旅游线路等的旅游载体，也提到了工业设计、工艺美术、工业创业的旅游业态。2012 年之后，尽管政界、学界、业界对于工业遗产旅游的具体形式仍处于众声喧哗的局面，但又万变不离其宗，即建构出符合中国国情的工业遗产旅游体系。

值得一提的是，目前我国工业遗产旅游中已成类的主题旅游、度假旅游、线路旅游与沉浸式旅游四大类别，正是在 2012~2018 年期间粗具规模并形成大致格局的，呈现出了工业遗产旅游在发展期呈现出的供给多样化特征。

首先是主题旅游的问世。2012~2018 年，“主题旅游”逐渐在工业遗产旅游体系内形成，当中一个很大原因在于，地方政府开始重视工业遗产旅游，并将其视作是打造地域文化品牌、构建地方特色文化景观、促进当地城市有机更新的重要路径。

例如，2013 年，江西省景德镇市开始实施陶溪川文创街区项目改造，实现了以陶瓷工业文化为内核，集艺术创意交流、特色文化旅游、网红直播基地等业态为一体的文旅综合体的打造，在现代化商业运营中凸显传统工业文化，很快成为国内知名工业遗产旅游目的地；2015 年，位于湖南省长沙市的湘江欢乐城冰雪世界项目正式启动，这是长沙市政府对坪塘老工业区进行城市修复的一次创举，建成后，依托矿坑的独特地理形貌，构建了欢乐雪域和欢乐水寨两大核心游乐项目，使其从“城市伤疤”摇身一变为“城市乐园”；2017 年，作为“三线”工程重要遗存的甘肃省天水市长城控制电器厂被改造为天水市工业博物馆，借助老厂区留下的不同时期的建筑和工业设备、生产工艺、档案资料，游客能够深刻体会到一代人扎根西北、无私奉献的优秀品德。

“主题旅游”在这一阶段的问世，反映了工业遗产旅游进入了一个新的发展阶段，即得到了在地性的发展，地方政府开始重视工业遗产保护更新再利用所带来的社会及经济效益。

其次是度假旅游的出现。2013~2018 年，我国经济增长平均速度达到 7%，在世界主要经济体中保持领先，持续成为推动世界经济增长的动力源。2018 年，我国 GDP 达到 990309 亿元，接近 100 万亿元，人均 GDP 按年平均汇率折算达到 9938 美元，意味着我国经济发展不断迈上新台阶。产业结构持续优化，2018 年我国第三产业比重达到 53.3%，比 2013 年提高了 6.4 个百分点。

在经济高速增长的大背景下，久居城市的人们选择去郊外度假成了一种新的风尚，这直接带动了工业遗产旅游的发展。以位于湖北省宜昌市的“809 三线军工小镇”为例，2016 年该旧址由宜昌交旅集团投资改造，目标是打造为宜昌市郊的工业旅游度假区，目前该项目取得了较好的社会与经济效益。与此同时，工业遗产逐渐作为一种旅游市场的新兴概念，受到了部分企业的青睐，一批高质量度假产品正在诞生。2018 年，上海佘山矿坑酒店的建成，曾被誉为“中国工业遗产旅游的奇迹”；此外，在国内外享有盛誉的还有位于广西桂林的阿丽拉阳朔糖舍度假酒店。

【本章案例 3】

坐落于山水甲天下的广西桂林、总投资额 2 亿元人民币的阿丽拉阳朔糖舍度假酒店，于 2017 年 7 月开业。该度假酒店的区域核心是 20 世纪 60 年代建造的老糖厂和同时期用于蔗糖运输的工业桁架，故取名“糖舍”。酒店内含酒吧、水疗中心、室外游泳池、图书馆、精品店、攀岩、手工制作等功能空间，提供一站式度假服务体验。

度假旅游的出现，其背景是党的十八大以来我国旅游业的繁荣，除了经济高速增长之外，还有一个值得关注的因素就是个人通信终端与 5G 网络技术的迅速发展，大量依托短视频的自媒体平台——“B 站”“抖音”“小红书”等问世，“网红打卡”景点频频“出圈”，屡屡引发社会关注，形成了“线上引流、线下消费”的新型文旅景观，在这种背景下，许多工业遗产项目“被发现”甚至“被热门”，一度受到社会广泛关注。

再次是线路旅游的萌芽。旅游线路是一个早已有之的概念，早期如“兵马俑华清池一日游”“新马泰五日游”等旅游线路，广为人知，但工业遗产旅游当中的线路旅游却是一个新生事物。需要关注的是，截至 2023 年，我国官方并没有出台或涉及工业遗产旅游线路的政策文件，仅在此前颁布的《国家工业遗产管理暂行办法》（2018）中提出，应“打造具有地域和行业特色的工业旅游线路”。在 2012~2018 年，我国工业遗产线路旅游虽已萌芽，但仍体现出以下不足。

一是由于相关政策处于征集意见的阶段，缺乏激励机制，因此仅有少数城市提出线路设计，且多“因地制宜”地打包多重旅游资源，而非仅限工业遗产。2017 年 11 月，全国工业旅游创新发展大会在湖北黄石召开，会议提出湖北省的 6 条工业旅游精品线路，其中的“黄石工业遗址游”是唯一一条集中于工业遗产的线路。而工业遗产存量丰富的上海，则在2018年以“走进上海制造”为主题，发布了5条工业旅游经典线路，其中“工业遗存体验之旅”，则由“船厂1862—杨树浦水厂—怡和1915—民生粮仓”等一系列工业遗产地所组成。

二是由于工业遗产旅游与工业旅游的边界仍较模糊，实践中呈现出工业遗产旅游与工业旅游相互掺杂、混淆不清的情况。2018年1月，株洲市旅侨局牵头编制了《株洲市工业旅游发展纲要（2018~2022）》，重点推荐了5条工业旅游精品线路，其中涉及了清水塘老工业区、国营第331厂等工业遗产，它们与株洲的古代手工业遗存、现代工业企业一同混编纳入线路的设计中。

三是相较欧洲工业旅游线路，如德国鲁尔区工业遗产旅游线路等，目前我国仍缺少具有代表性的开发案例。即便是联合基础最好的东北地区，至今也并未发挥区域联动效应，仅在哈尔滨及横道子河两处进行中东铁路工业遗产旅游的开发建设。除此之外，依托铁路、公路、水道的既有工业线路的旅游设计案例也是少之又少，其中较为知名的有上海杨浦滨江工业带的打造，以及凭借《芳华》等电影“火出圈”的滇越铁路工业遗产旅游线路。

最后是沉浸式旅游的发展。沉浸式旅游是旅游产业的一个新生事物，而在工业遗产领域，沉浸式旅游的发展主要取决于两大因素，一是我国城市商业服务业的业态走向了多元化，二是基于体验式技术与“网红经济”的场景式消费观念逐步得到普及。而究其本质，则是旅游经济由原先的“商品消费”向“体验消费”过渡的一大表征。

以北京市“798”艺术区为代表的文化创意产业园区，是工业遗产沉浸式旅游的主要载体。2012年以来，随着文创产业概念于国内的推广流行，诞生了一批如北京首钢园、重庆鹅岭二厂、武汉良友红坊等著名的旅游打卡地，给游客带来了集合科技、文化、艺术与创意的综合式互动体验。作为一种综合体，园区通常融汇了诸多业态，其中就包括书店、餐厅、商场与剧院等。以书店为例，从当年的东八时区书店到如今的虹桥书店、CANS书屋（CANS BOOK SHOP）等，“798”艺术园区中的实体书店不断更迭，实体书店已经逐渐成为工业遗产改造文创园区中的“标配”。[①]

我国综合国力的提高，反映在人民日常生活中的最直观体现，就是高水平物质

① 张萱.城市传播视域下工业遗产改造为实体书店的价值研究［J］.编辑之友，2022（7）：13-20，26.

消费的不断提高，当中一个指标就是城市综合体的迅速发展。以浙江省杭州重型机械厂旧址为例，该旧址核心区的4幢老厂房被改造为“新天地活力PARK”城市综合体，在保留了原始风貌的基础上，以精巧的玻璃和钢结构，赋予场地新活力，构建出了以“工业遗存+娱乐文化+网红餐饮”为主轴的沉浸式城市消费空间。

为满足人民日益增长的精神文化需求，艺术场馆成为城市更新的规划重点。2014年开馆的“龙美术馆”是上海市徐汇区引入的第一个民营美术馆项目，其所在区域原本是北票码头，直到世博会召开前夕该码头才结束运煤的历史使命。场馆外，建筑设计师通过保留煤漏斗本身与其构筑的空间系统，将人群进行科学分流。而在场馆内部，设计师又利用清水混凝土技术营造出的光洁表墙，呈现出现代感，墙与墙间独立分隔，画挂于其上，展览的本质被凸显出来，艺术策展与建筑空间形成对话，以此提供给游客更加自由的观展过程。

在这一阶段，文化创意产业园区在国内得到极大发展，作为最主要的工业遗产再利用形式，其所承载着的工业遗产沉浸式旅游受到年轻受众的追捧。除此之外，美术馆、商场、书店、产业园、餐厅、城市公园等工业遗产改造案例层出不穷，极大地丰富了工业遗产沉浸式旅游的业态载体。

三、成熟期：2019年至今

2019年11月2日至3日，习近平总书记视察上海杨浦滨江，就贯彻落实党的十九届四中全会精神、城市历史文化遗存保护与发展的关系、城市公共空间规划建设等进行调研。同年11月14日，时任国务院总理的李克强同志莅临视察景德镇陶溪川文创街区，并寄语景德镇：创出千年瓷都的新风光，打造成为世界一流、最尖端的国际瓷都。上述证明了：工业遗产再利用给城市高质量发展带来的重要意义已经得到了全社会的高度认同。

城市是人民的城市，人民城市为人民。在杨浦滨江视察过程中，习近平总书记指出，无论是新城区建设还是老城区改造，都要坚持以人民为中心，聚焦人民群众的需求……走内涵式、集约型、绿色化的高质量发展路子……让人民有更多获得感，为人民创造更加幸福的美好生活①。

① 央视网.习近平：提高社会主义现代化国际大都市治理能力和水平［EB/OL］. https://baijiahao.baidu.com/s?id=1649182817142775303&wfr=spider&for=pc.2019-11-03.

自此，工业遗产管理正式迈向综合化、体系化、统筹化的成熟阶段，工业遗产旅游被认为在从产业迭代到城市更新的高质量发展中发挥更为积极宏观的效能，主要体现在如下两个方面。

1. 有关工业遗产旅游的宏观政策文件更加体系化、明晰化

（1）在宏观政策制定中，“工业遗产旅游”与“工业旅游”的概念关系更加明晰。2021年年末发布的《“十四五”旅游业发展规划》已明确将“工业遗产”作为“工业旅游”重要形式置入“完善旅游产品供给体系”中的“推进‘旅游+’和‘+旅游’”章节。而在2021年的《“十四五”文化和旅游发展规划》中，工业遗产则分别以遗产形式和旅游资源属性被提及。“加强对工业遗产资源的活化利用，开发旅游用品、特色旅游商品，培育旅游装备制造业，发展工业旅游”就是指发展工业旅游，要注重对工业遗产资源的活化利用，将工业遗产旅游放置到工业旅游这一大的分类中。

（2）工业遗产旅游在中央层面的规划文件中被进一步落实。2021年，还有两部与工业遗产密切相关的《实施方案》被印发。其中一部是2021年6月初，工业和信息化部、国家发展改革委等八部门联合印发的《推进工业文化发展实施方案（2021~2025）》，其中提到了要“打造一批具有工业文化特色的旅游示范基地和精品线路，建立一批工业文化教育实践基地，传承弘扬工业精神”。① 而后于2021年11月底，国家发展改革委、科技部、工业和信息化部、自然资源部、国家开发银行五部门发布的《“十四五”支持老工业城市和资源型城市产业转型升级示范区高质量发展实施方案》中，再次提出“推动文化旅游和制造业融合发展，加强示范区城市工业遗产保护利用，大力发展文化创意、工业旅游等现代服务业”。②

2023年，工业和信息化部印发《国家工业遗产管理办法》，被认为是我国工业遗产管理的里程碑政策。在“利用发展”一章中，该政策文件提出，支持利用国家工业遗产资源，开发具有生产流程体验、历史人文与科普教育、特色产品推广等功能的工业旅游项目，完善基础设施和配套服务，打造具有地域和行业特色的工业旅游线路。这里首次从国家工业遗产管理的视角，对工业遗产旅游的开发进行倡导，

① 工业和信息化部.关于印发《推进工业文化发展实施方案（2021~2025年）》的通知. https://www.miit.gov.cn/jgsj/zfs/gzdt/art/2021/art_c17ba6b45e6f42a6a9e501e9a03e33e9.html，2021.06.04.

② 中华人民共和国国家发展和改革委员会.关于印发《“十四五”支持老工业城市和资源型城市产业转型升级示范区高质量发展实施方案》的通知［EB/OL］. https://www.ndrc.gov.cn/xwdt/tzgg/202111/t20211130_1306224.html?state=123，2021-11-30.

并依旧将“利用工业遗产资源”列入“工业旅游”行列中。

政府近年来的一系列政策对我国工业遗产旅游的开发起到了主导和推动作用，旨在通过推动工业遗产的利用和工业旅游的发展，记录、发展、繁荣我国的工业文化，服务全民爱国主义教育，满足并引领人民群众文化需要，是发展工业遗产旅游的重要驱动力。

2. 受时代影响，工业遗产旅游发展呈现出新特征、新格局

（1）重大公共卫生事件对工业遗产旅游造成的直接性影响。2020年春节前后暴发的“新冠”疫情，对我国经济社会发展和人民生活造成了严重影响。旅游业因其具有行业脆弱性与敏感性，疫情产生的负面作用更为快速显著。根据中国旅游景区协会初步统计，在2020年春节期间，全国旅游景点的亏损限额超过了上年同期的90%。重大公共卫生事件对旅游业而言，无疑是毁灭性打击，最直接的影响就是旅游供给减少、旅游通道关闭、旅游需求降低，从而使整个旅游市场呈缩小的态势。① 因此，工业遗产旅游的重大项目建设在短期内受到了一定程度的负面干预。

但值得注意的是，受制于重大公共卫生事件的防控，许多城市当中的工业遗产景观被人为“挖掘”出来，成为满足市民旅行观光的替代物。比如，武汉“站前花街”社区正是因为受制于疫情防控市民出行不便时所寻找并打造的一个景观。

（2）在城市更新战略下，工业遗产旅游被赋予新的时代使命。“十四五”规划中明确提出，我国要实施城市更新行动，并首次将“城市更新”写入国家政府工作报告。打造人民城市，实现城市更新，就需要我们将城市文化与都市生活有机结合，让城市“锈带”变“秀带”，而工业遗产旅游作为盘活存量、提升增量的绿色产业，将带动区域转型发展、推动老工业城市走向复兴。

中国式现代化，很大程度上由工业化所体现；作为对工业化时代的纪念，工业遗产旅游无疑是离人民最近的、以现代化进程切入的一种互动方式。伴随着近年来中央层面有关工业文化、工业遗产、工业旅游以及与城市更新相结合的政策文件的出台，地方对于工业遗产旅游给社会经济发展带来的促进作用越发重视，在实践领域纷纷加紧布局，寻找合适的文旅转型路径。一种方式是“以点带面”，地方加紧工业（遗产）旅游示范基地创建、重点项目打造工作的安排；另一种方式是“以面

① 夏杰长，毛丽娟，陈琳琳.外部冲击下旅游业的演化与变革——以新冠肺炎疫情为例［J］.新疆师范大学学报（哲学社会科学版），2020，41（6）：43-54，2.

带全”，在大众旅游的时代背景下，地方发布工业旅游精品线路，其中包含了工业遗址公园、创意产业集聚区等旅游业态。

在2022年北京冬奥会上，首钢园作为冬奥会多个项目的赛场得到了全球关注。冬奥会结束后，首钢园也再度成为热门旅游地、世界级重点赛事的“站台”，极大地激发了工业遗产旅游的社会参与度。借助这一重大事件的社会热度，推动工业遗产的活态利用，要注重挖掘文化内涵，解读城市精神内核，打造旅游目的地，进而提升市场主体参与意愿，已成为社会各界对于工业遗产保护更新路径的共识。让工业“老面孔”变身城市“新地标”，未来将成为越来越多地方政府在实现城市更新战略过程中的重要目标。

截至2023年，我国工业遗产旅游虽然只走过20多年的发展历程，却积累了丰富的实践经验，并催生出了大量具有代表性与借鉴意义的案例，呈现出了踔厉奋发的姿态与后劲。

第二节　我国工业遗产旅游相关重要案例

一、杨浦滨江公共空间（杨浦滨江船厂至时尚中心段）

杨浦滨江公共空间位于上海市黄浦江畔，全长45公里，从杨浦滨江船厂至时尚中心段，将沿岸工业遗产以杨浦滨江相连，通过整体规划，实现遗产保护、文化创新、公共空间服务、生态优化等功能。

杨浦滨江沿岸的工业遗产价值较高，被誉为“中国近代工业文化长廊”，拥有中国工业史上多个“工业之最”，还被联合国教科文组织誉为“世界仅存最大滨江工业带”。

在杨浦滨江公共空间的规划中，尤为注意工业元素的使用。整个空间被置于工业审美之中，对工业构件进行艺术的改造与重塑，将工业构件改造为基础设施、娱乐设备和艺术装置，起到场地标识的作用，如将工业生产活动中常用的机械吊车与植被结合在一起打造成特色的花园。在改造的过程中，为了实现场地的协调，选择同类型或相同的材质来打造艺术品或基础设施，空间中大量使用铜材打造廊桥和凉亭装饰河岸线，并供公共休憩使用，打造具有工业特色的休闲坐凳、路灯、垃圾桶

等基础设施。

2019年举办的上海城市空间艺术季，就以整个杨浦滨江南端5.5公里的公共空间作为展区，搭建了1个主展场、2个分驿馆、4个新增服务点、13条城市通道，形成了滨水展示带的空间构架和交流平台。该活动大大提高了杨浦滨江公共空间的知名度，使之成为滨水空间改造的典范，也探索出杨浦滨水公共空间改造的多种可能。

二、马尾船政文化园区（福州船政）

马尾船政文化园区位于福建省福州市，又名福州船政，即马尾船政局，为近代中国第一个专业机器造船厂，也是近代中国海军工业的摇篮，其核心是马尾船政遗址群。

2004年、2006年，省、市、区各级政府先后投入1.56亿元启动马尾船政遗址群一期、二期工程建设，建成了中国船政文化博物馆、马江海战纪念馆等21个场馆，2008年，国家文物局提出福州船政、江南造船厂、大沽船坞联合申报世界遗产。2010年以来，建设船政文化古街区，修复闽安文化古街区与闽安协台衙门，完善船政滨江廊道建设等措施，使遗址群基础设施更趋完善；2016年，马尾船政文化遗址群入选《全国红色旅游经典景区名录》。

马尾船政文化园区具有良好的区位条件，故将福州船政改造为集文物保护、城市休闲旅游、创意产业和商业为一体的城市级滨水互动型文化再生社区。在规划分区上，将地块分为遗址工业展览区、创意产业园区、商业旅游休闲区、公园绿地区及马限山公园五大主要功能区。在交通组织上，也是秉持人性化原则，如沿闽江在南北岸线各设小型游船码头和大型游轮码头一处，以满足游客滨水旅游的需求。

三、“融创武汉·1890”（汉阳铁厂旧址）

汉阳铁厂旧址位于湖北省武汉市汉阳区琴台大道以南、汉丹铁路以北、月湖西南部，面积0.4平方公里。该铁厂1890年由晚清重臣张之洞创办，是中国近代史上第一家，也是最大的钢铁联合企业。

“融创武汉·1890”项目是在汉阳铁厂旧址的基础上打造的集数字科技、活力运动、创新文娱、新兴文化于一体的工业遗产社区，社区涵盖艺术馆、博物馆、商业街以及住宅社区等，总体量约131万平方米，其中涵盖了34处工业遗址群落，以及建筑面积约76万平方米的商业地块。

张之洞与武汉博物馆坐落于原汉阳铁厂旧址，其设计的初衷是回顾城市工业历史，展望未来。建筑由几何状的钢板包覆，呈现反重力的观感，犹如一座弧形的方舟漂浮在附近的广场之上。在展陈方面，丰富展陈内容，增加多媒体互动、大型造景、壁画长卷、沙盘雕塑等展陈形式；在运营方面，按照国际标准，打造社交研学、文创商店、咖啡轻食、会议接待等空间。

目前，整个社区内部形成了博物馆、住宅区、公共绿地与商业街等不同空间共生的局面，可以说社区生态已经基本形成，曾经的工业生产区已经彻底完成了功能转换。

四、黄石国家矿山公园（大冶铁矿）

黄石国家矿山公园位于湖北省黄石市下陆区，是在大冶铁矿矿山基础上改造而成的国家矿山公园。在20世纪末，随着自然资源的逐步枯竭，大冶铁矿矿区面临着经济结构转型和生态环境建设的双重压力，亟须寻求可持续发展的“突围”之路。

2005年，大冶铁矿成功跻身于国家第一批立项的国家矿山公园之列。2007年，黄石国家矿山公园开园迎客，成为中国首家国家矿山公园。学界公认，其走出了一条工业旅游与生态旅游双轮驱动的生态转型之路，是我国矿冶遗产保护更新的典范。

黄石通过深度挖掘矿冶文化，推进矿冶文化与旅游融合。大冶铁矿的发展历史波澜壮阔，历经洋务运动、抗日战争、共和国建设，蕴含着丰富的历史内涵。例如，景区内有“侵华日军碉堡残骸”“侵华日军炸药库遗址”两处红色文物保护景点。基于此，黄石国家矿山公园开发矿山旅游资源，利用矿区特有的设备打造了特色景观场所。例如，广场入口用大冶铁矿特有的中薄层大理岩形成的“千层饼”地质奇观建成了公园开放式大门等。

工业遗产旅游开发促进了黄石的经济结构转型，黄石国家矿山公园的建设与城市转型结合在一起并同步发展。

五、公元1860文创公园

公元1860文创公园前身为成都毛纺厂旧址，位于成都市双流区，始建于1958年，园区内保留有陈旧的厂区痕迹。2021年，成都市委提出“幸福美好生活十大工程”，双流遂提出了“走在前列作出示范”的新目标，着力建设践行新发展理念的中国航空经济之都，并将改造成都毛纺厂旧址作为一项重要的城市更新的工作。通过一年多的改造，目前该厂旧址内部分为餐饮区、丛林火锅区、健身区、研学区、

大型中餐区、文创区、艺术培训区七个区域，成了成都双流重要的旅游目的地。

六、首钢工业遗址公园（首都钢铁公司旧址）

首钢工业遗址公园简称首钢园，位于北京市石景山区西南部，是在首都钢铁公司旧址基础上改造而成的园区。其前身石景山钢铁厂始建于1919年，曾是我国重要钢铁企业与北京市规模最大的重工业企业。

2010年年底，首钢在北京市区全部停产并完成搬迁，主厂区内留下了大量的建筑物及其设备。这些工业遗产经过更新再利用之后，成为北京2022年冬奥会和残奥会筹办、举办的核心空间。

在改造理念上，在尊重原有工业遗产风貌的基础上进行功能改造与空间更新，首钢工业遗址公园成为一个集现代办公区、博物馆、住宅、休闲和体育设施为一体的园区，蜕变为首都的新文创中心。

首钢工业遗址公园通过园区内开展的电竞、数字创意活动和科技体验项目，营造了科幻体验式消费氛围，加速了生态聚集效应。在“文旅＋产业”方面，还有文化体验相关项目、体育与餐饮项目入驻。

总的来说，首钢工业遗址公园的改造是城市更新介入工业遗产旅游的佳作，它充分地利用了首钢优越的地理位置与北京市对城市更新的迫切需求，反映了“文旅融合＋工业遗产”的中国方案与国情实践，对我国中心城市如何开展工业遗产旅游具有典范性的意义。

七、阜新海州露天矿国家矿山公园

阜新海州露天矿国家矿山公园是在露天采矿遗址上建立的集旅游休闲、科普实践等于一体的工业遗产保护更新项目。

海州露天矿区是“156”项工程之一，多年的生产实践留下了丰富的矿业遗址，坑内的铁路机车、公路汽车、皮带运输系统，打眼放炮工具、电铲等采装设备，见证了我国矿业发展历史，“万人坑”革命传统教育景观则记载了日寇侵略阜新、掠夺资源的野蛮行径。规模宏大的矿业遗迹资源，以及各种珍贵的文化资料、文物，都具有重要的历史文物价值与社会教育意义。

长期的露天开采，给当地自然生态环境造成了严重的破坏。因此，保护更新的前提就是对露天矿废弃地进行生态恢复。主要包括对矿坑进行治理，恢复景观生态植被系统，并对正在开采的煤矿进行边开采边复垦。

在生态修复的基础上，再对矿山植入新的功能。目前阜新海州露天矿国家矿山公园已经建成了包括工业遗产核心区、蒸汽机车博物馆和观光线、国际矿山旅游特区和国家矿山体育公园四大板块，共计上百个景点。

阜新海州露天矿国家矿山公园的成功改造实现了从亚洲最大的露天煤矿向工业遗产主题公园的华丽转身，成为全国首家工业遗产旅游示范区，对于其他资源枯竭型矿山的转型具有借鉴意义。

八、长影旧址博物馆（长春电影制片厂老厂区）

长影旧址博物馆坐落于吉林省长春市，是在长春电影制片厂老厂区基础上改造而来的博物馆。长春电影制片厂老厂区的前身是伪满洲国时期日伪成立的伪宣传机构“满洲映画株式会社”。

2011 年，长影集团在完整保留原建筑的基础上，本着“修旧如旧”的原则，启动长影老厂区改造项目。2014 年项目完成，长影旧址博物馆正式落成开放。博物馆共分为长影电影艺术馆、长影摄影棚、长影洗印车间、长影电影院、长影音乐厅以及配套的长影文化街六个功能区，以文物保护、艺术展览、电影互动等形式，详细记录了长春电影制片厂发轫、进展、繁荣、变迁的历史。

近年来，长影旧址博物馆增辟了第 10 放映室浏览区域，通过利用胶片转磁、磁转数字的技术手段向游客呈现珍贵的影像，如中国第一部多集新闻纪录片《民主东北》，丰富游客游览内容。还积极举办了“遇见家乡的光影记忆”少儿绘画等系列公众活动、主题研学活动等。

借助博物馆的运营模式，政府与长影集团真正激活了长春电影制片厂老厂区工业遗产在当代的生命力。与此同时，长影旧址博物馆始终处于动态更新中，不断新增游览区域，提供新的游览内容等，以“动”促进游客回流，以与时俱进的姿态面向大众。

九、沈阳铁西工人村历史文化街区

沈阳铁西工人村历史文化街区西邻沈阳市西二环，原为“一五”时期随沈阳重工业项目计划建设的住宅区——“工人村”。铁西工人村包括 143 栋工业建筑，建筑面积 40 多万平方米。

2003~2010 年，沈阳市政府对工人村地区实施改造工程，大部分原始住宅被现代化住宅取代，保留了一期建设工程中的两个街坊，构成了现在的沈阳铁西工人村历史文化街区。2015 年，被认定为“辽宁省历史文化街区”。

2007 年，铁西区政府以铸造博物馆、工人村生活馆、铁西人物馆为依托，进行工业遗产旅游的尝试。在保留原建筑风格的基础上，按照“修旧如旧”的文物保护原则，对 7 栋苏式建筑进行围合改造。工人村生活馆则重现了 13 个家庭的往日情景，借助 200 多幅老照片和 5000 多件实物，集中展示了 20 世纪 50~80 年代的集体记忆。除此之外，工人村内还辟有人物馆，集中记录及宣传了劳模、先进工作者的历史事迹。

铁西工人村历史街区是社区参与工业遗产保护更新的成功之作，凝聚了老一辈建设者的劳动记忆。基于此，工人村通过铸造博物馆，借助由化工厂、劳工公园、卫工明渠等组成的旅游线路，进一步发挥了工业遗产旅游的市场潜力。

十、重庆工业文化博览园（重钢原型钢厂部分工业遗存）

重庆工业文化博览园位于重庆市大渡口区义渡路，依托重钢原型钢厂部分工业遗存建设而成，于 2019 年 9 月向社会公众开放。

作为中国第一根钢轨的诞生地，重庆工业文化博览园的主要历史遗存为钢铁厂迁建委员会生产车间旧址、双缸卧式蒸汽机、双蒸汽机火车头、工厂相关档案资料以及各个时代的机械设备。2017 年，重庆工业文化博览园项目入选“国家首批工业遗产”。

重庆工业文化博览园设有工业博物馆。作为重庆四大博物馆之一，重庆工业博物馆运用当代博物馆的先进理念与展陈手段，打造出具有创新创意、互动体验、主题场景式的泛博物馆。博物馆利用多种创意手法展现了重庆工业文化的振兴，使整个展馆成为集展览与体验于一身的全新空间。此外，还利用 AR 智慧化观展平台系统，提供出先进的数字化观展体验，使游客充分体验奇幻的工业之旅。

除了工业博物馆，重庆工业文化博览园还配套建设文创产业基地，通过融合“文商旅”关联业态，致力于打造一个工业遗址、文创产业和体验式商业相融合的城市综合体。目前，该综合体已经成为当地市民活动、休闲的热门场所。

十一、南充六合丝厂旧址

1921 年，民主革命家张澜先生在今顺庆区南门坝创办果山蚕业社，传授孵化蚕种、栽桑养蚕、改良蚕种等技术，并购置60部脚踏缫丝车缫制扬返丝，首创了南充缫制匀度扬返丝之例。1915年，六合丝厂生产的“金鹿鹤”牌生丝，获首届巴拿马万国博览会金奖。后来，张澜等人集资白银5万两，在今天顺庆区学院街创办六合丝厂，并于1929年迁至南充县都京坝，这就是六合丝厂的前身。

2019年，六合集团以老工厂、车间为载体，打造了集文化创意、工业旅游、休闲购物、生产研发、丝绸交易、蚕桑体验、康养为一体的“世界丝绸源点博物馆”，并在厂区内建设了丝绸咖啡、环线小火车、书店、创意工作室等空间，成为四川省重要的纺织工业遗产旅游目的地。

十二、贵州万山朱砂古镇

贵州省铜仁市万山素有“中国汞都”之誉，水银产量曾是亚洲第三、中国第一。2001年5月，贵州汞矿实施政策性关闭破产。2015年7月，万山区与吉阳集团合作，对原汞矿遗迹遗址和文物进行保护性的整体连片开发利用，打造以山地工业文明为主题的矿山休闲怀旧小镇——朱砂古镇。

改造方借助矿山遗址、老旧建筑、朱砂开采、革命标语等时代元素，坚持文化再现与文化重构并举，全力打造万山汞矿工业遗产博物馆、“那个年代”一条街、悬崖酒店等独具特色的景点30多个。昔日的老矿区华丽转身，成了人们旅游休闲的好去处。

随着朱砂古镇实施修旧如旧的保护性开发，万山从前“颓垣废井、残垣败瓦”的空城景象不复存在，资源枯竭型矿区变身矿山休闲怀旧小镇，以旅游为核心的第三产业带动一、二、三产业融合发展，万山翻开了转型发展的崭新一页。2019年，万山汞矿遗址入选《第三批国家工业遗产名单》，朱砂古镇成功申报全国优秀文化和旅游投资项目。2022年11月，朱砂古镇入选《2022年国家工业旅游示范基地名单》。

十三、张裕酒文化博物馆（张裕公司旧址）

张裕酒文化博物馆于1992年建馆，坐落于山东省烟台市芝罘区大马路的张裕公司旧址院内。

张裕酒文化博物馆主体面积近4000平方米，总建筑面积约为10000平方米，博物馆由酒文化广场、百年地下大酒窖、综合大厅等空间组成。该博物馆不仅是我国常规葡萄酒产业向“文旅＋常规产业”转型的成功案例，同时也是工业遗产保护和

再利用的典范。

张裕酒文化博物馆是中国第一家世界级葡萄酒专业博物馆。它以张裕葡萄酒110多年的历史为主线，通过大量文物、实物、老照片、名家墨宝等，运用高科技的表现手法向人们讲述以张裕葡萄酒为代表的中华民族工业发展史，着重讲述“张裕”企业文化与酿酒知识。

该博物馆与国内八大酒庄以及即将建成的上海北外滩葡萄酒博物馆共同构成了一条葡萄酒主题文化旅游线路，形成了相对完善的葡萄酒工业遗产旅游体系，为博物馆乃至整个酒旅产业注入了新动能。

十四、平遥电影宫（山西平遥柴油机厂旧址）

位于山西省平遥县的平遥电影宫由清华大学建筑设计研究院产业园区研究中心廉毅锐团队设计，是以平遥国际电影展的举办为契机，选择平遥古城内的废弃工业用地——平遥柴油机厂为对象改造而成的空间。改造工程于2017年启动，前后共耗费了半年多的时间，主要是对旧有建筑的再利用，新搭建的建筑由“小城之春”（放映厅）、“站台”和“连接体”三个部分组成。

该项目落成之后，成为国内外许多影迷的“打卡圣地”，曾荣获2016~2018年度“WA中国建筑奖”城市贡献奖佳作奖、2019年度香港建筑师学会两岸四地建筑设计奖卓越奖、2020年“ArchitizerA+Awards”提名、“Architecture+Renovation——Finalist”入围奖、2020年度“中国建筑学会设计奖”历史建筑类一等奖以及2020年“联合国教科文组织亚太地区文化遗产保护奖”优秀奖等。

十五、青岛啤酒博物馆（青岛啤酒厂）

青岛啤酒博物馆坐落于山东省青岛市登州路，地处青岛市中心地带，是国内首家啤酒博物馆。2013年，青岛啤酒博物馆投资1000多万元进行创意性升级改造，使青岛啤酒博物馆成为集百年历史建筑和现代化展陈设施为一体的行业特色博物馆。

2004年8月，青岛啤酒博物馆正式对外开放，其旅游景点包含了老式德国建筑和大量历史文物。2006年5月，厂内早期德式建筑被认定为“第六批全国重点文物保护单位”。

青岛啤酒博物馆展馆区按照展现主题分为独立而又相通的三个展陈区域：百年历史文化陈列区、青岛啤酒的酿造工艺区和多功能互动休闲区。利用从各国收集的图文资料和珍贵的文物，通过百年老厂房、酿造设备、酿造车间与生产流程线等工业遗产的展示，展现啤酒酿造工艺的发展演变，进而展现中国啤酒文化的起源发展和青岛啤酒的百年历史。

除此之外，博物馆还是集学术交流、宣教活动、文献资料查询、娱乐设施、品酒餐饮区、文创产品购物中心为一体的互动化展区，将啤酒文化知识与休闲娱乐活动相结合，让观众在互动中体验文化特色。据统计，青岛啤酒博物馆每年接待游客70万人次以上，并且连续多年上榜由文化和旅游部数据中心组织的游客满意度排行榜。

十六、鞍钢集团博物馆

鞍钢是中国第一个恢复建设的大型钢铁联合企业，为共和国钢铁工业的发展和社会主义经济建设做出了巨大贡献，并以“钢铁长子”和“钢铁摇篮”著称全国。为了把见证着百年沧桑的工业遗产保护好，也为了把记录着时代变革的历史资源利用好，更为了把凝聚着“创新、求实、拼争、奉献”的鞍钢精神和传统发扬好，鞍钢集团秉承“修旧如旧，建新如故”的理念和打造“精神地标，文化名片”的宗旨，将始建于1953年的炼铁二号厂房和始建于1917年的炼铁一号高炉，两座工业遗产合并，构建起富有钢铁特色的鞍钢集团博物馆。

鞍钢集团博物馆于2014年12月26日开馆。博物馆的主体建筑由展示大礼堂和三层展厅组成，建筑面积12600平方米，展陈面积9400平方米，基本陈列展线2600米，内设12个主题展厅和老高炉、烧结机两个特展区，展示和收藏大量具有珍贵历史价值的文物和图片。矗立在大礼堂一侧长36米、高8米的大型主题浮雕气势磅礴。以“钢铁是怎样炼成的”为背景，恰如一幅波澜壮阔的历史画卷，再现了一代又一代钢铁工人为实现钢铁强国梦想而不懈奋斗的辉煌历程。在该馆内，高科技手段与工业复古完美结合，丰富与发展了工业遗产保护的新内涵，成为彰显钢城文化特色的新名片。

十七、西藏自治区美术馆（拉萨水泥厂旧址）

西藏自治区美术馆位于拉萨市，该项目启动于2020年，历时三年施工建设，2023年11月15日正式开馆，这是全自治区首个自治区级的美术馆，也是全国唯一采用工业遗迹改造而成的省级美术馆。

该项目总建筑面积 32825 平方米，主要建设内容分为 ABCD 四个区。美术馆以“喜马拉雅的钥匙”为理念，保留了 20 世纪 50 年代老水泥厂的工业氛围，建构从北向南的艺术长廊、由西向东层层递进的主展馆及串联四方的环形展廊，创造出群体空间丰富、具有西藏特色的美术馆空间，是西藏新兴的旅游目的地。

十八、1933 老场坊创意产业园区

1933 老场坊创意产业园区位于上海市中心虹口区，距离外滩仅 1.2 公里，如此地理优势及独具特色的建筑空间，为其成为创意产业基地提供了得天独厚的条件。

1933 老场坊是一座代表上海老工业建筑水平的建筑群，于 1930~1933 年建造，原名工部局宰牲场，系我国近代重要食品工业遗产。这幢古罗马时期巴西利卡式风格的 5 层钢筋混凝土结构建筑，空间布局非常奇特，加工车间采用了“无梁楼盖”的施工技术，柱子直接顶在天花板上，这在当时是一项先进的建筑技术。2000 年被列入《上海第四批近代优秀建筑名单》。

2006 年改建项目正式启动。1933 老场坊创意产业园区以历史遗留建筑为载体，以融入现代时尚为特色，将原有旧屋顶翻新，已形成全新的交流共享空间；在细节处理上，保留其具有时代特点的装饰，突出重点，使之成为室内外的视觉焦点。除此之外，引入闭环式多业态社区的概念，成为产业、商业、文化、旅游四位一体的具有现代城市功能的新地标。

经过现代营销手段的包装，以及在专业设计书刊、时尚杂志、户外媒体、网络公关等多重媒体配合下，园区因“2007 上海国际创意产业活动周”闻名于艺术界，形成了极大的聚焦效应和地域品牌价值。如今，其作为国家 3A 级旅游景区，已然成为沪上具有较高美誉度与影响力的工业遗产旅游目的地。

十九、温州苍南矾矿工业遗产科普小镇

矾矿工业遗产科普小镇坐落在浙江省温州市的苍南矾山，素有“世界矾都”的美誉。小镇是一个以矾山工业遗存、福德湾历史文化名村、浙闽台民族花海两岸文化创意产业园等项目建设为载体的工业遗产再利用项目。

矾山拥有工业科普、矿洞遗迹、古道人文、山岳生态、红色教育、地方民俗、明矾工艺、特色美食等丰富的资源。在本市乡村振兴示范带建设的历史契机下，该镇投入 1300 多万元打造矾都文化广场和城市文化客厅，全面改造提升矾都博物馆

群，打造“炼矾工艺 + 科技创新 + 教育实践”为一体的“矾”科普园区。

2012 年，为申报“世界工业文化遗产”工作，小镇通过一系列活动，完成了福德湾古民居保护修缮工程，建成了温州矾矿博物馆、矾都奇石馆矿石馆、矾文化体验中心等一批文化设施和旅游项目。

这几年，该镇围绕“文化立镇、旅游兴镇”的发展战略，大力推进文化遗产保护和人文旅游开发，吸引了不少游客前来参观，充分展现了农村工业遗产旅游同乡村振兴工作齐头并进的特征。

二十、成都“东郊记忆”文化园区（红光电子管厂旧址）

成都“东郊记忆”文化园区坐落于四川省成都市，其前身为成都东区音乐公园，是红光电子管厂旧址。

该园区 2009 年开始进行总体改造和单体设计，2011 年 9 月底正式开园，2019 年 7 月正式挂牌“东郊记忆 · 成都国际时尚产业园”。“东郊记忆”诞生于成都市将全市的战略性新兴产业定位于文化产业的时代背景下，在文化产业繁荣发展的大趋势下，成都市政府斥资 50 亿元进行东郊工业遗产大改造。

目前，园区聚集了近百家优质文创与时尚艺术类企业，拥有成都舞台、演艺中心、展览中心、国际艺术展览中心等 20 个功能完善的文化展演场馆场地，形成了集时尚创意、数字音乐、教育培训、新媒体、展览演绎、娱乐体验等产业于一体的文创产业园区。

基于此，“东郊记忆”曾被媒体称为“中国的伦敦西区”，先后获得国家音乐产业基地、国家 4A 级旅游景区、国家文化产业示范基地、国家工业遗产旅游基地、国家工业遗产等荣誉。

第六章

国外工业遗产旅游发展历程及案例

【本章引言】

通过学习本章的内容，了解国外工业遗产旅游发展的概况与相关案例，着重了解以欧美国家为代表的国外工业遗产旅游的起步期、发展期和成熟期的发展过程。对国外工业遗产旅游发展历程和案例进行梳理和展示，有助于从整体上把握世界范围内工业遗产旅游的发展历程、成功经验与不足，并在此基础上对中国工业遗产旅游做出新的思考。

【学习目标】

1. 了解国外工业遗产旅游发展的概况。
2. 了解国外工业遗产旅游相关案例。

第一节　国外工业遗产旅游发展历程

正如前文所述，世界工业遗产旅游起源于英国、德国等发达国家。这些发达国家因其工业化早，故而在工业遗产领域起步早，积累了较多的经验，部分经验之于我们而言有着一定的积极作用。但与此同时，正因其运营时间较长，故而也存在着一些不足甚至危机。发达国家工业遗产旅游的缘起与发展，其间出现的问题及其解决思路，对于我国甄选保护对象、探索开发利用方式，有着宝贵的借鉴意义。

一、萌芽期：20 世纪 50~80 年代

关于工业遗产旅游在世界的萌芽，在本书前面已有初步陈述。这里主要讲述其问世过程。

1944 年 7 月，西方主要发达国家的代表在联合国国际货币金融会议上确立了“布雷顿森林体系”，认可了美元与黄金挂钩、其他国家货币与美元挂钩的西方国家金融秩序，美国很快取代英国成为西方世界的龙头老大，甚至在文化层面也要先西方诸国一筹。作为老牌资本主义国家，特别是老牌工业国的英国，当然不可能接受美国的文化输出，但其当时经济现状又不足以在西方阵营号令群雄，因此英国政府一直寻求如何通过提升文化软实力，来增强自己的综合国力。

正是基于提升自己在西方特别是对美国软实力话语权的需要，英国在 20 世纪 50 年代提出了“工业考古学”概念，它不同于一般的出土文物的考古，而是强调对近 250 年来的工业革命与工业大发展时期物质性的工业遗迹和遗物的记录与保护[①]。这一概念很快被英国专业考古机构认可，工业考古迅速蔓延到了欧洲其他老工业区域。同时，工业考古学的发展也推动了人们对“工业遗产”的认识，以博物馆的形式，特别是科学、技术、铁路博物馆形式保护了大量工业时代的文物，满足并吸引了部分具有特殊兴趣的人们和旅行社的观光，工业遗产旅游也随之萌芽[②]。

20 世纪 50~70 年代，“工业遗产热”一直在英国蔓延，英国许多地方成立了自己的工业考古学会，如沃特福德工业考古学会、北安普敦工业考古小组等，上述许多组织都是民间自发形成的，部分组织得到了当地一些知名学者或议会的支持。正因其经费有限，因此他们的活动多半属于低成本的集体活动，如“城市徒步考古”等，而这一行为也被称为“城市徒步”的先声，被视作工业遗产旅游的鼻祖。

德国是欧洲传统的工业强国，也是真正意义上工业遗产旅游最早出现的地方。德国工业遗产旅游的兴起，是源自德国产业结构转型的迫切需求，当中以老牌工业

① Palmer M，P Neacerson. Industrial archaeology：principles and practice［M］. London & New York：Routledge，1998（1）：141.

② 邹统钎 . 遗产旅游管理经典案例［M］. 北京：中国旅游出版社，2010.

区的鲁尔区转型最为关键。位于德国西部的鲁尔区是世界最大的工业区之一，更是德国“工业的引擎”，其工业发展有 200 多年历史。这里从 19 世纪上半叶开始进行大规模的煤矿开采和钢铁生产，是世界上最为著名的工业区，在这里也形成了多特蒙德、杜伊斯堡等著名工业城市。20 世纪 50~60 年代，鲁尔区经历了逆工业化的阵痛，为促进该区域的发展和形象转变，在德国政府的大力支持下，鲁尔工业区不断调整产业结构，充分发掘工业遗产的再利用价值，将倒闭的厂区改造为充满文化、教育氛围的博物馆、科研院所、艺术场馆等，进行了工业遗产旅游的开发实践，形成了工业遗产旅游开发的观念与开发模式。由于工业遗产旅游具有“尊重遗产本原性”这一特点，使游客能与景点和景物真正地实现零距离接触，产生对历史的生产场景的凝视与亲身体验。这一独特的体验使德国鲁尔工业区工业遗产的开发再利用模式逐渐成了各国仿效的典范，对世界其他国家的工业遗产旅游的开展产生了重要的影响①。

英国与德国的工业遗产旅游起步早，影响大，并确立了工业遗产旅游相关领域的一些规范。与此同时，其他国家工业遗产旅游工作也同样值得关注。例如，法国就通过发展工业遗产旅游，建设参观型景观、参与或体验型景观以及矿山公园型景观等举措，形成了具有法国特色、符合法国国情的工业遗产旅游方案，如对其传统的煤炭钢铁产区——阿尔萨斯实施了经济转型战略。

【本章案例 1】

20 世纪 70 年代，原本属于“美国工业革命摇篮”的洛厄尔工厂区，一夜之间成为“萧条的工业沙漠”，可谓是美国的“锈带之痛”，在当地政府的大力支持、相关企业的赞助下，该地被改造为州立洛厄尔遗产公园，旨在保护对美国工业革命产生重要影响的工业遗产。1978 年在当地州议员聪格斯的鼎力支持下，该州辟建洛厄尔国家历史公园。公园内保存了大量 19 世纪之前的工业遗址，如纺织厂、公寓、运河、铁路线等。通过公园发展遗产旅游，许多历史建筑被改造成景点，促进了城市中心的修复。

在亚洲，日本是启动工业遗产旅游较早的国家，但在 20 世纪 70 年代仍以工业

① 彭顺生 . 世界遗产旅游概论［M］. 北京：中国旅游出版社，2008.

遗产研究为主。当中一个代表性的事件是1977年2月，日本成立了产业考古学会，并创办了学会刊物《产业考古学》。学会的核心人物多为技术史学者，如曾任学会会长的饭塚一雄等，但他们并未在实质上推进工业遗产旅游，而是意图探究日本的工业史，以增强“二战”后日本工业发展的向心力。

就在这一历史时期，1973年，国际性非政府组织国际工业遗产保护委员会在英国成立，并召开了第一届保护工业遗迹国际大会，这些会议和组织为国外工业遗产旅游的后续发展提供了重要的理论指导。

二、发展期：20世纪80年代至90年代后期

20世纪80年代初期，全球经济的产业发展从福特制（Fordism）的经济规则模式向后福特制（Post-Fordism）的弹性生产系统转变，加上第三次工业革命所推动的产业结构调整，发达国家的传统工厂和企业一度出现严重的衰退。例如，英国、德国、法国等已迈向后工业和后现代社会的国家在对衰退地区进行考察研究以后，提出对工业遗产进行保护的同时开发工业遗产旅游的观点，希望通过工业遗产旅游项目开发，处理工业废弃地并解决传统工业区衰退问题，工业遗产旅游正是在以工业遗产保护、工业遗产与旅游业结合再开发为目的的状态下得以迅速发展起来的。

具体而言，英国工业遗产旅游以遗产保护为先驱。英国政府和社会机构于20世纪80年代开始对以第一次工业革命时期遗留下来的废弃工厂和作坊为典型代表的工业遗产进行保护与开发。最典型的例子是英国的铁桥峡谷，它经历了五个发展阶段：从16世纪晚期开始，由于煤炭开采业的大规模发展，而成为世界工业革命的发源地；19世纪下半叶，该地的工业开始衰退，工厂逐渐关门；“二战”末期，几乎所有的工厂都倒闭了；20世纪60年代，开始对其工业遗产进行保护；20世纪80年代，在铁桥峡谷开创工业遗产旅游，铁桥峡谷也于1986年被联合国教科文组织正式列入《世界自然与文化遗产名录》，从而成为世界上第一个因工业而闻名的世界遗产，并形成了一个占地面积达10平方公里，由7个工业纪念地和博物馆、285个保护性工业建筑整合为一体的旅游目的地[①]。工业遗产旅游作为区域经济转型的战略举措在英国取得巨大成功。因此，从工业考古到工业遗产的保护，再到工业遗产作为旅游

① Jansen-Verbeke, Myriam. Industrial Heritage: A Nexus for Sustainable Tourism Development [J]. Tourism Geographies, 1999, 1 (1): 70-85.

吸引物，工业遗产旅游得到了最初的发展。

与此同时，德国以多种模式进一步推动了工业遗产旅游的发展。德国很重视工业遗存文化功能的实现，他们在单体建筑及设施保护利用上分别成功地实现了博物馆模式、展览馆模式、多功能综合活动中心模式等。此外，在厂区群体建筑保护利用上还有综合利用模式、后工业景观公园模式，以及区域性工业文化遗产整体保护利用模式，如规划建设“工业遗产之路”（Route Industriecultural，RI）用于开发工业遗产旅游，这使鲁尔区的工业遗产旅游从零星景点的独立开发走向了一个区域性的旅游目的地的战略开发。①

英国与德国等国家的率先尝试，促进了国外工业遗产旅游在当时出现了如下三种模式。②

一是全新用途的旅游再利用开发模式，即对旧有工业遗存进行新功能的景观化改造。例如，位于泰晤士河南岸的英国泰特现代美术馆就是由一个火力发电厂改造而成的，该火力发电厂刚好位于莎士比亚圆形剧场旁边，几经呼吁下，这个原有的工业遗产才得以改造利用，从而被保留下来，现在已与当地的艺术环境条件共存，带来了可观的旅游收入。又如，奥地利维也纳煤气厂有 4 个巨大的储气罐，第一个被改造为包含“总统套房”在内的拥有 300 间房间的酒店，第二个被改造成了 5A 级智能商务楼，第三个被改成了大卖场，第四个则被改成了娱乐中心，这四个煤气罐目前成为当地的旅游名胜。

二是相关用途的旅游再利用开发模式，即厂房和设施基本保持原样，保留一部分原有的功能作为旅游展示。例如，波兰的维利奇卡盐矿。尽管目前盐矿仍在产盐，但它的历史建筑主要是作为一个博物馆与工业遗产旅游的目的地存在。除了可供游客参观游览以外，盐矿的下面还设有地下餐厅和教堂，以及用盐制成的各种旅游纪念品等。

三是公共游憩开敞空间开发模式。该模式是因为厂房占地面积很大，且周围的环境是住宅区而不容许高强度地利用，于是被改造为社区公园加以使用。例如，美国西雅图煤气厂公园。该公园原本是一个煤气工厂，由于存在污染和安全问题不得不搬迁，正当政府准备清除旧的厂房和污染的土地时，工人们却强烈要求手下留

---

① 李蕾蕾.逆工业化与工业遗产旅游开发：德国鲁尔区的实践过程与开发模式［J］.世界地理研究，2002（3）：57-65.

② 彭顺生.世界遗产旅游概论［M］.北京：中国旅游出版社，2008.

情，他们舍不得毁掉曾和他们朝夕相处的厂房。因此，一部分有危险的、独特的设施设备被改为工业雕塑，而另一部分设施设备、厂房地基与框架结构等则作为少年儿童游戏场地加以利用。这是世界上第一个通过资源回收进行整建的公园，经过建筑师理查德·海格的巧妙设计后，成为西雅图最有名的公园之一，更是美国建筑史上的经典作品。

美国工业遗产旅游起步于 20 世纪 70 年代，但其遗产保护却在 20 世纪 60 年代就开始建章立制。1966 年，《国家历史保护法案》通过并签署生效，为美国历史文化遗产保护打下立法基石。1969 年，"历史工程记录"计划由美国国家公园管理处、国会图书馆和土木工程师学会启动，负责对桥梁、水坝、铁路、工厂等历史工程和工业遗址进行测绘、记录、存档。美国对工业文化遗产的保护，孕育于适当的再利用之中。除了政府在立法和标准化"基础工作"方面的双重保障，民间力量也积极参与，成为美国工业遗产再利用的推动力。

综合来看，以德国鲁尔工业区为代表的工业遗产旅游开发，为工业遗产地培育了内生性的发展动力，从而有力地推动了城市和区域的发展和更新，也为后工业时代世界范围的工业区更新改造树立了杰出的典范，提供了成功的经验。世界许多工业国家，如日本、法国、澳大利亚等也开始挖掘自身的工业遗产资源，开展符合自己国情的工业遗产旅游工作。日本著名的工业遗产旅游景点，如日本丸纪念公园、横滨红砖仓库、门司港怀旧区等都是在这个时期打造建成的。不难看出，越来越多的国家开始关注工业遗产旅游在促进城市更新上的重要作用，并尝试结合自身特色打造多样的工业遗产旅游项目，推动了工业遗产旅游不断发展。

三、成熟期：20 世纪 90 年代后期至今

20 世纪 90 年代后期，工业遗产旅游之风吹遍全球，形成了广泛的影响。

一方面，英国、美国、荷兰、德国、奥地利、芬兰、匈牙利、西班牙、日本等老牌工业国家开始将工业遗产旅游视作稳定和促进工业经济的有效法宝[①]。在对工业遗产旅游重要性的认知方面，英国于 1993 年设立了工业遗产年，其目的是建立公众保护和参观过去遗产的意识。继英国之后，荷兰也在 1996 年举办了自己的工业遗产年。此外，为了强调现在和过去的工业历史，1999 年，欧洲诞生了一个将"工业

① ［美］Dallen J Timothy. 文化遗产与旅游［M］. 孙业红，等，译 . 北京：中国旅游出版社，2014.

遗产”创建为旅游品牌、利用旅游潜力促进地方或区域经济的想法，方法是通过成立一个名为“欧洲工业遗产之路”的泛欧洲网络，将能展现欧洲工业时代技术及社会文化历史的景点，包装成引人入胜且值得一游的观光胜地。欧洲工业遗产之路总计划于 2001 年 12 月在德国杜伊斯堡被正式提出，随后获得了欧盟后续的资金支持，在 2003~2008 年进一步发展，并于 2008 年正式注册。目前，其覆盖了欧洲 52 个国家的 1800 多个工业遗产场所，联合了政府、大学、工业遗产保护机构、旅游机构和民众。此外，欧洲工业遗产之路还建有及时更新的网站，关联了欧洲超过 1850 个网站并提供相关景点的信息，介绍欧洲各国工业史和重要的相关人物，积极宣传、组织有关的学术活动等。该平台的建立扩大了工业遗产旅游的影响力，为其他各国工业遗产的保护和旅游提供了丰富的经验。

另一方面，以南非、阿根廷、印度、伊朗、马来西亚、泰国、埃及等为代表的全球南方国家也开始关注工业遗产旅游。例如，位于马来西亚金宝的近打锡矿博物馆作为马来西亚锡矿遗迹旅游目的地，已经形成了较有影响力的辐射效应，促进了马来西亚锡矿工业遗产旅游景观的形成；伊朗的亚兹德市的纺织工业历史悠久，近年来除了打造纺织工业遗产景观之外，还举办了亚兹德纺织业博览会，以吸引各地观光客前来；此外还有埃及政府将阿斯旺水利工程枢纽纳入了尼罗河旅游线路之中。

与此同时，工业遗产相关的国际公约和准则的出台与完善也为国外建立成熟的工业遗产旅游体系打下基础。2003 年，世界上公认的第一部致力于指导保护和保存工业遗产的国际公约《下塔吉尔宪章》在俄罗斯通过；其明确了工业遗产的定义，肯定了工业遗产的历史、审美、稀缺性等价值，并提出工业遗产的保护与再利用应遵循完整性、就地保护、可持续发展等原则，为工业遗产立法、保护、维修以及宣传提出指导性意见。2011 年，国际古迹遗址理事会第 17 届大会通过了《都柏林准则》；该准则强调了工业遗产保存环境与非物质文化遗产的重要性，倡导对工业遗产进行“活态保护”，认识到持续活态遗产使用对于其传承发展的意义，并需要在采取相应的保护措施的条件下继续发挥其功能，还鼓励通过活态工业遗产、工业博物馆、展览、出版物、网站等方式多维度展示工业遗产。

随着环境保护意识和可持续发展观念的不断加强，人们对工业弃置地的更新与改造有了全新的认识，对工业遗产的问题不再局限于单纯的保护，还希望通过更佳的设计方法让场地重获新生并将工业遗产再利用作为城市更新的重要途径之一。科学技术的不断发展，生态和生物技术的成果，也为工业废弃地的改造提供了技术保障，使得工业弃置地的更新与改造朝着多元化、多样化、综合化的方向发展，工业遗产旅游与相关技术的结合也更加紧密。

具体而言，英国工业遗产的保护管理从重视前期保护、申报转向重视后期运作管理和合理利用的方向发展。德国工业遗产旅游从区域一体化的综合开发模式扩展到多种模式并存的开发模式，通过举办大型展览和大型节事活动来展现工业遗址背后的工业技术与文化，并将其与城市营销相结合，2010 年埃森市与鲁尔区同时当选欧洲文化之都，成为世界工业遗产旅游开发的典范。

工业文明是人类重要的文明体系，它与农耕文明一道构成了人类文明体系的两大支柱。工业遗产旅游作为一种依托文化遗产开展的旅游方式，不但有助于人们了解工业时代的历史、体会工业文明的意义，而且同生态及环境保护、城乡规划全覆盖、城市和谐发展、公众参与等社会发展课题相互渗透，强调从人地关系的视角全面探索城市工业遗产的旅游再利用，将工业遗产特性与游客体验需求、城市环境、社区发展、人民生活等社会高质量发展要素紧密结合，实现旅游再利用的可持续性①。世界其他国家的工业遗产旅游所积累的长达半个世纪的历史经验，显然值得我们借鉴。

第二节　国外工业遗产旅游的经验与不足

一、国外工业遗产旅游的经验

就工业遗产旅游而言，发达国家积累了丰富且成熟的经验，其共性之处主要是突出工业遗产底蕴，坚持多元化、差异化开发工业遗产资源，注重环境保护与可持续发展。具体可以总结为以下几个方面。

1. 妥善处理保护与重建的关系

实现工业遗产旅游地、工业遗迹的形象重塑，以实现既有废墟的景观化更新以及以工业遗产旅游促进环境优化、社区重建与城市更新的多重愿景，是目前相关先

① 丁新军.“地方性”与城市工业遗产旅游再利用——以美国马萨诸塞州洛厄尔国家历史公园为［J］.现代城市研究，2018（7）：68-76.

发国家通过工业遗产旅游提供给世界其他国家的经验。比如，德国北杜伊斯堡景观公园依托蒂森钢铁公司，在工业遗址的基础上进行改造，将 5 号高炉改成攀岩户外设施、煤气罐改造为潜水中心、1 号高炉改造成露天电影院、料仓改为儿童活动区域、配电供应室改为办公与餐饮区域、旧办公楼改为青年旅舍，形成了对旧有建筑分类的总体性改造。

2. 对工业遗产旅游资源的系统化开发

无论是德国鲁尔区的改造开发还是英国铁桥峡谷的保护与再利用，都是一个系统化的、有意识、有步骤、逐步细化资源的整合过程。其经验是：依托重要工业遗产点，结合周边环境景观，合理设计区域旅游线路，均匀分布工业遗产旅游产品。

我国的工业遗产分布自有其特色，在地域上形成大分散、小聚集的特点，如东北地区、长江流域老工业区密布，而西北地区极少。因此，可以借鉴国际上现有经验，考虑在开发和再利用中，分析工业遗产的内在价值，在区域的尺度上合理规划工业遗产改造的方式，建立分级开发的概念，同时做好功能的规划工作，在同一区域尽量实现功能的多样化，避免产生同质化问题，促进工业遗产保护和利用的均衡性和多样性发展。具体而言，可以通过构建重要景点、一般景点层级开发策略；寻找旅游目的地间的相互关系，系统化地利用旅游资源；按照地域、主题等线索，设计有特色的旅游路线，合理规划景区建设；按照景点层级配置相应服务设施。

3. 搭建工业遗产旅游协作平台

例如，“欧洲工业遗产之路”，它是一个能为游客提供丰富信息资料的旅游参观平台。网站上记录了重要的工业遗产信息，为公众提供了详细的旅游介绍，包括游览线路、服务设施、餐饮住宿，以及景点图片。网站上还展示了欧洲工业文明的历史和工业遗产的现状，为读者直观了解旅游信息和背景资料提供了很大的方便。此外，该线路拥有鲜明的主题，注重游客体验，并有多元化的旅游产品。从线路上看，欧洲工业遗产之路共分为 14 条欧洲主题线路，展示欧洲工业历史的多样性，且经常搭配历史人物传记，彰显欧洲工业历史间的联系及共同根源，每个景点都有 1~2 条主题线路覆盖。

这种平台化的建设对我国工业遗产旅游发展有较强借鉴价值。截至 2023 年，在我国工业遗产旅游领域，政府、旅游机构、研究机构尚无一个统一的协作平台，许多项目是因为游客或地方政府的推广而“出圈”的。今后应从本土发展特色出发，着重发挥政府的主导作用，搭建工业遗产旅游协作平台，理顺遗产管理、旅游开发、服务设施配套等之间的关系。

在互联网时代，平台是任何领域发展的优势，它加强了资源的共享性，避免了重复劳动，并有效地以“云技术”促进线下资源的协调性供给。在工业遗产旅游领域，相关政府职能部门可以与携程网、飞猪网等头部专业平台合作，构建具有公信度的互联网资源平台。

4. 建立全国统一的标识体系也是促进平台化建设的手段

视觉识别符号是一个重要的认知内容，对于高质量发展工业遗产旅游意义重大。目前我国在工业和信息化部、国资委、中国科学技术发展战略研究院等机构下分别都有国家级工业遗产体系，同时还有自然资源部的国家矿山公园体系，体系之间交错纵横，缺乏必要平台统领，未来我国工业遗产旅游要着重从构建全国统一平台的角度入手，形成资源的均衡化供给。发展区域、城市和旅游地间的相互协作的关系，对于我国系统化开发工业遗产旅游资源有着至关重要的意义。

5. 重视发挥政府的引导作用

发达国家政治体制虽然均为资本主义制度，但细究下来，每一个国家在政府运行的过程当中各有千秋。就目前所见而言，工业遗产在许多发达国家处于产权复杂的状态，部分产权属于私人或基金会，也有一部分产权属于政府。产权的复杂性使得在制定工业遗产旅游方案时，要将上述复杂性考虑进来。但无论如何，政府所扮演的角色仍然是值得重视的。

就其工业遗产旅游的具体操作而言，当中既有政府亲自下场主导的改造，也有由政府管理的基金会赎买相关遗产，或相关私人、财团或基金会向政府捐赠工业遗产等。政府在制定规划及政策时，其杠杆作用的积极意义显然不能忽视。

因此，我们应当重视发达国家的政府在工业遗产旅游工作当中所发挥的杠杆作用、协调作用与平台作用，应认识到虽然资本主义国家有所谓“私有财产神圣”一说，以及自由主义经济制度下私营经济的活跃，但是政府在相关工作当中所起到的积极作用，也是无可取代的。这无疑为我国工业遗产旅游提供了重要的经验，政府应在制定公共政策当中扮演积极的角色。

以日本工业遗产旅游为例，日本的群马县富冈制丝厂，由于产业调整，于 1987 年停止运营，但保留了完整的工业建筑和设备。从 1995 年开始，富冈市长开始与片仓工业株式会社进行交涉。2003 年，群马县知事建议制丝厂申报世界遗产。2005 年，片仓工业株式公社将富冈制丝厂捐赠给地方政府，此举既帮助企业卸下了资金

上的重担，也给了政府重新利用和开发制丝厂的机会。从此地方政府成为推动富冈制丝厂再利用的主导力量。在富冈市的努力下，富冈制丝厂还整合了周围的地域遗址，组成了近代绢丝产业遗迹群，完成了核心产业和地域及其周边的整体性保护。可见，政府的加入，能让已经逐渐退出历史舞台的老工业空间在新的社会环境下获得新身份、实现新价值。这种转变单靠企业或个人的力量是无法实现的，只有依靠政府主导才能完成资源的优化配置，理顺工业遗产再利用当中的矛盾。

二、国外工业遗产旅游的不足

不可否认，目前发达国家工业遗产旅游的成功经验值得我们借鉴，但也有许多需要我们予以重视的不足之处，具体而言有如下几个方面。

1. 工业遗产旅游开发过程中的“绅士化”问题值得关注

“绅士化”是老城更新过程中的一种现象，它对城市起着正负两方面的作用。正面是为更新地区提供更多就业机会，促进地区经济的积极发展，提升环境品质；负面是绅士化过程中的消极因素也会造成中低收入群体的实际需求被忽视、地区内的低收入居民被迫迁居、社会资源分配不公、两极分化愈渐严重、城市肌理被破坏、空间分化等问题。

开展工业遗产旅游的初心是实现社区、政府和投资者的共赢。许多发达国家的工业遗产旅游项目，原本是通过策划与项目主题相结合的大型旅游项目来开展，希冀能借此提升片区活力与居民的文化认同。因此在运营阶段，根据自身功能与空间特色，许多项目不约而同地相继策划了如国际设计周、高炉音乐节、旅游文化节等大型节庆活动，目标是在最短时间内，让片区的文化特色链接到市民的精神生活里，并让片区的经济价值嵌入城市的经济网络中，但往往事与愿违，形成不得不予以重视的“绅士化”问题。

作为城市更新的主要途径之一，工业遗产旅游当中的“绅士化”影响理应得到关注。比如，前文所述的美国纽约苏荷区，虽然其现已是公认的成功的工业遗产旅游地之一，但在其发展过程中也经历了由于地价、房租上涨而导致原来的低收入劳动阶层不得不搬出该地区的问题。此外，纽约曼哈顿切尔西高线公园在通过地标景观带来经济增长和资本积累的同时，也加剧了地区的绅士化效应，大量高收入人群迁入带动周边地区物价上涨，对所在地区原本的低收入群体造成负担。

除上述之外，巴黎环线小铁路（Ligne de Petite Ceinture，即“小腰带”）周边配套廉价住宅、完善周边社区基础设施，将改造收益回馈当地居民的策略则值得我们借鉴，这被看作“反绅士化”的一条新路。这一方案之于我国工业遗产旅游希冀实现的“自我绅士化”愿景具有较大的启示意义。

2. 盲目追求工业遗产地“原真性”问题

西方工业遗产源自工业考古学，而考古学所追求的是“原真性”目标，即最大可能、最大限度地保留工业遗产本体，使之成为供访客参观的对象，如对待北京故宫、埃及金字塔与希腊帕特农神殿一般。

而工业遗产旅游，若过于强调原真性，则会陷入“静态保护”的误区，即构建与一般历史遗产一样标准的参观场景。目前不少发达国家的工业遗产正是因为早期经验不够等缘故，过早地步入“静态保护”这一窠臼当中，不少工业遗产建筑难以发挥工业遗产旅游资源的优势，相反成为地方发展的累赘，沦为“城市中心被保护的废墟”。

但绝大多数工业遗产旅游所追求的“原真性”并不在于强调绝对的原始形态，而在于反映一种延续性的社会文化演变过程，并形成让参观者有代入感、参与感的沉浸式体验当中，盲目追求“原真性”，往往会在管理、运营上造成巨大的负担，而且绩效极低。目前在发达国家，已有不少类似案例。例如，英国布莱纳文工业景观，起初采取静态保护的方式，但由于成本太高，而且收效甚微，最后不得不开辟为景观公园，吸引游客前来。我国也有不少工业遗产，提前申报为“全国重点文物保护单位”，结果导致后续被开发难等现实问题束缚，成为开展工业遗产旅游的失败案例。

【本章案例 2】

某省有一处近代冶炼工业遗产，当地文化人有感于有可能被拆毁，遂联名向国家文物局致函，请求保护。经过多方争取，该遗产被认定为全国重点文物保护单位。由于该遗址占地面积巨大，相关经费不足以支撑其日常修缮维护，多年之后，当地准备将该遗产地开发为工业遗产旅游公园，但许多建筑因为属于“国保”，而难以进行改造，每次改造都需要层层报批、论证，手续烦琐且多难以通过审批，因此只有作罢，至今该遗址仍处于半废弃状态。

因此，对原真性的保护并不一定是将它锁定在历史的某一个时空点，更不是将其当作“故纸堆”似的历史研究对象。原真性的保护不仅是历史场景的延续，更是基于“让文物活起来”的活化更新，这也是我国发展工业遗产旅游过程中需要注意的问题。

3. 应尽可能避免工业遗产旅游开发中的同质化现象

研究国外工业遗产旅游案例目前所存在的问题不难发现，同属一地的废弃工业基地，往往具有较高的相似度，如德国鲁尔区和关税同盟煤矿工业建筑群，皆多以煤炭工业遗产为主。在推广工业遗产旅游的过程中，确实存在着同质化竞争的局面，如鲁尔区当中不少工业遗产公园大同小异，极易让人产生审美疲劳。

我国工业遗产廊道目前正在建设当中，当中开展工业遗产旅游的空间较大，许多工业遗产实际上因为先前生产需要的因素，显示出了同质性。如多个相同的矿井或数个差异不大的车间，在这种情况下，对这些工业遗产进行旅游导向的开发，当然不能统一规划设计，要注重其特性并瞄准不同的细分市场需求。

发达国家在工业遗产旅游领域确实因“先行一步”而取得了令人瞩目的成绩，相关经验也值得我们借鉴，但与此同时也应注意到，发达国家的工业遗产旅游正因其先行，而导致一些问题也逐渐暴露在外，部分问题成为不可忽视的教训，同样也值得我们三思。

第三节　国外工业遗产旅游相关重要案例

一、铁桥峡谷

铁桥峡谷（Ironbridge Gorge）位于英格兰西部的什罗普郡塞文河畔，占地面积达 10 平方公里，铁桥建于 18 世纪初，是世界上第一座铁桥，也是 18 世纪英国工业革命的象征。1986 年，铁桥峡谷被列入《世界遗产名录》，这也是世界上第一例以工业遗产为主题的世界文化遗产。

同时，英国铁桥峡谷是一个以工业博物馆群落为主题的世界文化遗产聚落；其特点是以城镇为背景的多个飞地连接，将多个工业遗产打包联动发展，整体建设成一个以城镇为背景的工业博物馆小镇。该公园通过对原有的工业遗产进行保护，恢复遭受破坏的生态环境和建造主题博物馆的形式，发展旅游业，打造由达比故居群、煤溪谷钢铁博物馆、引擎动力博物馆、铁桥峡博物馆、铁桥及收费站、布什利陶烟斗博物馆和杰克费得瓷砖博物馆共计 7 个工业纪念地和博物馆以及 285 个保护性工业建筑共同组成的旅游目的地。

二、泰特现代美术馆

泰特现代美术馆（Tate Modern）坐落于伦敦市中心的泰晤士河南岸，是英国的一家现代美术馆，其前身是服役于 20 世纪 50~80 年代，用作伦敦大都会地区主要电力供应的河畔电站。20 世纪末，这座古老的发电厂在一系列因素的合力推动下，历经 5 年改造为美术馆，并于 2000 年落成开放，目前已成为欧洲乃至全世界最负盛名和最具影响力的公共艺术空间之一。

今天的泰特现代美术馆由瑞士建筑家赫尔佐格和德·梅隆改建而成，他们将主要的精力放在美术馆的西半部分，该部分可以通过西面的斜坡或从南面的新广场到达。另外，他们想把见证过该地区工业活动的三叶草形油罐的被掩埋之地作为新老建筑的分界点。依托对这些油罐的再利用，设计者们不必将新的建筑建造于地面之上，而是可沿此处以向下挖掘的方式建造。当时在建造涡旋厅时，为将已设计好的庞大建筑转变为现实，他们也采取了挖掘的方法，以适应建设 21 世纪初期现代化博物馆的需要。

泰特现代美术馆展示空间大小不一，这主要是满足古典美术馆的展览需要。在这里，设计者增加了一些新的建筑结构：有一些结构外形上不一定是直角；另外一些结构里有许多大的支柱，有利于扩大空间，增强当前建筑的艺术潜能和美术魅力。此外，还在五楼处架设了一座天桥，由此，一条仿佛悬于空中的宽阔大道横穿于整座新的建筑之中并穿越几个重要的地理位置。这些区域中串联着一些“关键性空间”——新旧博物馆中的画廊与美术馆，它们作为极具吸引力的空间，为参观者带来一种全身心的空间体验。

三、苏格兰邓迪麻纺博物馆

苏格兰邓迪麻纺博物馆（Dundee Textile Museum，Scotland）坐落于邓迪市黑色区的一个麻纺厂旧址内，是英国一家介绍当地纺织产业历史的博物馆。麻纺厂在 1991 年被邓迪文物信托公益组织购买，该组织在对这栋建筑重新修复后于 1996 年将其作为博物馆对外开放。

这是一个聚焦于当地纺织产业的博物馆，也是英国唯一一家麻纺博物馆。纺织行业在历史上一度主宰过邓迪市的经济命脉，在1860~1870年麻纺织业发展的高峰时期，邓迪市内有超过60家纺织厂，雇用了超过5万名工人，同时还带动了造船、运输和工程等产业的发展。1987年，这个麻纺厂的建筑被苏格兰遗迹中心定为A类保护建筑，意味着这是苏格兰最高级别的历史保护建筑之一。如今，邓迪麻纺博物馆讲述着邓迪市的纺织工业历史故事，尤其是黄麻和亚麻产业。其中的黄麻展览涵盖了黄麻产业的整个历史，包括制造、研究和发展、成品、质量控制、纺织工程和工人的生活等各个方面，其物品展示有机械模式、黄麻和亚麻制品、小型工具、技术制图、质量管理和测试设备等，当中记录着麻纺厂及工人的一些档案和图片有着极其重要的历史研究价值。

四、康沃尔和西德文郡采矿景观

康沃尔和西德文郡采矿景观（Cornwall and West Devon Mining Landscape）位于英国英格兰西南区的康沃尔郡和德文郡，占地面积197.19平方公里，是英国最大的世界工业遗产。2006年，康沃尔和西德文郡采矿景观被联合国教科文组织世界遗产委员会批准作为文化遗产列入《世界遗产名录》。

该景观主要包括10处矿区遗址，其中，康沃尔郡9处、德文郡1处。由于采矿业的快速发展，18~19世纪早期，康沃尔郡和德文郡的景观得到了重塑。地表深处的地下矿井、动力车间、铸造厂、卫星城、小农场港口和海湾，以及各种辅助性的产业都体现了层出不穷的创新，正是这些创新使该地区在19世纪早期生产了全世界2/3的铜。19世纪60年代，该地区的采矿业逐渐衰落，但许多动力车间被保留了下来。该矿场内的大量遗迹反映了康沃尔郡和德文郡对英国工业革命的贡献，以及该地区对全球采矿业发展的深刻影响。

五、关税同盟煤矿工业建筑群

关税同盟煤矿工业建筑群（Zeche Zollverein）位于德国埃森北部，曾是世界上规模最大、最现代化的煤炭开采系统，是欧洲重工业发展的缩影。鼎盛时期曾有8000名矿工日夜在矿井和地面建筑中工作。在1986年停产前，此处的煤炭挖掘和处理已有135年的历史。

关税同盟煤矿工业建筑群于2001年被联合国教科文组织指定为世界遗产，同年成立关税同盟发展责任有限公司，公司包括关税同盟基金会与工业纪念物历史文化保存基金会等，对这个已不再运行的工业建筑群进行保存与再利用。

如今该矿区凭借其深受包豪斯风格影响的建筑成为现代工业建筑的标志，同时也已建设为一个艺术和文化中心。在这里，可以了解 20 世纪 20~30 年代的现代化以及重工业的发展。每年约有 10 万名有组织的旅游者光顾这里，而自行来这里的游客更达 50 万之多，已经成为德国甚至世界上一个重要的景点。

六、弗尔克林根钢铁厂旧址

弗尔克林根钢铁厂（Voelklingen Ironworks）是一座位于德国萨尔州弗尔克林根市，拥有超过百年历史的炼钢厂，占地面积 6 万平方米，由冶金工程师朱利叶斯·布赫始建于 1873 年。后因经营不景气，布赫于 1879 年关闭工厂。1881 年，萨尔商人卡尔·罗林买下了弗尔克林根钢铁厂；1883 年，弗尔克林根钢铁厂的第一座高炉投入运行。此后，弗尔克林根钢铁厂飞速发展，并在 1890 年成为当时德国乃至全欧洲最先进、产量最高的炼铁厂之一。

1986 年，弗尔克林根钢铁厂的最后一座高炉熄灭，自此，弗尔克林根钢铁厂的钢铁时代结束。1987 年，弗尔克林根钢铁厂被列为德国国家历史古迹。1994 年，弗尔克林根钢铁厂被联合国教科文组织宣布为世界文化遗产，这也是德国第二个被列入《世界遗产名录》的工业遗产。

目前，弗尔克林根钢铁厂的基本部分已被改造为工业博物馆，周边一些小型模具房等车间也被改造为地方大学的实验中心和实习基地，矿石堆场被改造为摄影和图片艺术展厅，露天摇滚演唱会、室内音乐会等文化活动也经常在这里举行，已经成了著名的工业遗产旅游文化中心及主题公园。

弗尔克林根钢铁厂是整个西欧地区现存唯一一处保存完好的综合性钢铁厂遗址，展示了 19 世纪和 20 世纪时期建造和装备的钢铁厂风貌，在德国乃至世界都具有较强的影响力与代表性。

七、北杜伊斯堡景观公园

北杜伊斯堡公园（North Duisburg Park）位于德国的鲁尔工业区，于 1994 年部分建成开放，占地面积约为 2.3 平方公里。该公园是基于废弃的北杜伊斯堡钢铁厂建成的工业景观公园，由德国景观设计师彼得·拉茨带领团队于 1991 年规划设计，

1994 年正式对外开放。

1985 年钢铁厂倒闭，1989 年政府决定将其改造成为埃姆舍公园的一部分。园内有工厂区、广场、绿地、花园、林地、运河支流、水景等。

1990~2001 年，当地政府邀请彼得·拉茨共完成了 9 个子项目的设计，该公园逐渐成为世界上最为著名的后工业景观的代表作。其设计模式被称为“杜伊斯堡模式”，是后工业景观诸多模式之一。这种模式的设计手法以“原真性”为指导原则，充分保留场地中的建筑物、构筑体以及基本的空间结构；对自然的生长过程与破坏过程不掩饰，在展现工业文明的同时充分调动参观者的积极性；通过有限的新元素对原有构筑物及工业景观进行重新诠释。废旧的贮气罐被改造成潜水俱乐部的训练池，用来堆放铁矿砂的混凝土料场被设计成青少年活动场地，墙体被改造成攀岩者乐园，一些仓库和厂房被改造成迪斯科厅和音乐厅，以巨型的钢铁冶炼炉作为背景进行交响乐演出活动等。这是一种融合建筑设计、大地艺术等学科领域的理念和手法，依靠生态科技的新发展，形成的一种复杂而综合的景观艺术模式。

八、奥伯豪森购物中心

奥伯豪森（Oberhausen）位于德国中西部鲁尔区，原是一个富含锌和金属矿的工业城市，但逆工业化使该地大量工厂倒闭，后期终于成功地找到这条将购物旅游和工业遗产旅游有机结合的振兴之路。它在原工厂废弃地基础上，依据摩尔购物区的概念，新建了一个大型的购物中心，同时开辟了一个工业博物馆。奥伯豪森的森特罗购物中心共两层，驻扎着 220 家国内和国际品牌店，卖场面积超过 10 万平方米，并有 14000 个免费车位供客人使用。游客在森特罗长廊旁的 20 多家餐厅内可品尝到来自世界各地的特色美食。附近还有不少步行可达的休闲景点，如音乐剧院、冒险公园、游船码头和城市标志性建筑——117 米高的煤气罐、直径达 67 米的巨型储气罐（若拆除需花费 1022 万欧元）。购物中心并非单纯的购物场地，还配套有咖啡馆、儿童游乐中心、网球和体育中心、影视娱乐中心及由废弃矿坑改造而来的人工湖等。因其拥有独特的地理位置和便利的交通，该地已成为整个鲁尔区购物文化的发祥地，也是欧洲颇具特色的购物旅游中心之一。

九、西雅图煤气厂公园

西雅图煤气厂公园（Gas Work Park，Seattle）位于美国西雅图市联合湖北部的山顶，原址是西雅图城市照明用气公司的厂房。该厂于1906年为提炼煤气而建，20世纪50年代，由于开始供应天然气而被废弃。鉴于旧工厂所在地的生态环境质量极差，严重缺乏绿色空间，当地政府遂决定买下工厂的所在地并将它改建为城市中央公园。景观设计大师理查德哈格巧手独创，在1975年建成了占地8万平方米的“西雅图煤气厂公园”，将锈迹斑斑的工业化设备化成自然景观的一部分，也让煤气厂公园成了西雅图最负盛名的公园之一。

整个公园将油塔、输油管架和其他工业垃圾合理利用，红、黄、橘红、蓝和紫色的各式压缩机和蒸汽管高低错落，使“垃圾岛”变成了工业垃圾的“文物展览馆”。而从联合湖上远远望去，“整个垃圾岛”又仿佛是记载工业时代文明及历史的机器雕塑。同时，由于旧工厂的土壤毒性很高，几乎不适宜用作任何用途，设计师没有采用简单且常用的用无毒土壤置换有毒土壤的方法，而是采用了一个史无前例的方法来净化土壤。他利用细菌来净化土壤表面现存的烃类物质，这样也减少了投资。设计师们将这些工厂设施精心处理后，分散布置于公园各处，并为参观者保留了自由活动空间。

西雅图煤气厂公园是世界上对工业废弃地恢复和利用的典型案例之一，它的地理位置、历史意义和美学价值，使该公园及其建筑物成为人类对工业时代的怀念和当今对环境保护的关注的纪念碑。在景观设计上，设计师采用保留与再利用的手法和艺术加工等处理方式，尊重了场地现状，同时优化了城市生态环境，是国际上体现城市文脉并节约资源的生态景观设计典范。

十、纽约高线公园

纽约高线公园（High Line Park）是一个位于美国纽约曼哈顿中城西侧的线型空中花园。“高线”是一段约9米高的高架铁路，建于1930年。它原是一条连接肉类加工区和三十四号大街的哈德逊港口的铁路货运专用线，于1934年通车，主要负责运送食品和工业制品等。20世纪50年代以后，随着公路运输业急速发展，这条铁路逐渐废弃，面临被拆除的命运。

1999年，一些纽约的当地居民成立了非营利组织“高线之友”（Friends of the High Line，FHL），呼吁建设“高线公园”，并作为公共空间重新利用。在该组织与一批社团、周边社区的积极呼吁和推动之下，这一创意获得了时任纽约市市长布隆伯格及市议会的支持。布隆伯格2006年亲自主持了高线公园的动工仪式，高线终

于得以保护，并建成了独具特色的空中花园走廊，为纽约赢得了巨大的社会经济效益，被认为是工业遗产公益性开发和国际设计的成功典范。

现在，高线公园是一条连续的 2.33 公里长的绿道和拥有 500 多种植物的公园，成为曼哈顿西区及其他地区不可或缺的资源。公园的设计和植被等基本保留铁路原线路的本来面貌，蜿蜒纵长的铁路线周边点缀了木质长椅等特殊元素，大部分植物是长得很高的草类，再现当年高架铁路被长期搁置而长出野花野草的感觉，也让居民和游览者在钢筋水泥间有了休憩空间。

新景观“盘活”了周边社区，提升了周边地产价格，不少餐饮、文化店面及机构进驻沿线地区。除了公共空间和花园之外，高线公园还拥有各种公共项目、文化艺术活动，以及丰富多彩的表演，免费向所有人开放，因此游人可以在花园中漫步、欣赏艺术、观看表演、品尝美味佳肴等。“高线之友”组织认为，工业遗产的重新开发和利用并非一蹴而就，离不开持续地注入“活水”，而文化就是“活水”的最佳源泉。

十一、奥赛博物馆

奥赛博物馆（Musée d’Orsay）位于法国塞纳河左岸，和卢浮宫斜对，隔河和杜伊勒里公园相对，由废弃多年的奥赛火车站改建而成，1986 年年底建成开馆。改建后的博物馆长 140 米、宽 40 米、高 32 米，馆顶使用了 3.5 万平方米的玻璃天棚。博物馆实用面积 5.7 万多平方米，共拥有展厅或陈列室 80 个，展览面积 4.7 万平方米，其中长期展厅 1.6 万平方米。该馆收藏近代艺术品 4700 多件，与卢浮宫、蓬皮杜中心一道被称为巴黎三大艺术博物馆。

奥赛博物馆的展品按艺术家的年代和流派分设在大厅的底层、中层和顶层。底层展出的是 1850~1870 年的绘画、雕塑和装饰艺术作品，其中有安格尔、德拉克洛瓦、德加、莫奈、罗丹等的作品。中层陈列的是 1870~1914 年的作品，其中有第三共和国时期的官方艺术、象征主义、学院派绘画以及新艺术时期的装饰艺术作品。顶层集中展示的是印象派以及后印象派画家的作品，是世界上收藏印象派主要画作最多的地方。因此，有人称之为“印象主义画家的殿堂”。该博物馆不但内部收藏各类的艺术品，古典主义艺术风格的建筑物本身也颇有看头。它的屋顶采用玻璃，可在自然光线下欣赏艺术作品。

奥赛博物馆日常开放参观时，都会展出大约 3000 件艺术品。博物馆内有一个

1∶100 比例的巴黎周边地区模型，借此让游客可以了解巴黎的城市规划，这使得这个博物馆成为巴黎最受欢迎的景点之一。

十二、阿达的克里斯匹工业社区遗址

阿达的克里斯匹工业社区遗址（Crespi d'Adda），简称阿达社区，位于意大利北部伦巴第大区贝尔加莫省的阿达河左岸，由克里斯匹家族于 19 世纪和 20 世纪初在自家纺织工程旁边建立，其建立目的为安置工人及其家属。阿达社区于 1995 年年底被选为世界文化遗产，是 19 世纪和 20 世纪初欧洲和北美“公司镇”（company towns）的著名典范，是一些规模较大的实业家为满足工人们的需要而修建的。尽管受到现代社会经济和社会环境的变化的威胁，但这些场所仍然保存完好，并部分仍被用于工业生产。

阿达社区保留了原有的城市建筑风貌，体现了现代工业于意大利诞生时期最富代表性的建筑集群。整个社区的发展是以工厂为轴心的。20 世纪中期现代主义风格的工厂有着装饰富丽堂皇的大门和高耸的烟囱。工厂旁边的中世纪风格别墅配有象征克里斯匹家族的权势的塔楼。工厂的东侧由约 50 座被果园和花园包围的用铁和砖建造并以陶器装饰的小房子沿街相连。而在工厂的前方，并排着学校和教堂。教堂为文艺复兴时期阿斯托·阿西齐奥圣玛利亚教堂（位于克里斯匹家族家乡瓦雷泽省的一座教堂）的翻版。

1929 年金融危机以及意大利法西斯政府出台的经济政策导致整个社区被出售转让。今天，该社区由一群企业家经营，并且社区内的常住人口在持续下降，逐步成为一个纯粹的工业旅游景区。

十三、意大利都灵工业遗址改建公园

意大利都灵工业遗址改建公园（Industrial Heritage Park in Turin，Italy）位于多拉河（Dora）沿岸，由莱兹及其合作伙伴设计。1998 年政府对河畔原有的废弃工业用地推出改建计划，使得该地区目前有众多的工业遗迹值得保存。随着社会结构转型，当地城市景观也逐步展现出不同的面貌。这个拥有可持续发展理念的公园共包括“接待区”“活力空间”“米其林工厂区”“瓦达克公寓”四个独立的区域，每个区域都具有自己的个性，相互联系紧密为一个整体。

接待区是整个公园中最为狭长同时也是设计最为丰富的一片区域。公园的入口区域设有坡道和 6 米高的景墙，一直通向公园的南部，该区域提供了许多不同的活动空间以及休憩空间。维塔利钢铁厂的巨大大厅结构形成了公园中心区域。屋顶上的巨大结构和外壳被拆除，30 米高的红钢柱看起来像一个“未来丛林”。以前米其林工厂的区域发展成一个宽敞的草地公园，目前已成为意大利重要的工业遗产旅游目的地。

十四、里多运河

里多运河（Rideau Canal）位于加拿大安大略省南部的渥太华和金斯顿，与渥太华河交汇，于 1832 年夏天正式开放，长度约 202 公里。里多运河包括 47 个石建水闸和 53 个水坝，是 19 世纪工程技术的奇迹，也是北美至今仍在使用的最古老的运河之一，2007 年被选入《世界文化遗产名录》。

里多运河建造的初衷是防止美国在 1812 年战争中封锁英军所依赖的圣劳伦斯河，由皇家工兵部队上校约翰·比设计并监督完成，以强化防御工事。

现今，里多运河成为加拿大重要的工业遗产旅游目的地，春夏秋冬，四季皆有美景。最为人知的美称当数“世界最长的滑冰场”。每年 2 月中旬渥太华都会在冰冻后的里多运河举办热闹非凡的冬季狂欢节，冬庆节的所有活动都围绕冰雪题材展开，除了有冰雕展、雪橇活动、破冰船之旅外，还有冰上曲棍球赛、雪鞋竞走以及冰上驾马比赛等精彩活动。冬庆节已经成为渥太华一个重要的文化节庆，同时也是整个北美洲地区最吸引人的冬季旅游活动之一。而在世界最长的滑冰场——里多运河上滑冰则是冬庆节中最具有特色的项目，冬季的里多运河已成为加拿大滑冰爱好者的首选之地。

十五、BP 石油遗址公园

BP 石油遗址公园（BP Petroleum Heritage Park）位于澳大利亚北悉尼威弗敦半岛，占地面积 2.5 万平方米，于 2005 年正式向公众开放，是北悉尼滨水地区中第一个被改造成公园的工业场所。19 世纪 30 年代起，该区域先后被用作悉尼农作物的储存和运输港口、军工业港口、油库。1997 年，新南威尔士州政府决定将这一带再利用为公园。该公园的设计理念不仅是保留油库的场地特征、重塑工业景观，更包括采用可持续设计手法优化生态环境。BP 石油遗址公园不仅在本土获得了 2006 年澳大利亚景观设计师协会（AILA）国家项目奖、2006 年北悉尼景观与生态可持续发展优秀奖，更赢得 2005 年 AILA 总体优秀奖和优秀设计奖，成为全球知名的更新项目。

BP 石油遗址公园的设计保留了场地的工业遗迹和海港特征，表现为连续的开放空间和大片的湿地，壮观的观景平台悬踞在高高的半圆形砂岩悬切面上，这里曾经矗立着巨大的储油罐。混凝土和金属阶梯将各个空间连接起来，方便游人欣赏岸边的亲水性野生生态系统。此外，BP 石油遗址公园原场地作为油库使用长达 60 多年，已经不可避免地受到污染。因此，在改造成公园时，设计师们采取了一系列环境可持续性设计手法，将场地被污染的土壤与有机物相混合，重新加以使用。为了恢复场地的自然植被，他们还特意从附近的自然保护区一带收集了大量植物原种，经育种后当作绿化种苗使用。重建的灌木丛和湿地构建出场地遗址周遭的环境框架。在材料上主要使用了混凝土和镀锌钢材，这两种材质不仅具有低成本、低损害和低维护的特征，同时也象征着这块场地的往昔岁月。

BP 石油遗址公园作为悉尼港重要的工业遗产旅游范例，为之后当地滨海工业遗产开发树立了典范。它不仅把优美的海滩交还给悉尼民众，同时也构建了悉尼港地区工业遗产旅游项目的重要范例。

十六、横滨红砖仓库

日本横滨红砖仓库（Old Warehouse Area of Yokohama Wharf，Japan）始建于 1911 年，因其红色的砖瓦外墙而得名。当时的明治政府为配合刚刚兴建的横滨新港码头，建设了这个日本最先进的示范仓库。仓库分为并排的 1 号仓库和 2 号仓库两座，2 号仓库安装有当时日本最早的电梯、避雷针和消防栓，而 1 号仓库内至今仍保留着当年使用过的电梯。仓库建成后作为横滨港的贸易集散和物流基地而快速繁荣发展起来，货物交易量曾在 20 世纪 50 年代达到过历史的顶峰。然而 20 世纪 70 年代以后，随着新型海运形式的诞生，物流集散中心开始变迁，红极一时的红砖仓库也于 1989 年完成了它半个多世纪的使命。

废弃后的红砖仓库繁华不再。在许多日本人的记忆中，废弃的红砖仓库是“外墙满是涂鸦、四处一片荒凉”的萧条景象。1989 年，为配合新城区规划和实现废物再利用改造，横滨市政府买下了红砖仓库，并开始对其进行保护原貌的修缮。

2002 年，修葺一新的红砖仓库作为新兴的商业设施重新开业。其外表保留了原有的模样，而内部空间则进行了重新分割。如今，我们看到的是融合古老建筑和

现代气息于一身的酒吧、餐馆、商店和艺术空间，红砖仓库已变身为人们观光、休闲、娱乐的综合文化商业场所。2 号馆（原 2 号仓库）汇聚了时装、饮食、特产、精品店等众多各具特色的时尚店面，大部分的店内仍保留着仓库原有的红砖墙面和开阔的顶棚。1 号馆（原 1 号仓库）内设有多功能厅和共享空间用于承办各种活动。其欧式风格的内部构造非常适合各种艺术类展览，许多艺人的现场演唱会、音乐会、歌舞剧、戏剧也在此上演。港口仓库的粗犷和流行元素的完美结合让这里成为日本工业遗产旅游重要的目的地。

十七、维利奇卡盐矿

波兰克拉科夫的维利奇卡盐矿（Kopalnia soli，Wieliczka）是一座从 13 世纪起就开采的盐矿，现在已基本停产，且经过多年的开采，目前已经在地下 130 多米深的盐道上建起了世界上罕见的游览胜地。

盐矿地下有 9 层，最浅处在地下 64 米，最深处在地下 327 米，所有通道的总长合计为 250 公里。游客由盐矿导游带领游览，不能脱队，因为地下如同迷宫，迷路非常危险。整个区域目前只对游客开放了 1%，走完整个游览线路需要 3 小时左右，游客可以深入到地下 64~135 米处。令人震惊的是，盐矿中有以前挖盐运盐过程的完整展示，有盐工建造的 40 多座教堂，有餐厅、休息厅、博物馆、盐雕壁画、盐晶灯、地下湖泊等，还有帮助人们治疗哮喘和过敏的康复疗养中心，就像一座地下城市。最壮观的圣金嘉公主礼拜堂，高 12 米、长 54 米，最宽的地方有 18 米。美丽的吊灯是盐晶。教堂内有根据达·芬奇名画创作的盐制浮雕《最后的晚餐》等。参观者还可以穿上工装，戴上头顶灯，深入半对外开放的坑道徒步几小时，模拟当年工人采掘盐矿的情景。目前，维利奇卡盐矿已被联合国教科文组织列为世界文化遗产，是波兰国宝级景点和名片。

十八、欧鲁普雷图古镇

欧鲁普雷图古镇（Historic Town of Ouro Preto）位于巴西东南部的米纳斯吉拉斯州伊塔科罗山脉附近，建立于 17 世纪末，是巴西著名的采矿工业遗产地。因为这里的黄金表面呈现出黑色的光泽，因此欧鲁普雷图又被称为“黑金之城”。

欧鲁普雷图是巴西历史上淘金热的发源地，是巴西独立运动的摇篮，还是巴西的一座文化丰碑。到了 19 世纪，当地金矿资源日渐枯竭，这里的影响日渐减小，但当地众多的教堂、桥梁和喷泉仍然向人们展示着这里过往的繁荣，也使这里成为巴西巴洛克建筑和艺术的宝库。

欧鲁普雷图现有设计精巧、装饰豪华的大教堂 13 座，5 个大博物馆和 9 座小教堂。以雕刻家和建筑家安东尼·弗朗西斯科主持设计施工的教堂最为著名，如蓬热苏斯教堂内的先知群像，蒙特·卡尔梅罗教堂的滑石雕刻，阿西斯圣方济各教堂的正立面等。还有一座知名的教堂——皮拉尔教堂，它用了 4000 千克黄金装饰大殿，十分奢华。为此，欧鲁普雷图被巴西政府列为“国家财产”。

十九、罗兹纺织业中心博物馆

罗兹纺织业中心博物馆（Central Textile Museum，Lodz）是波兰重要的纺织工业博物馆，馆中收集了与纺织品制造过程相关的各种物件，从原材料到产品（工业化生产的纺织品和使用艺术处理过的纺织品）以及服装。博物馆的所在地过去一直被人叫作“白色工厂”，是古典主义工业建筑中最美丽的建筑。该博物馆面积达 10500 平方米，其中有 5000 平方米仅用作展览空间。

工厂原本由路德维克·葛耶在 1835~1839 年建造，是波兰的第一个“多部门工厂”，拥有第一个机械纺纱室、纺织室和棉织物印花车间。波兰的第一台蒸汽机就保存在这里。纺织业中心博物馆分为历史、科技和生产等区，还有与制成品、时尚物品和民间纺织品相关的分区。罗兹纺织业中心博物馆成立于 1960 年，是欧洲工业遗产综合博物馆之一。博物馆馆藏和教育活动涉及纺织品生产的各个方面，从使用的纤维、使用过的各种纺织技术和科技，到不同加工程度的最终产品。所有收集到的藏品都经过分析和分类，经过保存处理后以各种形式进入博物馆的专门部门。

自 1972 年以来，该博物馆一直是国际纺织艺术三年展主办单位，并自 1982 年成为唯一主办方。目前，该展是世界上历史最悠久、规模最大的当代纺织艺术国际展。展览面积 2500 多平方米，参观人数可超过 3 万人。此外，该博物馆还是波兰民俗舞蹈“哈纳姆”（Harnam）的宣传展示中心。

二十、赛默灵铁路

塞默灵铁路（The Semmering Railway）位于奥地利中部下奥地利州和施泰尔马克州交界处的山区，建于 19 世纪中叶（1848~1854 年），全长 41.9 公里，作为世界上第一条高山铁路，是欧洲伟大的土木工程，也是欧洲铁路建筑史上的里程碑。铁

路沿途隧道、高架桥以及其他工程的建造居当时的最高水平，因此一直沿用至今，于 1998 年被评为世界遗产，也是第一条入选《世界遗产名录》的铁路。

塞默灵铁路两侧是雄伟的高山，景色十分壮观。从车窗放眼望去，远处的山峰覆盖着终年不化的白雪。沿途有些村庄中红顶石砖的别墅错落有致，仿佛中世纪的油画。如今该铁路作为欧洲重要的铁路工业遗产旅游目的地之一，已经成为奥地利工业遗产旅游的标志。

第七章

国内外工业遗产旅游相关文件及组织机构

【本章引言】

通过学习本章的内容，可以了解国内外工业遗产旅游的相关文件与组织机构，借助我国工业遗产旅游相关文件、国外工业遗产旅游相关文件等文化政策文本以及工业遗产旅游相关组织机构等组织形式来把握国内外政府部门、第三方组织等主体对工业遗产旅游的认知变化与引导方向。

【学习目标】

1. 了解我国工业遗产旅游相关文件。
2. 了解国外工业遗产旅游相关文件。
3. 了解国内外工业遗产旅游相关组织机构。

第一节　我国工业遗产旅游相关文件

我国工业遗产旅游相关文件根据效力位阶可分为国家法律规章、意见及规划，部委及地方政策与指导性文件，以及学界共识三部分。其中国家法律规章、意见及规划包括与工业遗产旅游相关的法律、行政法规、政策建议与党内法规制度，发布主体为中共中央、国务院、全国人大或全国政协等中央级部门；部委及地方政策与指导性文件主要为与工业遗产旅游相关部门的规章与地方性法规，发布主体为中央有关部委、国际组织中国委员会、省（自治区、直辖市、新疆生产建设兵团）、市（地区、自治州、市辖区）委或同级政府（含政府组成机构）、人大、政协等；学界共识则指国内有关主体对工业遗产旅游相关概念、价值与理念所达成的共有认知文本，发布主体多为高校、科研机构、学术社团或大型学术会议等。

开展工业遗产旅游，掌握有关法律法规、政策、文件是关键。我国工业遗产旅游工作起步较晚，尽管就目前而言，相关制度、文件并不够健全，但就现实所取得的相关成果而言，仍然可以说有着质的进步，值得肯定。

一、国家法律规章、意见及规划

我国工业遗产旅游相关法律法规主要出现于工业旅游、工业遗产、工业文化、产业结构转型与城市更新等主题法律法规中，具体包括以下文本。

1.《中华人民共和国文物保护法》

1982年11月19日由全国人民代表大会常务委员会通过，2017年做第五次修订。该法是“为了加强对文物的保护，继承中华民族优秀的历史文化遗产，促进科学研究工作，进行爱国主义和革命传统教育，建设社会主义精神文明和物质文明”而制定。其中第二条第二款、第五款为工业遗产“遗产化”提供了基础法支持，工业遗产作为文物在进行旅游开发时也需遵守“保护为主、抢救第一、合理利用、加强管理”的方针。该法规定了工业遗产旅游开发保护过程中所有权的法律保护问题及应当遵守国家有关文物保护的具体法律法规规定。其中第九条规定“基本建设、旅游发展必须遵守文物保护工作的方针，其活动不得对文物造成损害”。工业遗产旅游中涉及的文物保护单位、不可移动文物、历史文化名城等概念以及相应行为的法律责任在其中都有所体现。

2.《中华人民共和国文物保护法实施条例》

2003 年 5 月 18 日由国务院公布，2017 年做第四次修正。该实施条例为《中华人民共和国文物保护法》做了具体的实施规定，其中有关文物保护单位的相关条款为工业遗产保护开发提供了具体指导。如其中第三条对国有文物保护单位的事业性收入用途的说明、第二章对文物保护单位保护范围与管理制度等内容的细化规定，均为文保单位在进行工业遗产旅游规划时如何处理与周围环境的历史现实关系形成实施引导，其中有关文保单位建设控制地带的确定条款为工业遗产范围划定提供了法律条文依据。

3.《国务院关于加快发展旅游业的意见》

2009 年 12 月 1 日由国务院制定公布。其中主要任务“培育新的旅游消费热点”要求：“大力推进旅游与文化、体育、农业、工业、林业、商业、水利、地质、海洋、环保、气象等相关产业和行业的融合发展。支持有条件的地区发展生态旅游、森林旅游、商务旅游、体育旅游、工业旅游、医疗健康旅游、邮轮游艇旅游。”

4.《工业转型升级规划（2011~2015 年）》

2011 年 12 月 30 日由国务院制定印发。该规划是国务院在落实“十二五”规划纲要于工业发展方式转变工作中的行动纲领，其在第四章“重点领域发展导向”第六节“加快发展面向工业生产的相关服务业”中指出，“积极开发和保护工业旅游资源，推进工业旅游示范与服务标准化建设，大力开发工业专题旅游线路和旅游产品，加快完善工业旅游市场体系”。

5.《中华人民共和国旅游法》

2013 年 4 月 25 日由第十二届全国人民代表大会常务委员会第二次会议通过，2013 年 10 月 1 日起施行，2018 年做第二次修正。其中第二十三条要求：“国务院和县级以上地方人民政府应当制定并组织实施有利于旅游业持续健康发展的产业政策，推进旅游休闲体系建设，采取措施推动区域旅游合作，鼓励跨区域旅游线路和产品开发，促进旅游与工业、农业、商业、文化、卫生、体育、科教等领域的融合，扶持少数民族地区、革命老区、边远地区和贫困地区旅游业发展。”

6.《全国资源型城市可持续发展规划（2013~2020 年）》

2013 年 11 月 12 日由国务院制定印发。该规划在第五章“构建多元化产业体系”中的“大力发展特色服务业”一节指出，“在有效保护资源基础上，鼓励生态环境

优良的森工城市发展休闲度假旅游，支持自然山水资源丰富的城市发展自然风光旅游，推进工业历史悠久的城市发展特色工业旅游，扶持革命遗址集中的城市发展红色旅游”。并在专栏 4“资源型城市重点旅游区”中列出了河北唐山开滦煤矿国家矿山公园、辽宁阜新海州露天矿国家矿山公园、安徽淮北国家矿山公园、江西景德镇高岭国家矿山公园、山东枣庄中兴煤矿国家矿山公园、湖北黄石国家矿山公园、云南东川国家矿山公园、甘肃白银火焰山国家矿山公园、甘肃金昌国家矿山公园 9 家矿山工业旅游区。还在第八章“加强支撑保障能力建设”中的“挖掘传承精神文化资源”一节做出工业遗产旅游引导，“做好资源型城市精神文化遗产和工业遗产挖掘、抢救和保护工作，支持创作以资源型城市艰苦奋斗和开拓创新为主题的文化艺术作品，保护和利用好反映资源型城市发展历程和先进人物事迹的博物馆、纪念馆和教育示范基地”。

7.《国务院办公厅关于推进城区老工业区搬迁改造的指导意见》

2014 年 3 月 3 日由国务院办公厅制定发布。在主要任务中，该意见鼓励城区老工业区通过文化创意、工业旅游等形式培育发展新产业，并在该节单列“加强工业遗产保护再利用”一条，其中指出“高度重视城区老工业区工业遗产的历史价值，把工业遗产保护再利用作为搬迁改造重要内容。在实施企业搬迁改造前，全面核查认定城区老工业区内的工业遗产，出台严格的保护政策。支持将具有重要价值的工业遗产及时公布为相应级别的文物保护单位和历史建筑”。

8.《博物馆条例》

2015 年 2 月 9 日由国务院发布。第二章“博物馆的设立、变更与终止”中第十条强调：“博物馆馆舍建设应当坚持新建馆舍和改造现有建筑相结合，鼓励利用名人故居、工业遗产等作为博物馆馆舍。”该款促进了工业遗产作为博物馆馆舍的开发路径合法化，为工业遗产博物馆化、工业遗产旅游化提供了法律支持。

9.《“十三五”旅游业发展规划》

2016 年 12 月 7 日由国务院制定印发。该规划首先肯定了“十三五”期间我国旅游业发展全域化趋势，其中便包括旅游业与工业等产业的深度融合。在第三章“创新驱动增强旅游业发展新动能”第三节“业态创新拓展发展新领域”中单设“旅游 + 新型工业化”一段，“鼓励工业企业因地制宜发展工业旅游，促进转型升级。支持老工业城市和资源型城市通过发展工业遗产旅游助力城市转型发展。推出一批工业旅游示范基地”。

10.《中共中央办公厅、国务院办公厅印发关于实施中华优秀传统文化传承发展工程的意见》

2017 年 1 月由中共中央办公厅、国务院办公厅制定发布。其中第 10 条“保护传承文化遗产”将“工业遗产保护工作”作为我国文化遗产保护工作的重要组成加以强调，正式将工业遗产保护工作纳入中华优秀传统文化传承发展工程中，为其进行文旅导向的保护开发、生产性保护活动提供了依据。

11.《关于加强文物保护利用改革的若干意见》

2018 年 10 月由中共中央办公厅、国务院办公厅制定发布。其中主要任务包括“健全社会参与机制”，即“坚持政府主导、多元投入，调动社会力量参与文物保护利用的积极性。在坚持国有不可移动文物所有权不变、坚守文物保护底线的前提下，探索社会力量参与国有不可移动文物使用和运营管理。鼓励依法通过流转、征收等方式取得属于文物建筑的农民房屋及其宅基地使用权。加大文物资源基础信息开放力度，支持文物博物馆单位逐步开放共享文物资源信息。促进文物旅游融合发展，推介文物领域研学旅行、体验旅游、休闲旅游项目和精品旅游线路”。

12.《国务院关于新时代支持革命老区振兴发展的意见》

2021 年 1 月 24 日由国务院制定发布。其中“补齐公共服务短板，增进革命老区人民福祉”一节指出，“推动绿色矿山建设，加强赣南、陕北等历史遗留矿山生态修复，开展尾矿库综合治理，推进采煤沉陷区综合治理，推动将部分厂矿旧址、遗址列为工业遗产”，这为革命老区保护矿山等工业遗产与发展旅游业提供了政策依归，有助于协调区域发展。

13.《中华人民共和国国民经济和社会发展第十四个五年规划和 2035 年远景目标纲要》

2021 年 3 月 11 日由全国人民代表大会制定发布。该文件在第三十九章“加快发展方式绿色转型”中“全面提高资源利用效率”一节指出，“支持工矿废弃土地恢复利用，完善土地复合利用、立体开发支持政策”，为工矿废弃土地等工业遗产类别的旅游开发提供了支持。

14.《关于建立健全生态产品价值实现机制的意见》

2021 年 4 月 26 日由中共中央办公厅、国务院办公厅发布。其中“健全生态产品经营开发机制”一节的“拓展生态产品价值实现模式”部分指出：“加快培育生态产品市场经营开发主体，鼓励盘活废弃矿山、工业遗址、古旧村落等存量资源，推进相关资源权益集中流转经营，通过统筹实施生态环境系统整治和配套设施建设，提升教育文化旅游开发价值。”

15.《“十四五”旅游业发展规划》

2021年12月22日由国务院制定印发。其中第六章“完善旅游产品供给体系”的第三节“推进‘旅游+’和‘+旅游’”强调，要“发挥旅游市场优势，推进旅游与科技、教育、交通、体育、工业、农业、林草、卫生健康、中医药等领域相加相融、协同发展，延伸产业链、创造新价值、催生新业态，形成多产业融合发展新局面”，“依托博物馆、非遗馆、国家文化公园、世界文化遗产地、文物保护单位、红色旅游景区等资源发展文化遗产旅游”，并直接指出“鼓励依托工业生产场所、生产工艺和工业遗产开展工业旅游，建设一批国家工业旅游示范基地”。在第七章“拓展大众旅游消费体系”中“拓展旅游消费领域”部分指出，“鼓励各地区利用工业遗址、老旧厂房开设文化和旅游消费场所”，为工业遗产作为旅游消费场所、旅游场景加以合理开发提供了支持。

16.《“十四五”文化发展规划》

2022年8月16日由中共中央办公厅、国务院办公厅制定印发。其中在第十章“推动文化和旅游融合发展”中“丰富优质旅游供给”一节提出，“适应大众旅游时代新要求，推进旅游为民，推动构建类型多样、分布均衡、特色鲜明、品质优良的旅游供给体系，推动文化和旅游业态融合、产品融合、市场融合。提升旅游演艺、文化遗产旅游、文化主题酒店、特色节庆展会等品质，支持建设集文化创意、旅游休闲等于一体的文化和旅游综合体”，其中便包括“加强对工业遗产资源的活化利用，开发旅游用品、特色旅游商品，培育旅游装备制造业，发展工业旅游”。该规划同时在“促进城乡区域文化协调发展”一章中要求“加大力度支持中西部地区以及东北等老工业基地文化发展”，在其中“加强城市文化建设”一节呼吁各地“综合城市功能定位和经济社会发展，建设传统文化和现代文化交相辉映、城市气质与人文精神相得益彰的现代城市文化。强化各类规划中文化建设的刚性约束，保护历史文化遗产，融合时代文明，构建城市文化精神，发展城市主题文化，营造特色文化景观”，可见工业遗产尤其是位于城市的工业遗产旅游不仅是文旅融合产物更是区域、城市文化建设重要抓手。

二、部委及地方政策与指导性文件

工业遗产旅游工作主要涉及工业、文旅、文物等工作领域，故相关政策与指导性文件多出自工业和信息化部、国家发展和改革委员会、文化和旅游部（包括原文化部、原国家旅游局、国家文物局）以及地方对应部门，另有地方人大所通过的大量地方性法规。此处将相关文件分为部委出台相关政策与指导性文件、地方出台相关政策与指导性文件两部分，因前者为全国范围内工业遗产旅游工作提供了方向指导，后者中不少为对前者的地方细化（如 2020 年国家发展改革委等 5 部门《推动老工业城市工业遗产保护利用实施方案》出台后，全国多地市都相应发布了地方版本的《工作方案》），因而仅从后者中选取较具代表性、影响力者加以汇总。

（一）部委出台相关政策与指导性文件

1.《国家旅游局关于发布〈全国农业旅游示范点、工业旅游示范点检查标准（试行）〉的通知》

2002 年 10 月 18 日由国家旅游局制定发布。该文件指出“大力发展农业旅游和工业旅游，对于促进经济结构调整、丰富和优化旅游产品、扩大就业与再就业、加强一二三产业之间的相互渗透与共同发展，具有十分重要的意义”，并为“全国工业旅游示范点”的确立提供了首套标准。文件指出，“工业旅游点是指以工业生产过程、工厂风貌、工人工作生活场景为主要旅游吸引物的旅游点”。文件所提供接待人数和经济效益、社会效益、生态环境效益、旅游产品、旅游设施、旅游管理、旅游经营、旅游安全、周边环境和可进入性、发展后劲评估等维度及考核标准，为工业遗产旅游工作提供了早期示范。

2.《关于加强工业遗产保护的通知》

2006 年 5 月 12 日由国家文物局制定发布。该通知肯定了工业遗产作为文化遗产重要组成部分的地位，并指出“加强工业遗产的保护、管理和利用，对于传承人类先进文化，保持和彰显一个城市的文化底蕴和特色，推动地区经济社会可持续发展，具有十分重要的意义”，而这正是工业遗产旅游作为保护、管理与利用方式之一的价值所在。该通知要求各地制订切实可行的工业遗产保护工作计划，有步骤地开展工业遗产的调查、评估、认定、保护与利用等各项工作。

3.《国家文物博物馆事业发展“十二五”规划》

2011 年 6 月 3 日由国家文物局制定发布。规划文件在“促进文物博物馆事业融入经济社会发展”一节的“发展文物博物馆相关文化产业”中指出，要“加强工业遗产和文化景观的综合利用”，较早肯定了工业遗产文物属性所具有历史文化价值之外的经济价值等多重价值特征，为工业遗产与旅游业等业态的结合提供政策支持。

4.《博物馆事业中长期发展规划纲要（2011~2020 年）》

2011 年 12 月 14 日由国家文物局制定发布。其中“发展任务”指出，要“加强具有文化遗产价值的近现代工业厂房建筑、生产设备等实物资料的保护和利用，建设反映工业文明的工业遗产博物馆”。

5.《全国老工业基地调整改造规划（2013~2022 年）》

2013 年 3 月 18 日由国家发展和改革委员会制定发布。该规划在第四章“全面提升城市综合功能”中的“推进城区老工业区改造”部分指出，“城区老工业区改造要注重保护具有地域特色的工业遗产、历史建筑和传统街区风貌。做好工业遗产普查工作，确定需要重点保护的工业遗产名录，将具有重要价值的工业遗产列为相应级别的文物保护单位。在加强保护的同时，合理开发利用工业遗产资源，建设爱国主义教育示范基地、博物馆、遗址公园、影视拍摄基地、创意产业园等。研究建立工业遗产维护利用的长效机制”。

6.《国家发展改革委关于印发〈2020 年新型城镇化建设和城乡融合发展重点任务〉的通知》

2020 年 4 月 3 日，国家发展和改革委员会制定发布《2020 年新型城镇化建设和城乡融合发展重点任务》。该重点任务在其中“加快推进城市更新”部分指出“改造一批老旧厂区，通过活化利用工业遗产和发展工业旅游等方式，将‘工业锈带’改造为‘生活秀带’、双创空间、新型产业空间和文化旅游场地”。

7.《国家发展改革委关于做好城区老工业区搬迁改造试点工作的通知》

2014 年 3 月 31 日由国家发展和改革委员会制定发布。其系国家发展改革委为贯彻落实此前出台的《国务院办公厅关于推进城区老工业区搬迁改造的指导意见》所制定。其中《组织实施 2014 年度城区老工业区搬迁改造试点专项工作方案》将工业遗产保护再利用作为两大主要支持方向之一，“支持保护和利用具有重要历史文化和科普价值的工业遗产，用于建设科普基地、爱国主义教育基地和文化科普旅游景点等。项目建设应坚持在保护的基础上科学开发利用，以开发利用促进保护。建设内容包括，可移动工业遗产的存放、保护设施建设，不可移动工业遗产内部结构适当改造、装修，场地污染治理，周边环境整治，以及部分配套设施建设等”。

8.《工业遗产保护和利用导则（征求意见稿）》

2014 年 8 月 26 日由国家文物局拟订征求意见。《工业遗产保护和利用导则（征求意见稿）》系我国在国家层面制定的首份以工业遗产为专门管理对象的政策文本。其中第二十条指出：鼓励根据工业遗产的构成要素、空间尺度、结构特性等状况，运用与文化活动相关的多种模式进行工业遗产综合利用。

除原生态现场展示利用外，可以依托工业遗产设立工业技术博物馆或其他专业博物馆、主题文化公园、社区历史陈列馆、文化艺术创意中心等文化设施，并将区域景观环境整治与休憩、展览、演出等综合文化功能相结合，促进工业遗产的生态可持续发展，提高整体景观和文化环境特色。

该导则还指出，可以将工业遗产设置为节点，形成区域或跨区域的工业旅游线路，并将其作为提高公众对工业遗产认知和价值认可的手段，强调工业遗产丰富的当代社会意义。值得注意的是，该导则虽名为“征求意见稿”，但却是由国家有关部委制定，为全国各省份、地市州进行工业遗产保护和利用提供了重要的参考依据。

9.《2015 中国文物古迹保护准则》

2015 年由国际古迹遗址理事会中国国家委员会制定、国家文物局推荐。该准则对工业遗产予以了内涵与价值说明：“工业遗产特指能够展现工艺流程和工业技术发展的具有文物古迹价值的近、当代工业建筑遗存及设备、产品等。工业化是我国历史的重要阶段，工业遗产是这一历史阶段的见证。一些工业遗产是周围区域具有标志性的建（构）筑物。工业遗产对当地社会、文化发展可能产生重要的影响，是地方富有特色的文化载体。工业遗产的建筑、景观环境、重要设备及产品是文物古迹的组成部分。”

10.《国家发展改革委、科技部、工业和信息化部、国土资源部、国家开发银行关于支持老工业城市和资源型城市产业转型升级的实施意见》

2016 年 9 月 13 日由国家发展和改革委员会等部委联合制定发布。其中第二节“支持探索各具特色的产业转型升级路径”指出：“大力发展工业文化，重视工业遗产的保护利用，引导与科普教育、旅游、文化创意产业发展相结合，鼓励改造利用

老厂区、老厂房、老设施及露天矿坑等，建设特色旅游景点，发展工业旅游。”

11.《东北振兴“十三五”规划》

2016 年 11 月 12 日由国家发展和改革委员会制定公布。其中“分类施策 促进特殊类型地区转型发展”一章的第二节“支持产业衰退地区振兴发展”指出，“全面推进城区老工业区搬迁改造。以老城区、老厂区、棚户区、城中村等为重点，推进城市更新改造。对位于中心城区的工业企业视情况分别实施就地改造、异地迁建或依法关停。高度重视工业遗产的历史文化价值，处理好城市建设与工业遗产保护的关系，建立工业遗产保护开发利用机制。选择一批城区老工业区搬迁改造工作成效显著的老工业城市，创建搬迁改造示范区，总结产业转型升级、城市更新改造、人才支撑发展、工业遗产保护等方面的经验模式，为产业衰退地区振兴发展提供借鉴”。

12.《全国工业旅游发展纲要（2016~2025 年）》

2016 年 11 月 28 日，由国家旅游局发布并向社会公开征求意见。该纲要提出，要在全国创建 1000 个以企业为依托的国家工业旅游示范点，100 个以专业工业城镇和产业园区为依托的工业旅游基地，10 个以传统老工业基地为依托的工业旅游城市，初步构建协调发展的产品格局，成为我国城乡旅游业升级转型重要战略支点。其中还确定了六大举措助力工业旅游创新发展：一是加强组织领导，充分发挥各地旅游发展委员会（旅游局）的指导协调作用，积极推进工业旅游发展促进中心建设，鼓励工业旅游行业协会建设。二是统筹规划布局，积极推进工业旅游规划编制工作，优化空间布局，加快探索研制工业旅游示范点规划编制规范，积极开展工业旅游与旅行社的合作与联合。三是完善行业标准，全面推广工业旅游示范点建设与服务标准。四是支持精品示范，认真抓好工业旅游精品建设和示范推广工作，给予资金倾斜，完善公共服务体系。五是抓好综合监管，强化工业旅游经营者主体责任，完善市场退出机制，强化旅游市场行为监管。六是强化政策支持，加大资金投入，创新财税支持，积极开展金融支持，探索土地支持。

13.《工业和信息化部、财政部关于推进工业文化发展的指导意见》

2016 年 12 月 30 日由工业和信息化部、财政部制定发布。其为工业遗产所蕴含的工业文化内涵、范围、价值等做出了部门工作指导，指出“工业文化是伴随着工业化进程而形成的、渗透到工业发展中的物质文化、制度文化和精神文化的总和，对推动工业由大变强具有基础性、长期性、关键性的影响”。在基本原则部分，其将工业遗产、工业旅游等工作作为工业文化工作突破重点，并在主要任务部分提出“统筹利用各类工业文化资源。开展工业文化资源调查，梳理和挖掘工业遗产、工业旅游、工艺美术、工业精神及专业人才等资源，建立工业文化资源库。加强各类资源的统筹协调，推动资源的保护和开放共享，创新使用模式”，提倡建立科学的工业遗产等级评估标准。还在“发展工业文化产业”部分呼吁“推动工业遗产保护和利用。开展调查摸底，建立工业遗产名录和分级保护机制，保护一批工业遗产，抢救濒危工业文化资源。引导社会资本进入工业遗产保护领域，合理开发利用工业遗存，鼓励有条件的地区利用老旧厂房、设备等依法建设工业博物馆”“大力发展工业旅游。倡导绿色发展理念，鼓励各地利用工业博物馆、工业遗址、产业园区及现代工厂等资源，打造具有鲜明地域特色的工业旅游产品。加强与相关部门协同，促进工业旅游与传统观光旅游、工业科普教育相结合。鼓励企业通过开放生产车间、设立用户体验中心等形式进行产品展示和品牌宣传，建设一批具有社会公益功能的工业旅游示范点”，为工业旅游与工业遗产工作的融合提供了指导方向。

14.《文化部“十三五”时期文化产业发展规划》

2017 年 4 月 12 日由文化部制定发布。在“推进‘文化 +’‘互联网 +’，促进结构优化升级”一节中指出“鼓励合理利用工业遗产发展文化产业”。

15.《住房和城乡建设部关于加强历史建筑保护与利用工作的通知》

2017 年 9 月 20 日由住房和城乡建设部制定发布。该通知要求：“不拆除和破坏历史建筑。各地应加强对历史建筑的严格保护，严禁随意拆除和破坏已确定为历史建筑的老房子、近现代建筑和工业遗产，不拆真遗存，不建假古董。”

16.《全国工业旅游创新发展三年行动方案（2018~2020）》

2017 年 11 月 28 日由国家旅游局在第二届全国工业旅游创新大会上公布。该方案在行动目标中指出，计划到 2020 年初步构建“景区、园区、城区协同发展，生产、遗产并行发展，观光、体验互补发展，东中西全面发展”的工业旅游基本格局。其主要围绕工业旅游示范基地、工业遗产旅游基地建设做了目标规划，其中第一期目标（2018 年）要求“中西部地区和老工业基地工业旅游加快发展，工业旅游向各工业门类延伸，在有条件的工业企业、工业遗址、工业项目中全面铺开，大众旅游线路中广泛增设工业旅游景点”。还提出了实施工业旅游规划引领工程、实施工业旅游资源开发和标准提升工程、实施工业旅游产品提质和示范工程、实施工业旅游营销推广和培训工程四项行动任务。

17.《国家工业旅游示范基地规范与评价》

2017年12月1日由国家旅游局制定发布。其是对此前《全国农业旅游示范点、工业旅游示范点检查标准（试行）》在工业旅游领域的细化与深化。《国家工业旅游示范基地规范与评价》（以下简称《规范与评价》）在引言部分便指出要在工业旅游工作中建设一批国家工业旅游示范基地和国家工业遗产旅游基地，成为我国工业遗产旅游在工业旅游中的重要独立标识，为开展工业遗产旅游工作提供了重要参考标准。其将工业遗产定义为“为工业活动所建造的建筑与结构、此类建筑与结构中所含的工艺和工具、此类建筑与结构所处的城镇与景观，以及与其有关的各种物质和非物质表现”，将国家工业遗产旅游基地定义为“对工业遗产进行有效的保护、传承与发展，提供较高水准的旅游设施与服务，对全国工业遗产旅游具有较强示范引领作用的旅游区”，并以《国家工业旅游示范基地评分规则》形式对工业遗产旅游管理与基地申报形成标准支撑。

全国旅游资源规划开发质量评定委员会后依据该文件，从全国范围内推选出湖北省黄石国家矿山公园、河北省唐山市开滦国家矿山公园、吉林省长春长影旧址博物馆、上海国际时尚中心、浙江省新昌达利丝绸世界旅游景区、江西省萍乡市安源景区、湖南省株洲市醴陵瓷谷、广西壮族自治区柳州工业博物馆、四川省成都市东郊记忆景区、贵州省仁怀市“茅酒之源”旅游景区10处国家工业遗产旅游基地。

2022年11月14日，文化和旅游部再次根据《规范与评价》从全国范围内评选出北京市751园区等53家国家工业旅游示范基地。

18.《工业和信息化部办公厅关于开展工业遗产、工业博物馆摸底调查的通知》

2018年2月5日由工业和信息化部制定发布。该通知对工业遗产给出限定说明，“工业遗产调查对象为1980年前建成，具有重要或较高历史价值、科技价值、社会文化价值和艺术价值的厂房、车间、矿区等生产和储运设施，以及其他与工业相关的社会活动场所”。其中《工业遗产基本情况调查汇总表》从所属行业、遗产所在地址、建成年代、遗产核心物项、价值描述、遗产现状、政府支持情况、是否为文物保护单位、遗产项目获得相关部门认定情况、遗产所有权人、遗产项目单位联系人等维度为工业遗产认定提供了信息参考。

19.《工业旅游景区服务指南》

2018年9月17日由国家市场监督管理总局、国家标准化管理委员会发布，2019年4月1日起开始实施。该指南将工业旅游定义为“以工业企业、工业集聚区、工业展示区域、工业历史遗迹以及反映重大事件、体现工业技术成果的特色工程和项目为主要吸引物的有形资产或无形资产，开展参观、游览、体验、购物等活动的旅游”。指南还从服务场所、服务人员、环境卫生、安全、服务内容（咨询服务、接待服务、参观服务、讲解服务、购物服务、餐饮服务、特色服务）等维度为工业旅游提供了工作指导。

20.《文物保护利用规范 工业遗产》（WW/T 0091—2018）

2019 年 1 月 31 日由国家文物局发布，2019 年 6 月 1 日起开始实施。其对工业遗产的范围、术语和定义、价值要点、记录与评估、保护、利用、管理等基本内容都进行了说明与要求。其中利用部分，明确了“统筹工业遗产保护与利用的关系。利用应以不损害工业遗产价值为前提，利用方式应服从保护的需要”原则，并提出了分类利用、分级利用等要求。在利用功能部分，文件指出，“鼓励工业遗产的利用与公共文化事业相结合，通过发展文化产业、举办文化节事，补充城市发展功能，满足社会服务需求”“成为旅游景点的工业遗产，其旅游配套设施应与工业遗产本体及周边环境相协调”。

21.《国家发展改革委、工业和信息化部、中央网信办、教育部、财政部、人力资源和社会保障部、自然资源部、商务部、人民银行、市场监管总局、统计局、版权局、银保监会、证监会、知识产权局关于推动先进制造业和现代服务业深度融合发展的实施意见》

2019 年 11 月 10 日由国家发展和改革委员会等 15 部门联合制定发布。其中第二节“培育融合发展新业态新模式”指出：“发展工业文化旅游。支持有条件的工业遗产和企业、园区、基地等，挖掘历史文化底蕴，开发集生产展示、观光体验、教育科普等于一体的旅游产品，厚植工业文化，弘扬工匠精神。”

22.《2020 年新型城镇化建设和城乡融合发展重点任务》

2020 年 4 月 3 日由国家发展和改革委员会制定发布。其中“提升城市综合承载能力”一节明确提出：“改造一批老旧厂区，通过活化利用工业遗产和发展工业旅游等方式，将‘工业锈带’改造为‘生活秀带’、双创空间、新型产业空间和文化旅游场地。”

23.《推动老工业城市工业遗产保护利用实施方案》

2020 年 6 月 2 日由国家发展和改革委员会等部委联合制定发布。该方案在指导思想部分指出，要“推动工业遗产保护利用与文化保护传承、产业创新发展、城

市功能提升协同互进，打造一批集城市记忆、知识传播、创意文化、休闲体验于一体的‘生活秀带’，延续城市历史文脉，为老工业城市高质量发展增添新的动力”。该方案还在主要任务部分单列“繁荣新业态新模式”一段，要求“完善配套商业服务功能，发展以工业遗产为载体的体验式旅游、研学旅行、休闲旅游精品线路，形成生产、旅游、教育、休闲一体化的工业文化旅游新模式。促进工业遗产与现代商务融合，改造利用老厂区、老厂房、老设施发展文化创意园区和影视拍摄基地，发展以工业遗产为特色的会展经济和文化活动，促进工艺美术产品、艺术衍生产品的设计、生产和交易”。同时鼓励“依托工业遗产建设一批主题突出的工业遗址公园、城市文化公园等，形成融入现代设计观念、适应当代生活方式的城市人文景观和公共开放空间”“支持工业遗产保护利用与文化节、艺术节、博览会、体育比赛等交流活动相结合，举办工业遗产主题研讨会和工业文物交流展等工业遗产旅游形式与活动开展”。

24.《“十四五”文化和旅游发展规划》

2021 年 4 月 29 日由文化和旅游部制定发布。其中第十章“推进文化和旅游融合发展”的“培育文化和旅游融合发展新业态”部分强调，要“发展工业旅游，活化利用工业遗产”。

25.《推进工业文化发展实施方案（2021~2025 年）》

2021 年 5 月 11 日由工业和信息化部等部门联合制定发布。该方案主要目标包括“打造一批具有工业文化特色的旅游示范基地和精品路线”，重点任务之一“推动工业旅游创新发展”要求：“建立健全并积极推广工业旅游相关标准和规范，支持各地依托当地工业遗产和老旧厂房、工业博物馆、现代工厂等工业文化特色资源，打造各类工业旅游项目，创建一批工业旅游示范基地。开发工业旅游创意产品，打造一批沉浸式工业文化体验产品和项目，推出工业旅游精品线路，构建工业旅游目的地。支持文旅装备协同创新发展，拓展文化消费新空间。指导相关社会组织和活动平台建设。”另一重点任务“提高工业遗产保护利用水平”也指出，“鼓励利用工业遗产和老旧厂房资源，建设工业遗址公园、工业博物馆，打造工业文化产业园区、特色街区、创新创业基地、文化和旅游消费场所，培育工业旅游、工业设计、工艺美术、文化创意等新业态、新模式，不断提高活化利用水平”。

26.《文化和旅游部办公厅关于推进旅游商品创意提升工作的通知》

2021 年 7 月 5 日由文化和旅游部制定公布。该通知在“着力丰富旅游商品主题种类”部分指出，“围绕长城、长征、大运河、黄河等国家文化公园建设，以及红色旅游、乡村旅游、工业旅游、休闲度假、‘非遗’传承等主题，推动开发一批如长城主题文创产品、乡村创意产品、特色‘非遗’产品、工业旅游纪念品等多种类型的系列旅游商品，进一步丰富旅游商品供给，形成百花齐放格局”。该通知还为国家文化公园乃至国家文化公园之外的工业遗产旅游等工业旅游工作中文创开发提供了指导。

27.《工业和信息化部、人民银行、银保监会、证监会关于加强产融合作推动工业绿色发展的指导意见》

2021 年 9 月 3 日由工业和信息化部等部门联合制定发布。其中“工业绿色发展重点方向”一节的“支持工业园区和先进制造业集群绿色发展”部分指出：“鼓励钢铁、有色、建材、化工等企业积极参与矿山修复，加快盘活废弃矿山、工业遗址等搁浅资产，丰富工业的文化、旅游、教育、科普、‘双创’等功能，健全生态循环价值链。”

28.《国家工业遗产管理办法》

2023 年 3 月 2 日，工业和信息化部制定发布《国家工业遗产管理办法》，与此前出台的《国家工业遗产管理暂行办法》形成政策承接。《国家工业遗产管理办法》对国家工业遗产等予以更为准确、全面的内涵定义，“国家工业遗产，是指在中国工业长期发展进程中形成的，具有较高的历史价值、科技价值、社会价值和艺术价值，经工业和信息化部认定的工业遗存”，“国家工业遗产核心物项是指代表国家工业遗产主要特征的物质遗存和非物质遗存。物质遗存包括厂房、车间、作坊、矿区等生产储运设施，与工业相关的管理和科研场所、其他生活服务设施及构筑物和机器设备、生产工具、办公用具、产品、档案等；非物质遗存包括生产工艺、规章制度、企业文化、工业精神等”。该管理办法对之前的《国家工业遗产管理暂行办法》的修订幅度并不大，主要用于国家工业遗产的认定、保护管理、利用发展与监督管理工作。利用发展方面则做出了更详细的条款要求，“支持利用国家工业遗产资源，开发具有生产流程体验、历史人文与科普教育、特色产品推广等功能的工业旅游项目，完善基础设施和配套服务，打造具有地域和行业特色的工业旅游线路”“鼓励利用国家工业遗产资源，建设工业文化产业园区、特色街区、创新创业基地、影视基地、城市综合体、开放空间、文化和旅游消费场所等，培育工业设计、工艺美术、工业创意等业态”“鼓励利用国家工业遗产资源，开展工业文化教育实践，培

育工业文化研学实践基地（营地）、高校思政课实践教学基地。创新工业文化研学课程设计，开展工业科普教育，培养科学兴趣，掌握工业技能”。该管理办法还配以《国家工业遗产评价指标》《国家工业遗产核心物项增补备案表》等附件表格为工业遗产认定与价值评价予以指导，为各级工业遗产与工业遗产旅游工作的开展提供了支持。

29.《东北地区旅游业发展规划》

2023 年 3 月 10 日由文化和旅游部、国家发展和改革委员会联合制定发布。规划范围包括辽宁省、吉林省、黑龙江省和内蒙古自治区呼伦贝尔市、兴安盟、通辽市、赤峰市、锡林郭勒盟，总面积约 145 万平方公里。规划期至 2030 年，展望到 2035 年。其中“推进‘+旅游’融合发展”部分专列“推进工业和旅游融合发展”一节指出，“深度挖掘东北地区军工、船舶、铁路、石化、电影等工业遗产价值，鼓励利用工业遗产开发旅游景区、特色街区、研学基地、创新创业基地等，加强工业遗产保护和活化利用。支持现有装备制造、药业乳业等企业加快发展工业旅游，将企业展示大厅的改造提升与科普基地、中小学生社会实践基地建设等结合，拓展工业品企业的展示功能与旅游新体验。以具有工业旅游开发价值的工业遗产、工业博物馆、工业企业为依托，创新工业旅游资源开发利用模式，建设一批国家工业旅游示范基地，打造东北工业旅游品牌”。

30.《国家文物局、文化和旅游部、国家发展改革委关于开展中国文物主题游径建设工作的通知》

2023 年 5 月 4 日由国家文物局制定发布。其将工业遗产纳入文物主题游径建设工作中：“文物主题游径的资源对象以不可移动文物为主体，涵盖古文化遗址、古墓葬、古建筑、石窟寺及石刻、近现代重要史迹及代表性建筑等文物类型。围绕文物游径主题，可串联历史文化名城名镇名村、历史文化街区、历史建筑、传统村落，可包括农业遗产、工业遗产、老字号、水利遗产、风景名胜区、自然景观，可纳入博物馆、纪念馆、图书馆、美术馆、剧场、文化馆、‘非遗’馆等文化场馆。”

（二）地方出台相关政策与指导性文件

截至 2022 年 6 月，北京、辽宁、上海、浙江等 20 省份共出台省级工业遗产相关保护条例、行动计划、实施方案和管理办法等 50 多件，逐渐形成工业遗产分级保护利用政策体系，四川、广东、重庆等省份已开展省级工业遗产价值评估与认定工作，逐步形成了上下联动的工作格局。因全国各省（区市）出台相关工业遗产旅游相关政策与指导性文件数量过多，此处仅就其中直接相关文件做一分类并列举其中较具代表性者以作参照。

1.“推动工业遗产保护利用 打造生活秀带工作方案”类

全国各地方与工业遗产旅游最直接相关之文件当为2020年国家发展改革委《推动老工业城市工业遗产保护利用实施方案》出台后相应发布的地方版本工作方案，即《推动工业遗产保护利用 打造“生活秀带”工作方案》。据不完全统计，2021年前后以城市名出台地方具体工作方案的便包括重庆、武汉、昆明、太原、石家庄、西安、南京、南昌、长沙、长春、洛阳、黄石、本溪、九江、通化、自贡、金昌、鞍山、铜陵、营口、镇江、常州、齐齐哈尔、淮北、十堰、安阳、白银、抚顺、泸州、柳州、宝鸡、石嘴山、天水、攀枝花、六盘水、鹤壁、遵义、阳泉、晋中、娄底、辽阳等市，也有合肥市瑶海区等下属区县，基本在主要任务部分将工业遗产旅游作为工业遗产保护利用的重要方式。以其中《武汉市推动老工业城市工业遗产保护利用 打造“生活秀带”工作方案》《洛阳市推动老工业城市工业遗产保护利用 打造生活秀带工作方案》为例介绍。

（1）《武汉市推动老工业城市工业遗产保护利用 打造“生活秀带”工作方案》于2021年7月26日由武汉市人民政府办公厅印发。其中工作任务之一便是“发展工业文化旅游”：整合以工业遗产为载体的工业文化旅游资源，重点发展一批风格独特、价值突出的建筑厂房、设施设备，打造主题鲜明的体验式旅游、研学旅行、休闲旅游精品线路。推动工业文化旅游融入城市文化旅游、风光旅游、红色旅游和购物旅游，形成形式多样、内涵丰富、功能齐全的区域一体化旅游新模式。利用武汉市举办大型文化节、艺术节、博览会、体育比赛等交流活动的契机，发展“节庆+”“竞赛+”旅游，拓展武汉市工业文化旅游传播推广渠道。支持青山区打造“红色记忆”“钢铁荣耀”主题工业旅游线路，促进绿色城市建设和区域环境改善，提升老工业区整体城市形象。同时还在“工业遗产保护利用项目库”中规划了江汉路步行街文化环境品质提升、“红色记忆”游线项目、“钢铁之旅”游线项目等工业旅游开发项目。

（2）《洛阳市推动老工业城市工业遗产保护利用 打造生活秀带工作方案》则于2021年12月4日由洛阳市人民政府印发。其在回顾了洛阳市工业遗产保护利用工作整体情况等工作基础后，对市内工业遗产资源加以分类梳理。文件在总体思路中

提出“将涧西区打造成为全国规模最大、独具特色的工业文化主题旅游目的地，全力争创工业文化遗产保护示范区等荣誉称号”，进而制定了“工业遗产风情街”等具体空间布局规划。该方案也于主要任务中强调通过工业遗产“树立城市旅游品牌形象”，即“推动工业遗产保护与城市形象提升相结合，举办工业遗产主题研讨会，组织全国156项重点工程企业单位、政府相关部门、专家学者共同研讨老工业基地发展先进制造业、保护传承文化、工业研学游融合发展之道，同时在涧西进行漫游巡礼，回溯20世纪50年代的历史，启发利用工业文化遗产的新思路，助推先进制造业高质量发展。”2022年9月17日出台的《洛阳市人民政府关于促进沉浸式文旅产业发展的实施意见》也指出，要在洛阳沉浸式文旅产业发展进程中“推动市教育局、洛阳市文广旅局、洛阳市发改委、洛阳市文物局、洛阳市工信局等多部门联合开展研学旅行基地（营地）、工业遗产旅游基地和工业研学基地（营地）评定，推进研学资源和品牌共享、互认”。

2.“工业遗产管理暂行办法”“工业遗产管理办法”类

对应国家层面的《国家工业遗产管理暂行办法》《国家工业遗产管理办法》，四川、江苏、湖南、辽宁、江西、河北、广东、重庆、天津等多个省级行政区先后出台了省一级的《工业遗产管理暂行办法》《工业遗产管理办法》，也有广州等市发布了《广州市工业遗产管理办法》《包头市工业遗产保护管理暂行办法（征求意见稿）》等文件。文件内容多对应在“利用发展”一章给出的利用工业遗产资源发展地方工业旅游项目、工业旅游线路之导向，较为粗略。

另外，各地方按照《全国工业旅游创新发展三年行动方案（2018~2020）》制定的地方版本也属此类，如2018年9月20日由上海市旅游局等部门联合发布的《上海市工业旅游创新发展三年行动方案（2018~2020）》便是一例。该方案以“将上海建设成为中国工业旅游示范城市”为行动目标，在“加大市场供给，打造工业旅游精品体系”一节提出“依托上海工业遗存，挖掘文化内涵，注入时尚元素，形成工业遗存创新转型的新地标，打造工业遗存产品”“依托百年工业遗存产品，推出黄浦江工业遗存水岸创意之旅、都市记忆时尚体验之旅”。

3.“工业遗产保护与利用条例”类

地市层面参考价值较大还有根据自身工业遗产资源分布情况制定的《工业遗产保护与利用条例》等文件，如北京、唐山、保定、阜新、铜陵、黄石、石嘴山、邢台、大连、承德、株洲、玉溪、鞍山、本溪、邯郸、洛阳、克拉玛依等地多有发布此类条例、规划。其中出台较早的当数2009年2月26日由北京市工业促进局发布的《北京市工业遗产保护与再利用工作导则》，但其中并未有与工业遗产旅游直接相关的表述，这与其2007年9月13日发布的《保护利用工业资源，发展文化创意产业指导意见》所制定的“通过改造和开发利用原有工业资源发展文化创意产业”地方导向相关。故此处以此类文件中较具代表性的《黄石市工业遗产保护条例》《唐山市工业遗产保护与利用条例》为例介绍。

（1）《黄石市工业遗产保护条例》2016年9月20日由黄石市人民代表大会常务委员会公布，自2017年1月1日起施行，属于实体性地方性法规。其中第二十二条规定：“在工业遗产保护单位保护范围和建设控制地带内从事旅游或者其他生产经营活动，或者在建设控制地带内实施建设工程，应当符合工业遗产保护专项规划，不得危害工业遗产安全、破坏历史风貌和环境风貌。”第二十五条规定：“鼓励工业遗产在妥善保护的前提下，与文化创意产业、博览科学教育、旅游生态环境等相结合，建设创意产业园、主题博物馆、主题文化广场、遗址公园等，促进工业遗产的集中展示和合理利用。”

（2）《唐山市工业遗产保护与利用条例》2020年9月28日由唐山市人民代表大会常务委员会公布，自2021年1月1日起施行，属于实体性地方性法规。其在沿用了《国家工业遗产管理暂行办法》中有关工业旅游项目、工业旅游线路表达外，较为少见地为工业遗产旅游发展提供了文旅资金支持条文，“鼓励社会资本参与工业遗产保护与利用，对于符合支持条件的保护与利用项目，从市文化旅游产业融合发展专项资金中给予适当补贴”。该条文在2022年的《关于支持和推进上海工业旅游发展的实施意见》中的“加大工业旅游发展专项扶持”部分也有所体现。

4.“工业旅游发展专项规划”类

在遗产文件之外，工业遗产旅游还多出现于部分地市根据国家、省级文件要求制定的工业旅游发展专项规划中，如2005年上海工业旅游促进中心等编制的《上海工业旅游发展规划（2006~2010）》、2012年7月上海市旅游局等发布的《上海市工业旅游“十二五”发展规划》、2022年5月10日白银市人民政府印发的《白银市“十四五”工业旅游发展专项规划》和2022年5月23日石嘴山市人民政府印发的《石嘴山市生态工业文化旅游产业“十四五”专项规划》等，天津市、鄂尔多斯市、抚顺市、晋江市等也曾制定地方上的“工业旅游发展专项规划”。上海市还曾发布有工业旅游“十二五”“十三五”“十四五”发展专项规划，具有一定连续性，

故此处以《上海市工业旅游“十二五”发展规划》为例介绍。

《上海市工业旅游“十二五”发展规划》于 2012 年 9 月 7 日由上海市旅游局、上海市经济和信息化委员会发布。该规划在发展趋势中便首先提出“工业遗存旅游景点呈现综合化和休闲化发展态势”；发展原则部分指出，要“扶持鼓励工业遗存资源创新开发工业旅游景点”“促进工业遗存及各类产业资源与城市功能设施建设、文化休闲功能拓展等充分融合”；发展重点首项便是“深入挖掘百年工业遗存资源”，还制定了一系列工业遗产旅游具体方案。

5.“旅游促进条例”类

包括工业遗产旅游在内的工业旅游作为、文旅融合涵盖范畴之一，也在地方各种旅游促进条例类文件中有所提及。如 2017 年的《南京市旅游条例》、2020 年的《抚顺市促进旅游产业发展条例》、2021 年的《太原市旅游条例》《亳州市旅游促进条例》《常州市旅游促进条例》以及 2022 年的《天津市旅游促进条例》《泉州市文化旅游发展促进条例》等。《泉州市文化旅游发展促进条例》指出：“市、县（市、区）人民政府应当根据本区域工业文化特色，大力发展工业文化旅游。鼓励符合条件的工业遗产、工业园区、工业展示区等开展工业旅游，引导工业旅游与城市商贸、文创、会展、节庆融合发展，支持鞋服、陶瓷、茶、醋、香、雕艺、藤铁、石材等特色工业企业开发观光工厂、工业博物馆、工业文化体验馆、工业研学科普中心等工业文化旅游项目。文化旅游、工业和信息化等主管部门应当加强对工业文化旅游的组织指导和宣传推广，采取相应支持措施，推动有条件的区域工业文化旅游集群化发展。”

6.“文物保护条例”“历史文化名城保护条例”类

除了上文所总结的各地制定与工业遗产直接相关的《工业遗产保护与利用条例》，工业遗产作为一种历史建筑，在开展旅游工作时也需要遵循“文物保护条例”类文件为其利用方式所制定的保护要求。例如，2007 年的《宁波市文物保护点保护条例》、2009 年的《无锡市历史文化遗产保护条例》、2010 年的《南京市历史文化名城保护条例》、2016 年的《潍坊市文物保护条例》等均属此类，发布此类文件涉及工业遗产的还有北京、大连、济南、成都、太原、合肥、昆明、南昌、哈尔滨、扬州、常州、岳阳、潮州、苏州、淮安、德州、泰州、南阳、襄阳、哈密、柳州、衡水、辽阳、马鞍山等多地。其中较具代表性的便是 2022 年年底公布的《陕西省革命文物保护利用条例》，其在对所涉革命文物进行类别举例时便于“重要事件、重要机构、重要会议、重要战役、重要工程”之外专门强调了工业遗产，为工业遗产中带有红色资源属性的事项开展红色旅游做出了“利用革命文物开展宣传、教育、纪念或者文化、旅游等活动，应当创造庄严、肃穆、文明的参观环境和条件，工作人员应当遵守相关行为规范，衣着得体。瞻仰、参观、游览、体验活动不得娱乐化、庸俗化，不得有着装不当、言行举止不文明等行为。禁止歪曲、丑化、亵渎、否定革命文物及其承载的革命历史、革命精神、革命文化”之利用限定，尤其值得相关工业遗产旅游工作注意、借鉴。此前2021年公布的《安徽省红色资源保护和传承条例》也有提及工业遗产之处。另外在江苏省、河北省、绍兴市、沧州市、苏州市、扬州市等地发布的“大运河文化遗产保护条例”中同样存有将工业遗产及其旅游开发纳入其中的款项。

7. 其他文件类别

各地方工业遗产资源分布、特色多有差异，故在较具一致性的“规定动作”文件外，相关部门还出台有不少对工业遗产旅游具有重要意义与地方价值的文件，此处暂做以下列举。

（1）《无锡市人民政府办公室关于开展工业遗产普查和保护工作的通知》。2006年4月6日由无锡市人民政府制定发布，其系全国各地较早发布的有关工业遗产保护工作的地方性规范文件。该通知在“切实加强工业遗产保护”部分强调无锡市工业遗产保护的基本方针时便指出：“结合旅游发展保护工业遗产，以悠久的吴文化为主线，以民族工商业、乡镇企业为重点，以江南水乡、古运河为背景，修复利用工业遗存，打造具有地域特色的人文景观；结合工业结构调整保护工业遗产，利用历史厂区，建设一批工业设计园、艺术设计园，以及与旅游配套的文化休闲项目。”

（2）《北京市关于推进首钢老工业区改造调整和建设发展的意见》。2014年9月23日由北京市人民政府发布。该意见在“培育构建现代产业体系”这一主要任务中提出：“鼓励改造利用老厂区老厂房老设施，培育发展文化创意、工业旅游等新兴特色服务业。”并将“加强工业遗存保护再利用”作为一项主要任务单独列出：“深入挖掘首钢老工业区工业遗存的历史价值，科学做好工业遗存保护，规划建设首钢博物馆等文化设施。合理开发利用工业遗存资源，适当引入文化休闲、展览展示、工业旅游等功能，建设科学普及、爱国主义教育等基地。处理好建设与保护的关系，建立工业遗存保护开发利用的工作机制。”但北京市工业遗产资源的利用模式仍是以文化产业园区等为主的文化产业路径，这在其2007年发布的《保护利用

工业资源，发展文化创意产业指导意见》以及 2017 年发布的《关于保护利用老旧厂房拓展文化空间的指导意见》中均有体现。这一路径中所涉及的“示范园区、文创小镇、文创街区、文创空间”等文化产业项目在文旅融合背景下也为工业遗产旅游工作的开展提供了具体空间。

（3）《将“工业锈带”建设成为“生活秀带”——上海杨浦生活秀带国家文物保护利用示范区建设实施方案（2021~2023 年）》。2021 年 4 月 8 日由上海市杨浦区文化旅游局制定发布。其有关工业遗产保护利用工作建设目标“建设‘宜业、宜居、宜乐、宜游’的文物资源活化利用体验区域”要求：“坚持‘保护为民、开放为民、利用为民’的宗旨，以挖掘文物资源内涵为抓手，增强文化自信为导向，统筹文物、规划、建设、市政等，合理安排生产、生活、生态空间，走内涵式、集约式、绿色化的高质量发展之路。按照‘重现风貌、重塑功能、重赋价值’的原则，盘活文物资源，形成保护和发展良性循环。充分考虑滨江地区整体发展的功能定位，将文物保护利用与文化活态传承、产业创新转型、城市功能提升和绿色生态环保等协同互进，建设一批集城市记忆、文化创意、休闲旅游、知识传播、科技研发和城市消费于一体的示范应用项目，讲好工业遗产故事，打造开放式工业遗产博览园和旅游目的地，推动‘文物 +’产业融合发展，促进历史文化与现代生活的有机协调和融合，进一步提升文化自信。”“推动文旅产业赋能”更是其中一项主要任务：“依托工业遗产空间，鼓励多元主体参与，引进举办时装走秀、热歌劲舞、艺术展演、电竞赛事、骑行游乐、文创集市等品牌活动，打造城市公共生活空间，营造独具特色的水岸节庆氛围，打造最有温度的‘生活秀带’文化旅游推广窗口。”2022 年 1 月 27 日，上海市文化和旅游局等多个部门联合印发了《关于支持和推进上海工业旅游发展的实施意见》，其中更对工业遗产开展旅游活动做出“工业旅游 + 科技”“工业旅游 + 教育”“工业旅游 + 文创”三个融合方向指导，极大地丰富了工业遗产旅游产品类型。

（4）《温州市推进工业旅游创新发展行动方案》。2022 年 4 月 12 日由温州市文化广电旅游局印发。其在主要任务中便要求，将在“十四五”期间“构建以展示先进制造业和工业文化遗产为主的工业旅游产业板块”，重点打造“工业遗产之旅”等工业旅游精品线路，树立温州“工业遗产”特色工业旅游品牌。

三、学界共识及各协会、组织之倡议

国内学界关于工业遗产旅游形成的相关共识主要包括以下内容：

1.《西安宣言——关于古建筑、古遗址和历史区域周边环境的保护》

2005 年 10 月 17~21 日，国际古迹遗址理事会第 15 届大会暨科学研讨会在西安举行。21 日，大会通过了第一部以中国古都命名的国际古迹遗址保护领域行业共识性文件——《西安宣言——关于古建筑、古遗址和历史区域周边环境的保护》（以下简称《西安宣言》）。《西安宣言》共达成 13 点共识，分布于三个主题之中：承认周边环境对古迹遗址重要性和独特性的贡献；通过规划手段和实践来保护和管理周边环境；监控和管理对周边环境产生影响的变化。其提出的背景正是“生活方式、农业、发展、旅游或大规模天灾人祸所造成的城市、景观和遗产线路急剧或累积的改变”“对文化遗产的真实性、意义、价值、整体性和多样性所构成的威胁”，因而在开展工业遗产旅游工作时务必要遵照《西安宣言》中的“承认、保护和延续遗产建筑物或遗址及其周边环境的有意义的存在”。①

2.《无锡建议——注重经济高速发展时期的工业遗产保护》

《无锡建议——注重经济高速发展时期的工业遗产保护》（以下简称《无锡建议》）是我国首个倡导工业遗产保护的纲领性文件，2006 年 4 月于无锡召开的首届中国工业遗产保护论坛上通过，论坛由国家文物局主持。《无锡建议》主张：提高认识，转变观念，呼吁全社会广泛关注工业遗产；开展工业遗产资源普查，做好评估和认定工作；将重要工业遗产及时公布为文物保护单位，或登记公布为不可移动文物；编制工业遗产保护专项规划，并纳入城市总体规划；鼓励区别对待、合理利用工业遗产的历史价值；加强工业遗产的保护研究，借鉴和吸取国外工业遗产保护与利用的经验教训。②

3.《关于转型期城市工业遗产保护与利用的武汉建议》

2010 年 4 月 23 日，由中国城市规划学会主办的工业遗产保护与利用研讨会在武汉召开，全国多地与会专家围绕工业遗产保护相关问题进行了深入探讨。会议形成了《关于转型期城市工业遗产保护与利用的武汉建议》，呼吁全社会抢救工业遗产。其中，“积极探索对城市工业遗产保护和利用的模式，实现多元化利用”部分

① 西安宣言［N］. 陕西日报，2005-10-22（001）.

② 佚名. 无锡建议——注重经济高速发展时期的工业遗产保护［J］. 建筑创作，2006（8）：199-200.

"鼓励工业遗产再利用与文化创意产业相结合，与博览、科普教育相结合，与旅游、生态环境建设相结合，形成主题博物馆、遗址公园、创意产业园区等灵活多样的发展模式，以期承载都市发展的新功能，增加城市生活的新体验，增加都市创业和就业机会"。①

4.《抢救工业遗产：关于中国工业建筑遗产保护的倡议书》

2010 年 11 月 5 日，中国首届工业建筑遗产学术研讨会在北京举行，同时成立中国建筑学会工业建筑遗产学术委员会，探讨中国工业建筑遗产保护，呼吁全社会抢救工业遗产，发出该倡议书，也称《北京倡议》。其中"我们的立场"部分指出：一致赞同国际工业遗产保护委员会 2003 年通过的保护工业遗产的《下塔吉尔宪章》，中国工业遗产保护论坛 2006 年通过的《无锡建议——注重经济高速发展时期的工业遗产保护》。对工业建筑遗产，按照文物保护单位、有价值的近现代建筑、工业建筑遗产、工业遗产保护区等，进行分级、分类保护和再利用。

5.《亚洲工业遗产台北宣言》(Taipei Declaration for Asian Industrial Heritage)

2012 年 11 月 5~8 日，国际工业遗产保护委员会在台北市举行大会，这是国际工业遗产保护委员会第一次将例行大会移至亚洲城市举行。与会代表一致认为通过一个以亚洲工业遗产为主轴的宣言，以推动该地区工业遗产的保存维护是十分适切且有必要的。该宣言提出，"不管在都市或乡间，亚洲地区工业遗产经常是一种综合性的文化景观"，工业遗产"具备当地建筑史、营建史或设备史的美学与科学价值，因此要尽可能保存以反映其整体性""工业遗产以可适性再利用为新用途来确保它的维护是可以被接受的"。

6.《杭州共识》

2012 年 11 月 24~25 日，由中国城市科学研究会历史文化名城委员会和杭州市人民政府共同主办的"中国工业遗产保护研讨会"在浙江杭州举行，与会代表认识到近现代工业遗产保护利用工作在城市科学发展及转型发展中的重要意义，共达成八点共识，被称作《杭州共识》。其中第六条至第八条都为工业遗产旅游等活态保护、多样利用方式提供了基础：鼓励采取多种模式和途径，开辟多元化资金渠道，加强工业遗产保护，在保护的前提下进行适应性、多样性再利用，积极引导发展涉及社会民生的文化设施以及文化创意等产业；关注在经济转型发展和企业产能升级

① 佚名．关于转型时期中国城市工业遗产保护与利用的武汉建议［J］．城市规划，2010（6）：2.

中已不具备新工艺革新和新生产功能的工业遗产，注重探索其保护与利用的可行途径和方式；倡导工业遗产活态保护。对在近现代工业文明中有着特殊传承价值的工业遗产，应力求延续原有功能和传统生产业态，使之与现代经济社会生活相适应。[①]

7.《“156项工程”工业遗产保护倡议书》

2014年10月10日，中国俄罗斯友好协会、中国开发性金融促进会、中国新闻文化促进会在北京联合召开“156项工程”工业遗产保护工作座谈会，发布《“156项工程”工业遗产保护倡议书》。该倡议书发出了一系列倡议：包括深入挖掘“156项工程”历史文化内涵和社会价值，增强全社会工业遗产保护意识。加强统筹协调和科学保护，推动“156项工程”工业遗产整体保护。规划先行，创新工业遗产保护和利用模式，推动城市和谐发展。加强调查研究、文化宣传和国际交流，促进工业遗产保护可持续发展。

8.《黄石共识》

2016年11月15日至16日，第一届中国工业遗产保护与利用高峰论坛在湖北黄石举行，国内工业遗产保护方面的专家学者就工业遗产保护利用、工业历史文化传承提升达成共识，并发表了新时期工业遗产保护宣言——《黄石共识》。文件指出：“要充分发挥工业遗产社会效益，让工业遗产‘活’起来，促进文化旅游、文博创意产品等相关产业的科学发展，为区域经济提供新的增长点，使工业遗产成为改善城乡生态，创造美好的人居环境，提高人民群众生活品质的重要文化资源保障。”

9.《中国工业旅游产业发展联合体·唐山宣言》

2017年10月27日，以“发展工业旅游，促进城市转型”为主题的首届中国工业旅游产业发展联合大会在唐山召开，参与方联合发起成立了拥有45家成员单位的“中国工业旅游产业发展联合体”，搭建了国内首个工业旅游合作交流的宽阔平台，联合体通过并发布了《唐山宣言》。其中有关条文指出：工业旅游是工业、人类文化发展的必然结果，绵延着历史的传承，承载着文化的传播，是促进工业转型升级、培育城市新增长动力的重要力量；尊重历史，珍视工业旅游资源，积极保护工业物质和非物质文化遗址、遗存，推动形成完善、科学、有效的保护管理体系；以工业时代的遗产、新时代的成就构建后工业时代的新体验，打造今日旅游精品，创造明日文化遗产。

① 佚名．杭州共识——工业遗产保护与利用［J］．城市发展研究，2013，20（1）：2.

10.《中国工业旅游产业发展联合体唐山共识》

2019 年 10 月，第三届中国工业旅游产业发展联合大会在唐山举行，大会通过并发布了《中国工业旅游产业发展联合体唐山共识》。该共识明确了工业旅游促进工业转型升级、培育城市新增长动力的根本宗旨，围绕工业生产延伸出的所有价值与内容，将包括有形的遗址遗存和无形的工匠精神等转化为工业旅游产品，并将工业遗产博物馆、产业公园、创意产业园、旅游度假地、工业特色小镇等各具特色的综合发展模式，作为培育工业旅游全新运营生态的重要发展方向，从而实现生态优先、转型升级、高质量发展。

11.《山东省工业旅游联盟·东阿宣言》

2019 年 11 月 26 日，第二届山东省工业旅游联盟大会在聊城东阿举行，大会通过了《山东省工业旅游联盟·东阿宣言》以推出山东省经典工业旅游产品和相关政策。该宣言提出，共同促进山东省工业旅游转型升级，积极探索和培育“旅游 + 工业”“工业 + 旅游”的创新融合发展新模式，弘扬工业文明，践行绿色发展理念，加强产业互动，共同开拓国际国内市场，配合政府部门做大做强山东省工业旅游，努力打造一批省级、国家级工业旅游示范单位，为山东新旧动能转换发展做出更大的贡献。

12.《老工业区工业遗产保护利用规划编制指南》（T/UPSC 0009—2021）

2021 年 12 月 31 日由中国城市规划学会制定发布。该指南对“工业遗产保护区”（industrial heritage site）做出相应界定：“老工业区内工业遗存集中成片，具有一定规模，工业风貌保存完整且（或）能反映出某一历史时期或某种产业类型所特有的典型风貌特色，是集中承载历史、科技、艺术、社会价值的区域。”该指南还在“利用模式及方法”部分提出老工业区工业遗产城市公共服务功能转换的七种类型，其中便包括旅游休闲型。

第二节　国外工业遗产旅游相关文件

工业遗产衍生自英国的工业考古学（Industrial Archaeology）传统，故以旅游等方式促进其保护利用不仅仅在中国相关文件中有所体现。下文将对与工业遗产旅游有关的国际法、国外法律法规以及国际学界共识或指导性文件加以梳理总结，以从中汲取经验。

一、与工业遗产旅游相关的国际法文件

国外与工业遗产旅游相关的国际法主要为联合国教科文组织、欧盟相关组织等主体出台的相关文件。

1.《欧洲保护考古遗产公约》（*European Convention on the Protection of the Archeological Heritage*）

1969 年 5 月 6 日，该公约在英国伦敦由法国等 17 个欧洲理事会成员国签订，由欧洲理事会发布，以进一步明确考古遗产对欧洲各国文明展现的重要性。公约规定了考古遗产的发现、保护、利用相关原则，并强调了各缔约国之间的合作基础与原则。公约中第二条关于考古遗址与区域的划定保护，第五条关于考古遗产的科学、教育及文化利用目的的共识等为缔约国开展工业遗产旅游提供了国际法支持，尤其有助于缔约国之间加强工业遗产旅游合作交流工作。

2.《保护世界文化和自然遗产公约》（*Convention for the Protection of the World Cultural and Natural Heritage*）

1972 年 11 月 16 日，该公约在法国巴黎举行的联合国教科文组织大会上通过，1975 年 12 月 17 日生效，简称《世界遗产公约》。该公约的制定重在应对经济社会变化中渐趋恶化的遗产保护危机。其从古迹、建筑群和遗址三个层面对文化遗产进行了界定。该公约也确定了《世界遗产名录》等遗产保护形式以及“世界遗产委员会”（World Heritage Committee）、“世界遗产基金”（World Heritage Fund）等组织形式。

3.《内罗毕建议》（*Nairobi Recommendations*）

1976 年 11 月 26 日在肯尼亚内罗毕由联合国教科文组织在第十九届会议上通过，文件全称为《关于历史地区的保护及其当代作用的建议》（*Recommendation Concerning the Safeguarding and Contemporary Role of Historic Area*）。该文件重在阐述历史地区该如何被保护的问题。其中明确讨论了“保护和修复工作应与振兴活动齐头并进”的问题：“适当保持现有的作用，特别是贸易和手工艺，并增加新的作用是非常重要的，这些新作用从长远来看，如果具有生命力，应与其所在的城镇、地区或国家的经济和社会状态相符合。保护工作的费用不仅应根据建筑物的文化价值而且应根据其经使用获得的价值进行估算。只有参照了这两方面的价值尺度，才能

正确看待保护的社会问题。这些作用应满足居民的社会、文化和经济需要，而又不损坏有关地区的具体特征。文化振兴政策应使历史地区成为文化活动的中心并使其在周围社区的文化发展中发挥中心作用。”

4.《保护欧洲建筑遗产公约》(*Convention for the Protection of the Architectural Heritage of Europe*)

1985年10月3日在西班牙格拉纳达制定发布，1987年12月1日生效，又称《格拉纳达公约》，为欧洲内部建筑遗产保护提供了法律约束文件。经过欧洲委员会成员国多年的合作，该公约构成了保护古迹和遗址文化遗产的重要框架。公约建议举措包括：保护建筑遗产应作为城市规划、建筑物的适应性再利用、参与保护和恢复、将限制公众进入作为保护措施、公众意识和教育计划以及对培训的支持、技术援助和信息交流。

5.《文化遗产社会价值框架公约》(*Convention on the Value of Cultural Heritage for Society*)

2005年10月27日由欧洲委员会在葡萄牙法鲁制定发布，又称《法鲁公约》(Faro Convention)，是欧洲委员会的一项多边条约，各国同意保护文化遗产以及公民获取和参与该遗产的权利。公约强调了文化遗产在建设和平与民主社会、可持续发展和促进文化多样性进程中的作用。其要求：提高认识并利用文化遗产的经济潜力；在制定经济政策时，考虑到文化遗产的具体特点和利益；确保这些政策尊重文化遗产的完整性，同时不损害其内在价值。

6.《会安草案——亚洲最佳保护范例》(*Hoi An Protocols for Best Conservation Practice in Asia*)

2005年12月30日由联合国教科文组织在越南会安通过。草案文件指出，在亚洲范围内，“旅游业和以旅游为目的的修复与展示也给原真性带来了更为错综复杂的全新威胁”。草案的目标受众之一便是“参与亚洲文化旅游开发和推广的旅游产业”。工业遗产则更多属于草案所划分五大遗产资源中的“文化景观”“历史城区与遗产群落”“纪念物、建筑物和构造物”。草案在定义部分借鉴了1976年由国际古迹遗址理事会制定的《文化旅游宪章》相关内容，并指出：“‘文化旅游’是指以探索发现纪念物和遗产地为主要目的的旅游方式。文化旅游具有非常积极的影响，在满足自身的需求之外，同时也促进了这些纪念物和遗产地的维修与保护。由于这些活动为所有相关人士带来了社会文化和经济收益，这种形式的旅游事实上也反过来证明了人类社区的维修与保护要求的合理性。”草案将游客视为遗产原真性信息的二手来源之一，同时将文化旅游列入对遗产原真性造成威胁的清单中：“在规范、修改和商品化文化资产，将其用于文化旅游的过程中，会导致丧失原真性的严重风险。其中的问题在于，遗产的‘包装和展示’通常是由出于其自身利益考虑的旅游业执行的，而不是由负责文化遗产保护的主体在执行。其结果就是，遗产项目的物理构造及其非物质性方面均被轻视并受到损害。”以及“在推广旅游文化的时候，我们往往会犯这样一个错误：仅仅对文化形式加以简单重复或复制。同一支舞蹈，面对不同的游客，日复一日、一跳再跳。这样的重复不是传承，只会导致进程的中断，将文化形式萎缩成用于兜售的商品”。而所有遗产地保护的先决条件之一便是“在社区、政治家、规划者、承包者或建筑者以及旅游产业中，进行保护意识培养和教育”“强调文化旅游的效益威胁”。在具体遗产资源类型中，还强调保护历史城区和遗产群落的原真性举措之一便是：“如果管理得当，旅游可以为历史城区的保护和消除贫困创造资金来源。”而纪念物、建筑物与构造物中非物质因素的原真性保护，则需要重点关注遗产地重现、纪念物的环境、象征性领域、相关用途与传统指示等形式，这在工业遗产旅游工作中尤其值得借鉴。

7.《欧洲，世界第一旅游目的地——欧洲旅游业的新政治框架》（*Europe, the World's No.1 Tourist Destination：a New Political Framework for Tourism in Europe*）

2010 年 6 月 30 日由欧盟委员会制定发布。该文件主张进一步推动欧洲旅游业发展，其中提道：“欧洲联盟可以通过利用欧洲范围内主题旅游产品的发展，鼓励欧洲内部的流动，从而促进供应的多样化。跨国协同作用可以确保更好地促进旅游业并提高其知名度。其涉及全方位的遗产类型：文化遗产（包括文化行程）、当代文化、受保护的自然遗迹、健康和舒适（包括水疗旅游）、教育、葡萄酒和食品、历史、体育或宗教旅游、农业旅游、乡村旅游或利用海洋和水下文化遗产、工业遗产或地区经济结构的旅游。”

8.《欧洲遗产标识打造行动》（*Establishing a European Union Action for the European Heritage Label*）

2011 年 11 月 16 日由欧洲议会和欧洲理事会制定发布，旨在通过打造文化遗产方面的“欧洲遗产标识”（European Heritage Label）来推动欧洲文化交流融合、传承发展。其中遗址类型包括工业或城市遗址，主张促进文化遗产与当代创作和创造力之间的协同作用，通过文化旅游促进地区的吸引力、经济和可持续发展。

9.《迈向欧洲文化遗产的综合方法》(*Towards an Integrated Approach to Cultural Heritage for Europe*)

2015 年 9 月 8 日由欧洲议会制定发布。其在评价文化遗产的经济和战略潜力时指出,"强调教科文组织指定的物质或非物质文化遗产和自然遗产对欧洲旅游业的重要性""敦促委员会在综合和科学的基础上促进文化遗产和旅游联合计划"。其也在预判文化遗产的机遇与挑战时强调,"文化遗产和旅游业是互利的。一方面,文化遗产为旅游业带来了可观的收入;另一方面,旅游业有利于文化,鼓励展示和保护文化资产,并产生保护这些资产所需的收入""文化旅游在保护和实现文化遗产的价值方面可发挥重要作用""支持创造反映欧洲共同价值观和遗产的跨国文化旅游产品;呼吁委员会寻求与会员国、制定文化和旅游政策的其他组织,如联合国旅游组织和教科文组织等加强合作,并继续共同资助和促进网络、跨界区域项目,与欧洲委员会密切合作,促进欧洲文化路线发展"。

10.《关于欧洲文化遗产年(2018)的决定》(*European Year of Cultural Heritage*)

2017 年 5 月 17 日由欧洲议会和欧洲理事会制定发布,指定 2018 年为"欧洲文化遗产年"(European Year of Cultural Heritage),以分享欣赏欧洲文化遗产来增强对欧洲共同空间的归属感与认同感。该决定鼓励具有、利用文化遗产潜力的区域和地方制定发展战略,来促进可持续旅游业发展。

二、与工业遗产旅游有关的国外法律法规

国外与工业遗产旅游有关的法律法规分布较为零散,各国政体和立法制度差异较大,且多重视对工业遗产的保护,旅游等利用方面更多先由第三方组织或企业等主体自主开展。故此处以国别为视角,并就其中具有较大影响力、较强代表性的国家相应法律法规加以梳理列举。同时,其中也包括有一定的地方政府法律法规文件,如澳大利亚维多利亚州曾于 2010 年颁布《旅游和遗产铁路法》(*Tourist and Heritage Railways Act*),成为规范该州旅游和遗产铁路运营商活动的重要法规,推动了地方铁路遗产旅游发展。

1. 英国与工业遗产旅游有关的法律法规

1983 年的《国家遗产法》(*National Heritage Act*)将此前由环境部保护管理的历史古迹和建筑物都划归新创建的历史建筑和古迹委员会(Historic Buildings and

Monuments Commission）这一非部门公共机构，后在2015年该机构被英格兰历史建筑和古迹委员会所取代。1987年，英国政府颁布《城乡规划使用类别令》（*Town and Country Planning Use Classes Order*），规定在保护区内将建筑类型从Class B2（一般产业）或Class B8（储藏）转变为Class B（商业），不需要规划许可。这一举措为工业建筑寻找新用途提供了便利，同时也进一步限制了任意拆除工业建筑的行为。1990年，英国出台了《城乡规划法》（*Town and Country Planning Act*）。根据该法案条文，凡获得对列入名录的历史建筑进行重大改动或拆除的同意书者，都有义务向皇家委员会（Royal Commission）发出通知以记录该建筑，这一举措有助于工业遗产等历史建筑的保护记录。1993年被英国官方指定为工业遗产年（Industrial Heritage Year），英国旅游局（English Tourist Board）等组织通过"英国的缔造""工业遗产游"等宣传口号，来宣传推荐工业遗产旅游景点，推进其工业遗产旅游发展。1996年，英国颁布《铁路遗产法》（*Railways Heritage Act*）推动成立铁路遗产委员会来加强对铁路遗产的保护。

2012年9月，由铁桥峡谷博物馆信托基金（Ironbridge Gorge Museum Trust）管理的"工业遗产支持官"（Industrial Heritage Support Officer）项目开始运营。该项目由英格兰历史建筑和古迹委员会进行资助并聘请成员，得到独立博物馆协会（Association of Independent Museums）、工业考古协会（Association for Industrial Archaeology）的支持后实现合作运营。项目指导小组成员还包括英格兰艺术委员会（Arts Council England）、国家信托基金（National Trust）等组织的代表，以及来自英格兰历史建筑和古迹委员会的项目联络人。该项目希望通过多方合作来应对工业遗产的不确定境况，具体宗旨包括：通过工业遗产网络发展并促进伙伴关系；推广保护、指导和参与方面的最佳实践；收集有关项目影响力的数据。迄今为止，"工业遗产支持官"项目已通过其咨询服务为超过135处工业遗产地和组织提供支持，并通过250多场活动向全国近40个组织提供定制培训服务。

2018年，英国文化、媒体和体育部颁布了《保护遗迹政策声明》（*Scheduled Monuments Policy Statement*），其中肯定了历史遗迹作为环境之外的研究、教育、休闲、旅游和再生资源属性，对民众身份和地方精神培育具有重要影响。2019年，英格兰历史建筑和古迹委员会制定了《英格兰工业遗产战略（草案）》（*Historic England's Industrial Heritage Strategy — Draft*），并于2021年6月正式通过。其中列出的九个重点事项之一便是"作为遗产景点保存的工业遗址"，认为工业遗产可以

"以博物馆为基础，也可以作为纪念碑展示，是主要的教育、休闲和旅游资产"，具体工作方向包括审查现有工业遗产情况、在地方建立工业遗产网络以加强合作、寻求并提供国家彩票遗产基金等组织支持，同时强调"工业遗产支持官"项目在其中的重要作用。文件还规划了进一步将相关工业遗产旅游内容落地于采掘业、加工和制造、公用事业和电信、运输业等遗址类别的发展重点。

2. 德国与工业遗产旅游有关的法律法规

根据联邦德国和各州（联邦州）之间的权限划分，联邦州负责保护古迹。因此，文化遗产政策的结构和形式以及负责保护古迹的当局因州而异。德国工业遗产旅游发展最具代表性的便是德国北莱茵—威斯特法伦州（North Rhine-Westphalia，简称北威州）。1970 年，北威州议会文化委员会颁布了一项名为"北威州计划 1975"（Nordrhein-Westfalen-Programm 1975）的五年计划，宣布本地区具有技术和经济历史特征的建筑需要被加以保护，包括"矿山绕组塔、动力车间、水闸和竖井建筑"等。其中明确提及了前工业时期的技术遗迹和工业化黄金时代留存的建筑，随后联邦德国首次为保护含工业遗产在内的技术和商业相关遗迹投入财政预算。1980 年 3 月，北威州颁布《北莱茵—威斯特法伦州古迹保护和维护法》（*Gesetz zum Schutz und zur Pflege der Denkmäler im Lande Nordrhein — Westfalen*），使北威州的古迹保护从传统走向现代。

鲁尔区位于北威州境内，是欧洲最重要的煤炭开采和重工业区之一。德国在 20 世纪持续采用了以国际建筑展览会（International Building Exhibition，德语为 Internationale BauAusstellung，IBA）促进城市和区域更新发展的倡议。1989~1999 年，北威州、联邦政府和地方当局组织策划了鲁尔区的 IBA 计划，旨在整治鲁尔区中部工业景观最密集的埃姆舍（Emscher）地区以实现区域复兴。该计划由鲁尔区的区域管理委员会 KVR 组织实施，其间便诞生了"工业遗产旅游之路"（Industrial Heritage Trail，德语为 Route der Industriekultur，RI）等不少工业遗产旅游项目，且"工业遗产旅游之路"也作为"欧洲工业遗产之路"的一部分参与欧洲文化遗产旅游活动，使鲁尔区成为通过工业遗产旅游促进区域更新、复兴的国际典范。

3. 美国与工业遗产旅游有关的法律法规

美国 1906 年制定的《文物法》（*Antiquities Act*）明确了"历史名胜、历史和史前建筑与有历史和科学价值的其他物品"为受保护的国家古迹。1916 年通过的《国家公园管理局组织法》（*National Park Service Organic Act*）创建了国家公园管理局

（National Park Service），负责管理美国所有国家公园、大多数国家遗迹和其他认定的相关自然、历史遗迹遗产。1935 年的《历史遗迹法》（*Historic Sites Act*）进一步主张保护具有一定意义的公共历史遗迹、建筑物和物件，美国国会后来在该法基础上确立的国家历史遗迹（National Historic Site）中便包含有一定的工业遗产，大部分归国家公园管理局管理。1966 年出台了《国家历史保护法》（*National Historic Preservation Act*），该法为美国建立工业遗产保护的各级组织机构（如州历史保护办公室等）提供了法律保障，推动了联邦政府、州政府等地方政府与民间组织之间的合作，成为美国工业遗产保护体系建立与发展的重要基础。同年 10 月，美国国家管理局管理的国家历史遗迹和国家历史公园（National Historical Park）全部被列入《国家史迹名录》（*National Register of Historic Places*）。《国家历史保护法》还成立了“历史保护审议委员会”（Advisory Council on Historic Preservation）作为专门监督历史保护实施情况的机构，并推动国家历史地标（National Historic Landmark）——因其突出的历史价值而正式认定的建筑物、街区、物体、场所或结构，以及国家遗产区域（National Heritage Area）等相关保护制度的建立。

1969 年的《环境政策法》（*National Environmental Policy Act*）要求各部门、组织在从事相关计划和工程建设时，必须履行保护文物义务，有助于美国工业遗产保护、开发以及再利用。1995 年，美国国家艺术基金会（National Endowment for the Arts）等组织在白宫旅行和旅游会议上联合推出了《美国文化旅游白皮书》（*Cultural Tourism in the United States*），敦促相关文化组织和酒店行业共同为美国文旅目的地建设贡献合力，加快美国文化遗产旅游发展速度。其在文化旅游的定义所涉及客体中便提到了历史遗迹、历史建筑等遗产景观。

此外，美国税法的相关条文同样为美国工业遗产保护更新提供了补贴激励机制。1976 年 9 月，美国国会通过《税收改革法案》（*Tax Reform Act of 1976*），法案授权确立了联邦以税收奖励政策鼓励保护历史建筑等制度，其中重要内容便是对旧工业建筑的保护改造与再利用。1978 年，公布“建筑更新税额抵扣计划”，规定为那些以买卖或经营为目的的历史建筑遗产修复提供 10% 的税额抵扣。1981 年颁布的《经济复兴税收法》（*Economic Recovery Tax Act of 1981*），进一步增强对历史建筑再利用的经济激励，规定私人业主对列入“国家历史遗迹”登记名单之内的历史建筑遗产进行保护与修缮，将获得最高 25% 的税额抵扣。对不在名单之列的建筑遗产保护更新也有优惠，对 30 年以上旧建筑修复投资可减免 15% 税收；对 40 年以上

建筑遗产修复，可减免 20% 的投资税（1986 年以后由于政府财政赤字大增等原因，税收减免优惠力度有所下降）。北卡罗来纳州等多个州政府也颁布了相关为历史建筑保护与更新提供减税等税收优惠的政策，如《北卡罗来纳州专项工业遗产保护减税计划》(*State Mill Rehabilitation Tax Credits*)等。①

4. 日本与工业遗产旅游有关的法律法规

1950 年，日本出台《文化财保护法》，推行有形文化遗产与无形文化遗产并重的保护路线。1977 年 2 月，日本工业考古学会成立。1988 年，日本文化厅发布《国家文化与文化行政白皮书》，以中立姿态揭示了土地开发与遗产保护之间的矛盾关系。1990 年，日本文化厅开始了大规模的"近代化遗产"综合调查工作，对于明治时代后工业遗产的优秀个案，日本文化厅将之定义为"近代化遗产"，根据《文化财保护法》予以认定和保护。而未被录入"近代化遗产"名录的建筑则作为有形的文化景观，根据登录文化财产制度给予保护。2008 年以来，日本文化厅又开展了文化艺术创造城市、文化发祥战略、文化政策评价等一系列的调查研究工作，确认对工业遗产的保护状况。② 日本经济产业省工业遗产活用委员会还建立了"近代化产业遗产"(Heritage of Industrial Modernization)认定配套制度。2008 年，经济产业省发布《地域活性化视域下近代化产业遗产的保存和利用》，对"近代化产业遗产群 33"做出介绍与经验分享，并肯定了部分遗产发展旅游观光的可能性。2007 年和 2008 年，经济产业省以"产业史—区域史"故事的形式对类似主题的遗产进行分类，先后推出了"近代化产业遗产星丛 33"(33 Heritage Constellations of Industrial Modernization)和"第二批近代化产业遗产星丛 33"(33 Heritage Constellations of Industrial Modernization Vol.2)，共 1115 个项目。之所以以"星丛"来指代"群"的形式，是为了凸显工业遗产虽散布各地却又因地域性而联系在一起的特征，为地方活化提供了新的价值。地方层面亦有相关政策文件出台，如 2010 年，北九州市商工会议所正式宣布工业遗产为振兴该地区的战略旅游资源。2014 年，北九州市政府、北九州市商工会议所、北九州观光协会共同成立了北九州工业旅游中心(Kitakyushu Industrial Tourism Center，RITC)，并推出了一站式工业旅游窗口服务。

---

① 吕建昌. 从绿野村庄到洛厄尔：美国的工业博物馆与工业遗产保护［J］. 东南文化，2014(2)：117-122；王高峰. 美国工业遗产保护体系形成的若干因素探讨［J］. 科学技术哲学研究，2014，31(3)：97-102.

② 钱程. 日本工业遗产保护及利用实践——以丰田产业技术纪念馆为例［J］. 城市管理与科技，2017，19(5)：78-81.

KITC与旅行社合作开发旅游线路，并雇用约80名当地居民担任导游，推动工业遗产旅游与地方振兴并进。

三、与工业遗产旅游有关的国际学界共识或指导性文件

国外与工业遗产旅游有关的国际学界共识或指导性文件主要为国际古迹遗址理事会及其下属的国际工业遗产保护委员会等有关国际组织出台的相关宪章、公约等。

1.《威尼斯宪章》(*The Venice Charter*)

1964年5月25日由从事历史文物建筑工作的建筑师和技术员国际会议第二次会议在意大利威尼斯通过，全称为《保护文物建筑及历史地段的国际宪章》(*International Charter for the Conservation and Restoration of Monuments and Sites*)。其对历史古迹的定义、保护、修复、发掘以及出版工作给出了指导，强调对古建筑与环境之间关系的保护，要求“为社会公用之目的使用古迹永远有利于古迹的保护。因此，这种使用合乎需要，但决不能改变该建筑的布局或装饰。只有在此限度内才可以考虑或允许因功能改变而做出改动”“古迹的保护包含着对一定规模环境的保护”“古迹不能与其所见证的历史和其产生的环境分离”。

2.《文化旅游宪章》(*Cultural Tourism*)

国际古迹遗址理事会发布的《文化旅游宪章》是1976年11月8~9日在比利时布鲁塞尔举行的当代旅游与人文主义国际研讨会的成果。其可被视为第一份侧重对文化遗产采取负责任旅游方法的国际文件，它还承认遗址和古迹是经济利益和文化教育的来源。以这种双重方法为基础，该宪章为提高人们对旅游业未来发展以及其对遗产地影响的认识提供了早期智慧:“旅游业是一个不可逆转的社会、人文、经济和文化事业。它在古迹和遗址领域的影响特别重要，由于该活动发展的已知条件，这种影响只会增加。”它倡导对游客和年轻人进行关于古迹价值的教育，并鼓励培训负责开发和实施遗产地旅游利用的人员。其最显著的成果之一是达成了遗产领域文化旅游的广泛共识，该文件由许多机构签署，这是已知的首次将旅游业和主要国际遗产保护组织联系在一起的文件。

3.《马丘比丘宪章》(*The Charter of Machu Picchu*)

1977年由国际建筑师协会(International Union of Architects)在秘鲁马丘比丘山签署发布，其是对1933年《雅典宪章》在城市规划发展方面的一次批判继承与

观念更新。宪章强调了人与人之间的相互关系对于城市和城市规划的重要性，并将理解和贯彻这一关系视为城市规划的基本任务。其中专门制定了“文物和历史遗产的保存和保护”一节，强调“保护、恢复和重新使用现有历史遗址和古建筑必须同城市建设过程结合起来，以保证这些文物具有经济意义并继续具有生命力”“在考虑再生和更新历史地区的过程中，应把设计质量上乘的当代建筑物包括在内”，为工业遗产旅游与城市更新发展之间的功能契合提供了重要理念。

4.《巴拉宪章》(*The Burra Charter*)

1979年由国际古迹遗址理事会澳大利亚委员会制定通过，全称为《国际古迹遗址理事会澳大利亚委员会关于保护具有文化意义地点的宪章》(*The Australia ICOMOS Charter for the Conservation of Places of Cultural Significance*)，又称《澳大利亚巴拉宪章》，该宪章分别在1981年、1988年和1999年进行了修订。其为具有文化重要性的场所（文化遗产地）的保护管理提供了指导。宪章在定义具有文化意义的地点时，便将工业区等工业遗产表述囊括其中。宪章界定了文化意义、保护、维护、保存、修复、重建、改建、用途、相容性用途、环境、相关地点、联系、解释等概念，为工业遗产等“具有文化意义地点”的场所空间开展旅游等保护利用工作提供了基础概念和重要方向，有助于工业遗产旅游与工业遗产的文化意义共生，深入理解推进工业遗产旅游的文旅融合。

5.《保护历史性城市和城市化地段的宪章》(*Charter for the Conservation of Historic Towns and Urban Areas*)

1987年10月在美国华盛顿由国际古迹遗址理事会第八届全体会议通过，又被称作《华盛顿宪章》(*The Washington Charter*)。宪章着重强调了城市保护与现代生活之间的辩证关系，致力于促进新建建筑与原有环境之间的有机共生，为工业遗产等历史文物建筑的保护更新、旅游发展规划制订提供了指导，如其中第十条所规定：“当需要修建新建筑物或对现有建筑物进行改建时，应尊重现有的空间布局，特别是在规模和地段方面。与周围环境和谐的现代因素引入不应受到打击，因为这些特征能为该地区增光添彩。”

6.《考古遗产保护与管理宪章》(*Charter for the Protection and Management of the Archaeological Heritage*)

1990年10月由国际古迹遗址理事会第九届全体会议在瑞士洛桑通过，简称《洛桑宪章》(*The Lausanne Charter*)。宪章规定了考古遗产管理相关方面的原则，如整体保护政策、立法和经济、勘察、调查研究、维护与保护、展出与重建以及国际合作等。其为西方以工业考古学为传统的工业遗产勘察保护提供了原则支持，如其中要求“考古遗产的保护政策应该构成有关土地利用、开发和计划以及文化环境和教育政策的整体组成部分”。

7.《奈良原真性文件》(*The Nara Document on Authenticity*)

1994 年 11 月由出席在日本奈良举办的“与世界遗产公约相关的奈良原真性会议”的相关代表起草发布，成为国际社会增强遗产原真性认知的重要文件，对工业遗产旅游活动中有关原真性问题、文化社区问题的思考与解决具有重要借鉴价值。文件指出:“对文化遗产的责任和管理首先应是归属于其所产生的文化社区，进而是照看这一遗产的文化社区。除这些责任外，在决定相关原则与责任时，还应该遵守为文化遗产保护而制定的国际公约与宪章。所有社区都需要尽量在不损伤其基本文化价值的情况下，在自身的要求与其他文化社区的要求之间达成平衡。”“由于文化遗产的性质、文化语境、时间演进等因素，原真性评判可能会与很多信息来源的价值有关。这些来源可能包括很多方面，譬如形式与设计、材料与物质、用途与功能、传统与技术、地点与背景、精神与感情以及其他内在或外在因素。使用这些来源可对文化遗产的特定艺术、历史、社会和科学维度加以详尽考察。”同时，该文件鼓励开展多样形式来增进公众对遗产的了解，提出“增进公众对遗产的了解对于获得保护历史痕迹的切实措施很有必要。这意味着在增进对这些文化资产自身价值的了解同时，也要尊重这些纪念物与历史场所在当代社会所扮演的角色”，这正是工业遗产旅游的价值之一。

8.《可持续旅游宪章》(*Charter for Sustainable Tourism*)

1995 年 4 月 27~28 日在西班牙加那利群岛兰萨罗特岛举行的首届可持续旅游业世界会议通过了该宪章，“可持续旅游 (Sustainable Tourism)”一词和概念也由此诞生。宪章承认，虽然旅游业可以成为社会经济发展和文化交流的积极力量，但它也可能对社区产生负面影响。其呼吁规划、管理、保存和保护自然和文化遗产的旅游业，同时呼吁旅游业在生态上是可承受的、经济上是可行的、有助于当地社区的社会公平，并且对未来是可持续的。文化遗产方面，该文件主张旅游业应考虑其对文化遗产和当地社区传统的影响，还建议向环境和文化脆弱地区以及因旅游业影响较大而退化的地区提供特别援助。

9.《国际文化旅游宪章：在具有遗产意义的地点管理旅游》（*International Cultural Tourism Charter: Managing Tourism at Places of Heritage Significance*）

该文件是国际古迹遗址理事会在1999年对此前《文化旅游宪章》（1976）进一步完善的成果。其目标是以尊重和加强本土社区的遗产和活态文化的方式来促进和管理旅游业，并鼓励保护利益方与旅游业之间的对话。其概述了文化旅游的六项原则：保育应为游客和本土社区成员提供有利条件，让他们亲身体验和了解当地的遗产和文化；遗产地与旅游业之间的关系是动态的，应以可持续的方式为今世后代加以管理；保护和旅游规划应创造愉快、尊重和教育的游客体验；本土社区和本土民众应参与保护和旅游业的规划；旅游和保护活动应使本土社区受益，改善、发展并鼓励当地就业；旅游项目应保护和增强自然和文化遗产特色。

10.《下塔吉尔工业遗产宪章》（*The Nizhny Tagil Charter for the Industrial Heritage*）

该文件常被简称为《下塔吉尔宪章》，由国际工业遗产保护委员会于2003年7月在俄罗斯下塔吉尔通过，是国际学界公认的首部致力于指导保护和保存工业遗产的国际性共识文件。宪章明确了工业遗产的定义："工业遗产是指工业文明的遗存，它们具有历史的、科技的、社会的、建筑的或科学的价值。这些遗存包括建筑、机械、车间、工厂、选矿和冶炼的矿场和矿区、货栈仓库，能源生产、输送和利用的场所，运输及基础设施，以及与工业相关的社会活动场所，如住宅、宗教和教育设施等。"该宪章确定了工业遗产的美学价值，并指出"特殊生产过程的残存、遗址的类型或景观，由此产生的稀缺性增加了其特别的价值，应当被慎重地评价。早期和最先出现的例子更具有特殊的价值"。宪章在最后还强调"公众对工业遗产的兴趣与热情以及对其价值的鉴赏水平，是实施保护的有力保障。政府当局应积极通过出版、展览、广播电视、国际互联网及其他媒体向公众解释工业遗产的意义和价值，提供工业遗址持续的可达性，促进工业遗址地区的旅游发展"，为开展工业遗产旅游提供了国际共识支持。

11.《里加宪章》（*Riga charter*）

2005年4月16日由欧洲博物馆和旅游铁路联合会（European Federation of Museum and Tourist Railways）通过，全称为《关于文化遗产真实性和历史重建关系的里加宪章》（*Riga Charter on Authenticity and Historical Reconstruction in Relationship to Cultural Heritage*）。该宪章重在指导保护、恢复、保养、修理和使用缔约国的铁路遗产。

12.《卡迪夫宣言》(*Cardiff Declaration*)

2005 年 7 月由欧洲文化旅游网(European Cultural Tourism Network)第二次年度会议在英国卡迪夫通过，全称为《卡迪夫文化旅游宣言》(*Cardiff Declaration on Cultural Tourism*)。文件主张旅游尤其是文化旅游在促进更好地了解欧洲区域文化、欣赏欧洲共有文化遗产方面发挥着至关重要的作用。其将建筑和社会遗产等同样纳入文化旅游范畴，希望通过整合欧洲文化旅游力量来促进欧洲一体化发展。

13.《马耳他宣言》(*Malta Declaration*)

2006 年 5 月在马耳他举行的泛欧洲文化遗产联盟会议审议了“文化旅游：鼓励和控制”问题，随后通过了该宣言以推动欧洲范围内文化遗产旅游的发展，全称为《马耳他文化旅游宣言》(*The Malta Declaration on Cultural Tourism*)。其认识到文化旅游是欧洲经济增长和发展的主要驱动力之一，继承《卡迪夫宣言》精神，同时认为欧洲文化遗产也是欧洲身份识别的一个显著特征，应以文化旅游形式加以巩固传播。宪章还提出了文化遗产旅游可持续性发展、加强文化遗产旅游区域合作等多项主张。

14.《国际古迹遗址理事会文化线路宪章》(*ICOMOS Charter on Cultural Routes*)

由国际古迹遗址理事会文化线路科学委员会(International Committee on Cultural Routes)制定，2008 年 10 月 4 日经国际古迹遗址理事会第十六届全体会议在加拿大魁北克通过。宪章明确了文化遗产中的文化线路概念及其特殊价值，并明确将工业遗产作为文化线路的组成之一。文件单设一节“可持续利用——与旅游活动的关系”来讨论工业遗产等与文化线路可能相关的遗产类别开展旅游活动相关事宜：“特别要注意避免将旅游线路(包括有文化意义的旅游线路)和文化线路相混淆。但也应承认文化线路是一个对增强地方凝聚力和可持续发展有重要意义的实践。因此，应当在加强对文化线路认识的同时，适当和可持续地发展旅游，并采取措施规避风险。为此，保护和发展文化线路，既应为旅游活动、参观路线、信息咨询、阐述和展示等建设配套基础设施，又要做到不危害文化线路历史价值的内涵、原真性和完整性，这些是要传达给参观者的最基本信息”“应以环境影响评估结果，以及公众使用和社区参与规划为依据，采取旨在遏止旅游负面影响的控制和监督措施，合理管理旅游参观活动”“以发展旅游为目的的文化线路开发，在任何情况下必须优先考虑当地社区、当地及该区域旅游公司的参与。应尽力防止国际大公司和沿线较发达国家大公司的垄断”。

15.《文化遗产地解说与展示宪章》（*The ICOMOS Charter for the Interpretation and Presentation of Cultural Heritage Sites*）

2008 年 10 月 4 日由国际古迹遗址理事会第十六届全体会议在加拿大魁北克通过，简称《艾兰姆宪章》（*The Ename charter*）。宪章重点回答了遗产地的解说与展示问题。其中解说与展示方式包括规范化的徒步旅行、导引式旅游等，并确立了七条原则：可达性和理解；信息源；注重背景环境和文脉；保存原真性；为可持续性进行规划；关注涵盖性；研究、培训和评估的重要性。宪章希望在此基础上实现遗产地解说、展示的七个发展目标，其中还包括减小遗产地游客压力等。以上内容均为工业遗产旅游活动中的讲解与展示活动提供了发展方向与注意事项。

16.《关于保护遗产地精神的魁北克宣言》（*Qubec Declaration on the Preservation of the Spirit of Place*）

2008 年 10 月由国际古迹遗址理事会第十六届全体会议在加拿大魁北克通过。其明确了遗产地精神的内涵包括有形因素（建筑物、遗址、景观、线路、可移动文物等）和无形因素（记忆、故事、文献、仪式、节日、传统知识、价值观、用色、气味等）。其中条款涉及“场所精神再思”“对场所精神威胁的识别”“维护场所精神”“场所精神传播”等方面内容，认为对场所精神构成的威胁之一便是大众旅游活动，值得工业遗产旅游活动警惕。

17.《都柏林原则》（*The Dublin Principles*）

2011 年 11 月 28 日由国际古迹遗址理事会和国际工业遗产保护委员会共同通过并公开发布，也是工业遗产保护领域继《下塔吉尔宪章》之后的第二部重要国际共识。其全称为《国际古迹遗址理事会—国际工业遗产保护委员会联合准则：工业遗产、构筑物、区域和景观的保护》（*Joint ICOMOS - TICCIH Principles for the Conservation of Industrial Heritage Sites, Structures, Areas and Landscapes*）。其在保护和维护层面，对工业遗产旅游等活动做出了基础要求：“适宜保持原状、改变并继承式使用是最常用的方法，也往往是保护工业遗产厂址或构筑物最可持续的方法。新的用途应当尊重重要的材料、构件和流通运转模式。在工业遗产厂址和构筑物的可持续利用管理中，为了确保遗产价值得以充分考虑和尊重，专门的技能是必需的。当建筑规范、降低风险的要求、环境或行业法规以及其他标准需要通过本体干预强制落实时，应当将遗产的维度纳入考虑，以适宜的方法来实施这些规范。”“对本体的干预要尽可能可逆，并尊重其年代价值和有重要意义的轨迹、标记。应当记录所有改动。在处于教育目的的特殊情况下，恢复到先前已知的状态是可以接受的，这种恢复必须基于透彻的研究和存档。仅在已论证的经济或社会绝对需求的特殊情况下分解和迁址是可以接受的。”文件还在呈现与传达层面指出：“一些项目和设施应当发展并延续，如活态工业遗产厂址和工序参观，以及历史、机械、工艺流程、工业或城市博物馆和阐释中心、展览、出版物、网站、区域的或跨境的线路、相关故事等无形遗产的展示等，都可用以提高人们关于工业遗产对当代社会丰富意义的认知和评价水平。理想情况下，这些项目和设施应设置于那些工业化进程已经发生并能最好传达的地区的遗址之中。在更多可能情况下，遗产研究和保护领域的国内外机构应有权使用这些项目和设施，以用作面向大众和专业团体的教育用途。”工业遗产旅游显然属于上述呈现与传达工业遗产价值的方式之一。

18.《可持续发展与旅游政策中的工业遗产》（*Industrial Heritage in Tourism Policies for Sustainable Development*）

2011 年，当时的联合国世界旅游组织（World Tourism Organization）进行了一次“欧洲国家旅游政策中的工业遗产”调查，各国参与和响应度并不高。随后发布了调查结果并将发布讨论结果汇总为该文件，重点讨论了致力于可持续发展的工业遗产旅游在欧洲各国旅游政策中的分布情况。其称当时欧洲各国旅游政策中涉及工业遗产的内容有限，更多为传统工业古迹，且仅停留在有形遗产层面而少有涉及无形遗产。

19.《塞萨利亚可持续文化旅游宪章》（*Thessalia Charter for Sustainable Cultural Tourism*）

2014 年由欧洲文化旅游网（ECTN）在希腊塞萨利亚提出并发布，旨在推动欧洲地区文化和遗产可持续旅游业发展。宪章在 2016 年得到修订。其在欧洲旅游业优先合作和发展主题中便专列了工业遗产旅游一项，主张继承《里加宪章》精神发展铁路遗产旅游，并在修订版中得到延续。宪章希望通过文化线路和文化景观加强欧洲旅游业的可持续性和竞争力，并主张在“铁路工业和文化遗产中发展可持续性的欧洲旅游业”等相关问题领域进行合作交流。

20.《国际古迹遗址理事会国际文化遗产旅游宪章（2021）》（*ICOMOS International Charter for Cultural Heritage Tourism 2021*）

宪章于 2022 年 11 月召开的国际古迹遗址理事会年度会议（泰国曼谷）上通过，全称为《国际古迹遗址理事会国际文化遗产旅游宪章（2021）：通过负责任和可持续的旅游管理，加强文化遗产保护及社区韧性》（*ICOMOS International Charter for Cultural Heritage Tourism 2021*：*Reinforcing cultural heritage protection and community resilience through responsible and sustainable tourism management*）。这是国际古迹遗址理事会在《文化旅游宪章》（1976 年和 1999 年）基础上的一次全面修订和更新。宪章定义了文化遗产旅游的内涵，并对其旅游形式做出了负责任旅游（responsible tourism）等方向引导，进而推动文化遗产和旅游工作的融合发展。该文件分为导言、目标、针对群体、背景、准则五个部分，其中准则部分最为重要："将文化遗产的保护和保存置于负责任的文化旅游规划和管理的中心；利用根据监测、承载力和其他规划工具制定的管理计划管理文化遗产地的旅游业；通过易于公众理解的文化遗产阐释和展示，提高公众意识并增强游客体验；鼓励人们接触与参加对旅游业中被利用的公共文化和自然遗产资源的参与性治理，使其承认并增强社区、原住民和传统所有者的权利；提高所有旅游业利益相关者对文化遗产保护的意识，并加强合作；通过能力建设、风险评估、战略规划和适应性管理，提高社区和文化遗产的韧性；将气候行动和可持续性措施纳入文化旅游及文化遗产管理。"

第三节　工业遗产旅游相关组织机构

工业遗产旅游是一项多主体事业，该特点又因工业遗产产权的多样性、各国现实的复杂性而倍显突出。因而在工业遗产旅游实践中除了政府主体的大力支持与方向引导外，更有多种主体协同参与的组织机构发挥重要作用。

一、我国相关组织机构

1. 工业和信息化部工业文化发展中心

工业和信息化部工业文化发展中心是工业和信息化部直属事业单位（公益二类），2014 年 6 月经中央机构编制委员会办公室批准成立。中心主要职责包括：①开展工业文化领域基础理论、发展战略和重大问题研究，梳理工业发展史，协助制定相关规划、政策和行业标准；支撑地方塑造工业新名片。②推动工业文化赋能产业发展，提出工业文化发展与科技实力、制造能力、绿色发展水平同步提升的政策建议，开展产融合作支撑服务工作。③提供工业文化新业态项目策划及服务；开展推动工业设计创新相关工作；推动文化创意、工艺美术和工业艺术发展；建设工业文化相关公共服务平台。④开展工业遗产的价值挖掘、活化利用，承担工业遗产评估、认定支撑工作；开展工业文化研学、工业博物馆和工业旅游创新发展工作，提供相关咨询服务。⑤开展工业文化促进制造业品牌升级、品质提升活动，向企业提供质量管理和知识产权保护服务，推动企业加强文化建设，提升社会责任。⑥推动工业文化的传播与推广；开展工业文化教育和科普活动；开展大国工匠、优秀企业家宣传；开展工业和信息化领域文学、影视以及艺术的创作和成果转化。⑦搭建国际交流与合作平台，组织开展推动工业文化"走出去"相关活动；举办相关会议成果展示、会议论坛和赛事活动。⑧承办工业和信息化部交办的其他事项。

中心下设12个处室，其中工业遗产研究所专司"研究工业遗产保护修复、开发利用的理论、方法和举措建议；开展工业遗产调查、发掘和整理，支撑工业遗产保护利用相关工作；承担工业遗产项目价值挖掘、评估、认定、活化利用等支撑工作；开展工业文化研学、工业博物馆、工业旅游创新发展等工作，提供相关咨询服务"。

2. 文化和旅游部相关部门

其中与工业遗产旅游相关的主要为资源开发司：承担文化和旅游资源普查、规划、开发和保护；指导重点旅游区域、目的地、线路的规划和乡村旅游、休闲度假旅游发展；指导文化和旅游产品创新及开发体系建设；指导国家文化公园建设；承担红色旅游相关工作。对应地方文旅部门相关处室。

3. 国家文物局相关部门

其中与工业遗产旅游相关的主要为文物古迹司（世界文化遗产司）：协调、指导不可移动文物保护工作和重大项目的规划编制与实施工作；组织开展文物资源调查工作；承办确定全国重点文物保护单位的审核工作；承担文物保护有关审核、审批事务及资质、资格认定管理工作；承担世界文化遗产申报和保护管理监督的相关工作。协同住房和城乡建设部有关司局负责全国历史文化名城、名镇、名村的保护和监督管理工作；协同国家林业和草原局有关司局审核世界文化和自然混合遗产申报；参与风景名胜区的有关监督管理工作。对应地方文旅部门相关处室。

4. 住房和城乡建设部相关部门

工业遗产旅游中有关国家历史文化名城、历史建筑保护与利用等工作主要由住房和城乡建设部有关部门协同文物局制定相关文件。对应地方住房和城乡建设部门相关处室。

5. 自然资源部相关部门

其中国土空间生态修复司、矿产资源保护监督司等有关部门管理工业遗产中有关矿山类型遗产的恢复治理与保护利用。对应地方自然资源部门相关处室。

6. 中国古迹遗址保护协会

中国古迹遗址保护协会又称国际古迹遗址理事会中国委员会，成立于 1993 年。其协会宗旨在于团结广大文化遗产保护、研究和管理工作者，贯彻“保护为主，抢救第一，合理利用，加强管理”的文物工作方针。承认并遵循国际古迹遗址理事会的章程，从事文化遗产保护理论、方法与科学技术的研究、运用、推广与普及，为文化遗产的保护工作提供专业咨询服务，促进对文化遗产的全面保护与研究。

7. 中国建筑学会工业建筑遗产学术委员会

中国建筑学会工业建筑遗产学术委员会于 2010 年 11 月在北京成立，是中国建筑学会的分支机构，由从事中国工业建筑遗产保护与再利用的研究者、建筑师、规划设计师、环保工作者、政府各相关部门的管理者和单位自愿组成，是我国工业建筑遗产保护领域的第一个学术组织。委员会定期召开中国工业建筑遗产学术研讨会，该会议在全国范围内工业遗产行业具有一定影响，连续举办多年。学术委员会的工作任务主要包括：开展工业建筑遗产调查和研究，探讨学术研究的规范和标准，总结工业建筑遗产保护与再利用的经验和方法，建立工业建筑遗产保护的理论体系；承担政府各部门相关的研究课题，向国家有关部门提出意见和建议，协助政府加强工业建筑遗产保护和再利用的管理，出台相关政策法规；寻求与国际相关学术组织机构的联系，组织国际和国内学术交流活动，推动国家之间、地区之间、城市之间、部门之间的交流，举办展览、出版成果和组织考察，展现最新研究成果；面向城市建筑，利用城市规划和建筑设计的专业优势，共同推动中国工业建筑遗产保护与再利用事业的发展；开展业务培训，普及工业建筑遗产调查、研究、保护和再利用的相关知识，推广先进理念及技术，促进相关学科人才成长，鼓励个人和社会其他团体的参与。

8. 中国历史文化名城委员会工业遗产学部

中国历史文化名城委员会系中国城市科学研究会下属委员会，其宗旨在于：组织关心和从事历史文化名城名镇名村工作的机关、企业、事业单位和个人，围绕历史文化名城名镇名村保护与发展的理论、途径、方法、政策法规和监管体制、运作机制，开展多方位、跨学科的综合性学术研究与交流，促进我国文化遗产保护和经济社会发展相辅相成，和谐共赢，为传承和弘扬优秀历史文化，实现中华民族伟大复兴做出贡献。2013 年，中国历史文化名城委员会成立工业遗产学部。

9. 中国文物学会工业遗产委员会

2014 年 5 月 29 日，中国文物学会工业遗产委员会在北京成立。中国文物学会工业遗产委员会致力于为工业遗产工作搭建调查研究、保护展示、综合利用、合作交流的平台，进一步探索工业遗产保护和利用的科学方法和有效途径。

10. 中国科学技术史学会工业考古与工业遗产研究会

2015 年 9 月 26 日，中国科学技术史学会工业考古与工业遗产研究会在中国科学院自然科学史研究所成立。工业考古与工业遗产研究会致力于中国工业考古研究以及工业遗产的保护利用工作，为其搭建相应研究交流平台。

11. 中国工业旅游产业发展联合体

2017 年 10 月 27 日由北京、上海、天津、唐山等城市和首钢、海尔、伊利等工业企业共 45 家单位在河北省唐山市共同发起成立，旨在推动行业交流合作，打造工业旅游知名品牌。联合体每年召开工业旅游产业发展联合大会，共商工业旅游相关议题。

12. 全国工业旅游联盟

2019 年 7 月 9 日，全国工业旅游联盟成立大会在上海举行。该联盟由工业和信息化部工业文化发展中心、上海工业旅游促进中心等 13 家单位发起，致力于共同推动工业旅游的发展。100 余家会员单位涉及煤炭、电力、钢铁、机械、家电、服装、食品、酒等工业重要行业。联盟成立当天首发了 10 条工业旅游特色线路，包括辽宁重工之旅、鞍山钢铁之旅等；2019 年，该联盟指导山西省成立工业旅游联盟，推进省级工业旅游事业发展。在未来一段时间，联盟将探索推广工业旅游新思路、搭建新平台，推动联盟会员之间的交流合作，搭建“省区市—地区—全国”三级网络，加强信息互通互联互享，并通过积极谋划全国工业旅游标杆评估体系、有针对性地策划旅游产品等方式树立一批工业旅游特色景点（区）标杆。

13. 中国文物保护技术协会工业遗产保护专业委员会

工业遗产保护专业委员会系中国文物保护技术协会下设分支机构，2020 年由北京科技大学科技史与文化遗产研究院筹办成立，标志着我国工业遗产保护事业进入技术攻关的发展阶段。该专业委员会致力于组织开展工业遗产保护的相关研究、学术讨论与交流活动，开展工业遗产保护相关技术和咨询服务及相关科普和宣传工

作，组织有关工业遗产保护工作者的专业培训活动，承担国家、部门和地方委托的工业遗产保护相关业务，以及承担协会委托的其他工作，打造工业遗产保护的学术交流平台，发展成为技术创新发动机、科普传播宣传员和行业规范引领者。

14. 上海工业旅游促进中心

上海工业旅游促进中心于2005年5月成立，由上海市经济和信息化委员会批准，受上海市文化和旅游局指导，在上海市社团管理局登记注册为5A级社会组织，是配合政府实施经济方式由生产型经济转向服务型经济，优先发展现代服务业和先进制造业，实现二、三产业融合，打造都市旅游，挖掘和整合工业旅游资源，推动工业旅游发展，丰富国际大都市旅游产品的专业服务机构，也是国内首创将工业资源与旅游要素融合的专业服务机构。其主要职能和业务范围包括：结合上海都市旅游发展目标，研究上海工业旅游发展战略，制定上海工业旅游发展规划；整合上海工业旅游资源，制定上海工业旅游示范点（等级）评定标准，开展上海工业旅游遗产的保护工作；策划上海工业旅游产品，打造工业旅游精品线路，培育工业旅游和企业品牌；制定工业旅游服务质量标准，开展工业旅游领域的专业培训，规范和提高工业旅游服务质量；组织开展国内外工业旅游企业的交流与合作，开发上海工业旅游市场，形成上海工业旅游发展的合力；配合政府、行业协会及企业做好工业旅游发展的各项推进工作，促进工业旅游项目社会效益、经济效益、形象效益的统一；实施工业旅游网站的建设，加速上海工业旅游发展的国际化信息化进程。

15. 黄石市工业遗产保护中心

2019年，为加强工业遗产保护利用，推动城市转型发展，在新一轮机构改革中，黄石市委、市政府组建了高规格的工业遗产管理机构——黄石市工业遗产保护中心（湖北水泥遗址博物馆），为市政府直属正县级事业单位。该中心主要贯彻落实党中央关于工业遗产保护和博物馆事业的方针政策和决策部署，落实省委和市委工作要求，坚持和加强党对工业遗产保护工作和博物馆事业的集中统一领导。

16. 山西省工业旅游联盟

2019年12月，由工业和信息化部工业文化发展中心、山西省工业和信息化厅主办的山西省工业博物馆联盟和山西省工业旅游联盟成立大会在太原召开。联盟成立后将协同山西省工业博物馆联盟以“联合全省的工业博物馆、工业旅游资源协同发展、共同提高，传承工业文化，夯实工业文化发展基础，统筹利用相关资源，发展工业文化产业”为宗旨，旨在推进山西省工业博物馆、工业旅游事业发展，推动形成“新型工业化 + 旅游”联动发展。联盟将为山西工业文化单位搭建学习交流、互学互鉴、共同发展的平台。通过发挥联盟作用，整合比较优势，共同携手为工业博物馆、工业旅游、工匠精神、工业文化事业做出更大贡献。类似的地方工业旅游联盟还有山东省工业旅游联盟等。

二、国外相关组织机构

1. 世界遗产委员会（World Heritage Committee）

世界遗产委员会是联合国教科文组织的一个下属委员会，成立于 1976 年 11 月，负责选择列入、删除《世界遗产名录》《濒危世界遗产名录》等名录中的遗址，确定世界遗产基金的使用情况，并根据成员国的请求分配财政援助。其还负责审查关于列入名录的遗产保护状况的报告，并要求成员国在遗产管理不当时采取行动。

2. 联合国旅游组织（UN Tourism）

联合国旅游组织是联合国的一个专门机构，旨在促进负责任、可持续和普遍可及的旅游业，该组织原名联合国世界旅游组织，2024 年 1 月更名为联合国旅游组织。自 2004 年以来，联合国旅游组织每年赞助在波兰扎布热举行工业遗产和旅游业国际会议（其中一些会议是与欧洲经济和社会委员会、欧洲委员会、教科文组织波兰国家委员会、国际工业遗产保护委员会和欧洲工业遗产之路合作举行的），推动工业遗产旅游理论与实践发展。

3. 国际古迹遗址理事会（International Council on Monuments and Sites）

国际古迹遗址理事会是一个致力于保护世界各地文化遗产的专业协会、全球性非政府组织。其于 1965 年根据《威尼斯宪章》在波兰华沙成立，为联合国教科文组织提供有关世界遗产的建议。其致力于促进理论、方法和科学技术在建筑和考古遗产保护中的应用。它还是一个专家网络，为建筑师、历史学家、考古学家、艺术史学家、地理学家、人类学家、工程师和城市规划师等提供了一个跨学科交流平台，为含工业遗产在内的建筑物、历史名城、文化景观和考古遗址等提供改善遗产保护、完善标准和技术助力。

4. 国际工业遗产保护委员会（International Committee for the Conservation of the Industrial Heritage）

1978 年在瑞典斯德哥尔摩召开的第三届工业遗产保护国际会议上成立，是国际古迹遗址理事会在工业遗产保护领域的专业咨询机构与国际组织。国际工业遗产保

护委员会是世界工业遗产组织，其目标是促进保存、调查、记录、研究、解释和工业遗产教育方面的国际合作。国际工业遗产保护委员会的成员来自世界各地，包括历史学家、文保人员、博物馆馆长、建筑师、考古学家、学生、教师、遗产专业人士以及对工业和工业社会发展感兴趣的任何人。国际工业遗产保护委员会被国际古迹遗址理事会认可为与工业遗产研究和保护有关所有事项的指定顾问，为具有重要历史意义的工业遗产提供《世界遗产名录》建议。其关注领域包括工业旅游，同样设有与旅游相关的专题部门。

5. 国际古迹遗址理事会国际文化旅游委员会（ICOMOS International Cultural Tourism Committee）

国际古迹遗址理事会国际文化旅游委员会（ICTC）是国际古迹遗址理事会在1969年组织的首批国际科学委员会之一，是一个由文化遗产保护和旅游专业人士和学者组成的全球网络。其重点是遗产旅游领域的合作研究，制定和促进旅游目的地综合规划、文化遗产保护和管理方面的政策方向和最佳做法，为遗址遗产的文化旅游前沿思维提供平台、政策方向，并在当地国家和国际层面（包括联合国教科文组织、联合国旅游组织和自然保护联盟）提供建议和专业知识。

6. 泛欧洲文化遗产联盟（Europa Nostra）

1963年11月29日，该组织在法国巴黎成立，被认为是欧洲大型、具有代表性的遗产组织之一。其宗旨和使命包括：为不断增长的公民运动提供形式和发言权，以支持整个欧洲的文化和自然遗产；成为遗产的有力倡导者，主张文化遗产对经济、社会、文化和环境的多重利益，以影响各级政策制定者；在整个欧洲推广遗产领域的最佳实践；开展拯救欧洲最濒危遗产地的相关运动，并支持由其成员组织领导的行动。

7. 欧洲遗产联盟（European Heritage Alliance）

欧洲遗产联盟又称欧洲遗产联盟3.3，是一个非正式的欧洲部门平台，由文化遗产领域的30个欧洲或国际网络和组织组成，于2011年1月在荷兰阿姆斯特丹由泛欧洲文化遗产联盟组织的欧洲遗产大会上成立。组织成员同意通过此联盟加强合作，以便共同挖掘欧洲文化遗产、文化和自然遗产、不可移动遗产和可移动遗产的未开发潜力。联盟创始成员会集了欧洲的民间社会组织、历史名城和村庄、博物馆、遗产专业人士和志愿者、历史建筑和文化景观收藏的所有者、教育工作者、城市规划师等。泛欧洲文化遗产联盟担任该联盟的促进者。

8. 欧洲博物馆和旅游铁路联合会（European Federation of Museum and Tourist Railways）

1994年，该组织根据比利时法律在比利时布鲁塞尔成立，常简写为FEDECRAIL。其宗旨和目标包括：推动欧洲铁路遗产的抢救、修复和运营；代表其成员的利益对抗国际机构，特别是布鲁塞尔的欧盟委员会和斯特拉斯堡的欧洲议会；鼓励跨越国家和文化界限的思想交流，促进博物馆和旅游铁路组织（包括涉及铁路遗产的博物馆）之间的合作；为此类组织提供建议和帮助；研究解决文物铁路修复和运营中存在的问题。目前其拥有来自43个国家的26名成员，包括650条遗产铁路和铁路博物馆，是欧洲博物馆和旅游铁路讨论、交流的重要平台。

9. 欧洲工业遗产之路（European Route of Industrial Heritage）

欧洲工业遗产之路成立于1999年，是欧洲工业遗产的旅游信息网络，简称ERIH。其是欧洲最重要的工业遗产地旅游线路，旨在展示整个欧洲的工业遗产地网络。ERIH希望推广展示欧洲工业历史的地区、城镇和遗址，并将其作为旅游业的旅游景点进行营销。ERIH网站上列有全欧洲2230处相关景点，其中有100多处是在工业遗产方面具有特殊历史意义且能提供高品质游客体验的"锚点"（Anchor Points），并以锚点和景点为基础形成区域专线（Regional Routes）。区域专线更详细地介绍了景观的工业历史，所有景点都被分配给16条欧洲主题线路中的一条或多条线路，这些线路代表工业分支，并展示了欧洲工业历史及其共同根源的多样性和连续性。ERIH因此被认证为"欧洲委员会的文化之路"。

1999~2007年，其先在德国、英国、比利时和荷兰建立了工业遗产地的锚点、区域专线等概念与实践，初步形成工业遗产网络。从2014年开始，该网络已扩展到创始的四个国家之外，倡议开发资金支持新的线路和锚点设立。该组织宗旨为：提高对工业遗产的欣赏力；鼓励站点协同工作并建立联系；加强工业遗产旅游；将ERIH打造成欧洲品质链；增加游客数量和经济活动；培养社区对工业遗产的自豪感。

10. 欧洲文化旅游网络（European Cultural Tourism Network）

该组织于2009年在比利时布鲁塞尔成立，是根据比利时法律注册的国际非政府组织，旨在实现成员之间在文化旅游领域的高度合作，并与欧盟机构以及全球其他国际组织和公共机构建立密切合作。目前在29个国家拥有19个成员，其中包括13个欧盟成员国和6个联系国。其目标与愿景包括：促进研究共享；促进跨国和区

域合作项目的发展；确保改善文化和旅游部门之间的合作及一体化；开发和改善培训机会；促进经验和最佳实践的交流；制定对欧盟委员会和其他欧盟机构磋商的共同回应；与其他组织合作；创造新的方法和工具。

11. 欧洲工业和技术遗产协会联合会（European Federation of Associations of Industrial and Technical Heritage）

欧洲工业和技术遗产协会联合会，简称 EFAITH，是一个促进志愿者与非营利志愿者协会在欧洲工业和技术遗产领域联系合作的平台。该组织旨在促进志愿者的参与，并在整个欧洲建立独立的志愿者非政府组织，致力于研究、保护、解释和向公众开放其工业和技术遗产。2015 年 9 月，该组织曾在拉脱维亚里加举行了第八届年度国际会议，主题为“工业遗产：欧洲可持续旅游业发展的前景”。

12. 工业考古学会（Association for Industrial Archaeology）

其于 1973 年在英国成立，旨在促进工业考古学的研究，并鼓励提高记录、研究、保护和出版工业考古学相关内容的标准。该学会成立当年便在世界最早的铁桥所在地——铁桥峡谷博物馆召开了首届工业纪念物保护国际会议（The First International Congress on the Conservation of Industrial Monuments），标志着工业遗产保护正式进入全球文化遗产保护领域。

13. 英格兰历史建筑和古迹委员会（Historic Buildingsand Monuments Commission for England）

英格兰历史建筑和古迹委员会又称历史英格兰，即英格兰遗产委员会，其前身为英国遗产署。英国遗产署是依据 1983 年英国颁布的《国家遗产法案》（*National Heritage Act*）成立的行政性非政府部门公共机构，由英国文化、媒体和体育部提供赞助，主要负责保护英格兰自然署所辖以外的历史环境，包括英格兰地区 400 多座历史古迹、中世纪城堡、修道院和近代宫殿庄园等考古遗址、建筑物。该组织负责和主导英国的工业遗产保护与利用工作，全权负责管理全国范围内的遗产保护单位、认定保护遗产清单，并管理相关拨款和捐赠。其通过英国文化、媒体和体育部向国家议会负责，具有相当的独立性，本质上向全社会负责，而非接受单一政府部门的领导。其还与多部门打破横向部门条块局限，就遗产保护开展跨部门合作。2013 年，英国政府拨款 8000 万英镑，将英国遗产署转变为以英格兰遗产信托基金为核心的慈善机构，继续作为国家代理人管理全国的遗产单位，并于 2015 年从原机构中剥离出英格兰历史建筑和古迹委员会这一机构，作为非部门公共组织继续参与国家在该领域的治理，同时也是英格兰遗产信托基金的唯一受托人。英格兰遗产机构面向遗产的常态化保护与运营，英格兰历史建筑和古迹委员会则更加积极主动地充当官方与一般民众、社会资源之间的连接器，利用各种治理工具，影响遗产保护与发展的决策环境。

此外，在英国的苏格兰、威尔士和北爱尔兰还分别存在历史环境苏格兰（Historic Environment Scotland）、威尔士古迹委员会（Ancient Monuments Board for Wales）、威尔士历史建筑委员会（Historic Buildings Council for Wales）、北爱尔兰历史古迹理事会（NI Historic Monuments Council）等半正式主体对区域内工业遗产相关工作加以指导。

14. 美国国家公园管理局（National Park Service）

美国国家公园管理局成立于1916年8月25日，是美国联邦政府下属美国内政部的一个机构，负责管理美国所有的国家公园、大多数国家遗址和其他认定的相关自然、历史遗迹遗产。美国以其为首建立了国家公园系统，该组织是美国联邦政府体制中负责自然环境和历史环境保护的重要机构。其致力于保护国家公园系统的自然和文化资源与价值，以供今世后代享受、教育和启发。国家公园管理局同时还与合作伙伴合作，将自然和文化资源保护以及户外娱乐的益处扩展到全国和世界。1969年，国家公园管理局之下又建立了“美国历史工程记录组织”（The History of American Engineers Record，HAER）作为测绘历史建筑工作的补充。该组织的任务是记录那些具有重要工业和工程特征（面貌）的建筑物（构建物），负责为工业遗产提供文档资料证明，为全国具有历史影响的工程建筑（结构）物建立一个国家档案库。

15. 历史保护信托组织（National Trust for Historic Preservation）

该组织成立于1949年8月31日，总部设于美国的华盛顿特区，旨在通过其计划、资源和宣传支持、保护美国的各种历史建筑、社区和遗产。该组织是《国家历史保护法》唯一专门提及的非政府组织，得到联邦基金补助，现为美国工业遗产保护与再利用领域规模和影响力最大的民间非营利组织。其提供的国民信托贷款基金（The National Trust Loan Funds）中便含有国家历史保护贷款基金（National Preservation Loan Fund），以向包括工业遗产在内的遗产保护与再利用项目提供贷款支持。其也曾提出遗产旅游（Heritage Tourism）这一概念。

16. 美国联邦历史保护咨询委员会（Advisory Council on Historic Preservation）

美国联邦历史保护咨询委员会（简称 ACHP）是 1966 年依照《国家历史保护法》成立的联邦级别政府机构，也是联邦政府体制内唯一从事工业遗产等历史文化遗产保护事务的咨询研究机构。其负责保护促进国家多样化的历史资源。ACHP 就国家历史保护政策向总统和国会提供建议，并为利益相关者和公众提供一个公共平台，以影响联邦机构有关历史遗产的联邦项目和计划。ACHP 提倡历史保护的重要性，以促进对国家遗产的理解，同时注重历史保护对当代社区的贡献，以及其经济和社会效益。

17. 工业遗产和历史文化保护基金会（Foundation of Industrial Monuments and Historical Culture）

该组织成立于 1995 年，是德国唯一完全专注于保护工业遗产的基金会。其由北莱茵—威斯特法伦州和德国最大的煤矿开采公司 RAG AG 联合成立，旨在保护列出的工业设施，使其向公众开放，并进行研究。该基金会拥有工业遗产的所有权，并致力于将其融入城市发展和景观规划、古迹保护、商业和旅游活动中。其曾在成立之初接管“关税同盟”炼焦厂并将其整合到 IBA 计划之中，实现了鲁尔区工业遗产再生。目前，该基金会负责管理整个北威州的 14 个遗产地。

18. 工业遗产旅游国际文献与研究中心（International Documentation and Research Centre on Industrial Heritage for Tourism）

2008 年在波兰扎布热成立，简称 IDRC-IHT，是根据原联合国世界旅游组织相关协议建立起来的研究机构。中心的活动范围涵盖四个领域：收集、编制和归档与该地区和国家工业遗产有关的文献，并随着时间的推移，逐步扩展至包括国际遗址有关的文献；开展工业遗产领域的研究；在国际层面推广地区和国家工业遗产；在工业遗产领域为公众提供专业和具备科学水平的教育。

后记

《工业遗产旅游》是编写者近年来从事工业遗产旅游教学、研究工作的成果结晶，更是在习近平总书记关于教材编写工作重要指示下的一次创新实践。作为一名中国工业遗产青年研究者，能为建设中国特色、中国风格、中国气派的工业遗产学科体系、学术体系、话语体系贡献绵薄之力，为提升我国工业遗产研究的国际地位做出一点应尽的义务，既是使命所系，也是责任所在。

在“工业遗产旅游”的课程教学与教材编写工作中，武汉大学国家文化发展研究院院长傅才武教授、常务副院长陈波教授给予我大量工作上的支持与帮助，钟晟副研究员作为MTA课程的负责人，曾对“工业遗产旅游”的课程教学工作提出了许多宝贵建议，武汉大学人才引进科研经费为本教材编写当中的调研、出版等关键环节提供了重要的资助，纪曼、李雅竹、张桂芳等同事为本教材的编撰做出了许多无私的贡献，我作为主编由衷致谢，不胜感激。

此外，在本教材的编写过程中还得到了许多同行学者的关心与支持，工业和信息化部工业文化发展中心副主任孙星同志多次对本教材的编写予以关心，国家文物局原巡视员郭旃先生、北京大学周一星教授、清华大学刘伯英教授、北卡罗来纳大学教堂山分校乐钢教授、欧洲科学院斯特凡·贝格尔院士、天津大学徐苏斌教授、中国科学院自然科学史研究所方一兵研究员、华中科技大学何依教授及李保峰教授、北京师范大学李志英教授、北京科技大学潜伟教授、上海大学徐有威教授及吕建昌教授、同济大学左琰教授、南京大学黄泳教授、西北工业大学汪永平教授、成都信息工程大学丁小珊教授、内蒙古师范大学段海龙教授、湖北师范大学刘金林教授、东南大学赵政原副教授、合肥工业大学黎启国副教授、武汉科技大学翁春萌副教授、宁波大学李正东博士与上海大学余浩然博士及孙淼博士等领导专家、学界师友在课程教学、教材编写、案例调研与会议研讨等工作中也为我们提供了大量的帮助，我谨代表我们的编写团队表示最诚挚的敬意与谢意。

此外，我还要由衷向诸多业界专家致谢，如武汉小龟山文化金融园的殷俊同志多次为我们的调研提供帮助，武昌第一纱厂旧址的米阳文同志与方维同志也多次向我们介绍有关经验，汉阳车站社区书记熊强同志多次为编写团队的调研予以周到的安排，中电光谷建筑设计院院长尹碧涛先生也给予我们许多帮助，我们必须表达诚挚的谢意。此外，上海当代艺术博物馆、西藏自治区美术馆、北京“798”文化园区、深圳华侨城“OCT-LOFT”园区、成都“东郊记忆”文化园区、南京晨光集团、武汉钢铁公司、中国葛洲坝集团等企业、园区以及工业和信息化部工业文化发展中心、国际工业遗产保护委员会、黄石市工业遗产保护中心、英国北安普敦旅游局、日本群马县旅游局等机构的相关负责人、专家学者也为我们编写此书提供了重要的帮助，作为教材的主编，我也与大家形成了值得珍视的学术友谊，每思及诸君的热情襄助，深觉感动，特此致谢。

本教材因讲义而成稿，又涉及大量的研究案例，非我一人之力所能完成。因此，我在武汉大学的历届研究生也承担了讲义整理、案例调研、文献核查与初稿誊写等大量工作。本书第一章、第二章、第三章由上海交通大学马克思主义学院博士生李卓协助我完成，第四章由山东大学历史文化学院博士生高洋协助我完成，第五章由清华大学新闻与传播学院博士生张慧敏协助我完成，第六章、第七章由我目前的研究生黄美玲、孙崇辕、李玉婧、左佳鑫等协助我完成，此外，左佳鑫与侯渝宁还完成了本书幻灯片演示课件的设计制作工作，在这里我作为本书主编，也向这些年轻的同志表示感谢。

作为编写者，我深知此书作为国内工业遗产旅游领域的第一本教材，也许离一部让大家满意的教材尚有不小的距离，但我们愿意真诚地聆听大家的批评与建议，以便在后续修订再版过程中完善。作为工业遗产领域教学及研究者，能与新时代中国工业遗产保护更新事业一同进步，既是我们这代人责无旁贷的历史任务，更是我们光荣的使命。

韩晗

2023 年 12 月，于汉口寓所

责任编辑：李冉冉
责任印制：冯冬青
封面设计：中文天地

图书在版编目（CIP）数据

工业遗产旅游 / 韩晗主编. -- 北京 : 中国旅游出版社, 2024.4

全国旅游类专业创新应用型人才培养规划教材

ISBN 978-7-5032-7300-1

Ⅰ. ①工… Ⅱ. ①韩… Ⅲ. ①工业建筑－文化遗产－旅游资源开发－中国－高等学校－教材 Ⅳ. ①F592

中国国家版本馆CIP数据核字(2024)第061608号

书　　名：工业遗产旅游

作　　者：韩晗主编
出版发行：中国旅游出版社
（北京静安东里 6 号　邮编：100028）
https://www.cttp.net.cn　E-mail:cttp@mct.gov.cn
营销中心电话：010-57377103，010-57377106
读者服务部电话：010-57377107
排　　版：北京旅教文化传播有限公司
经　　销：全国各地新华书店
印　　刷：北京明恒达印务有限公司
版　　次：2024 年 4 月第 1 版　2024 年 4 月第 1 次印刷
开　　本：787 毫米 × 1092 毫米　1/16
印　　张：14.5
字　　数：252 千
定　　价：42.00 元
ISBN　978-7-5032-7300-1